LE
THÉATRE DES MARIONNETTES
DU JARDIN
DES TUILERIES
TEXTE ET DESSINS PAR M. DURANTY

UN MAGNIFIQUE VOLUME IN-4°, CONTENANT

24 PIÈCES DE THÉATRE ET 50 DESSINS RICHEMENT COLORIÉS
En vente chez MM. DUBUISSON et Cie, Éditeurs-Libraires
5, RUE COQ-HÉRON, A PARIS

Un livre splendide, — la joie des enfants petits et grands, — des images et des couleurs partout ! Et quels sujets de fou rire et de dramatiques émotions ! le *Théâtre des Marionnettes du Jardin des Tuileries !* Polichinelle, Pierrot, Arlequin, Cassandre, le gendarme, le commissaire, et enfin le diable, les premiers personnages que nous ayons vus en spectacle ; tous nos souvenirs d'enfance ressuscités.

Cinquante dessins richement coloriés, représentant les plus joyeuses scènes du répertoire, accompagnent les vingt-quatre pièces du volume.

Le *Théâtre des Marionnettes* sort tout entier de la plume, du crayon et du pinceau de M. Duranty, à la fois écrivain naïf et artiste élégant.

La nomenclature seule des vingt-quatre pièces fait venir l'eau à la bouche ; jugez-en :

Polichinelle précepteur, — *les Voisines,* — *la Tragédie d'Arlequin,* — *la Malle de Berlingue,* — *Polichinelle et la Mère Gigogne,* — *l'Homme au cabriolet,* — *Pierrot et le Pâtissier,* — *le Mariage de raison,* — *le Tonneau,* — *Cassandre et ses domestiques,* — *les Boudins de Gripandouille,* — *le Sac de charbon,* — *la Grand'Main,* — *la Comète du roi Mirabole,* — *les Plaideurs malgré eux,* — *la Fortune du Ramoneur,* — *Polichinelle retiré du monde,* — *la Poule noire,* — *le Marchand de coups de bâton,* — *l'Exercice impossible,* — *le Miroir de Colombine,* — *les deux Amis,* — *les Drogues de Cataclysterium,* — *le Revenant.*

Ce magnifique ouvrage, imprimé sur papier de luxe très-fort et composé en gros texte, est vendu en librairie au prix de 20 francs, broché. Tous les abonnés au journal recevront franco ce volume contre l'envoi d'un bon de poste de 13 fr. 50, adressé à MM. Dubuisson et Cie, éditeurs-libraires, 3, rue Coq-Héron, ou pris à leur librairie, 12 fr., le port de ce volume, en raison de son poids exceptionnel, étant de 1 fr. 50 c. C'est donc un superbe cadeau d'étrennes que nous faisons aux petits enfants de nos abonnés et un peu à eux-mêmes ; car, comme le dit l'auteur : « Ce livre n'est pas fait pour les en-
» fants, je veux dire fait d'une manière spéciale. Il
» est destiné, comme il a déjà été dit, aux esprits
» très-naïfs et aux esprits très-savants. Les enfants
» appartiennent à la première catégorie ; voilà pour-
» quoi le livre leur conviendra parfaitement, même
» dans les parties qu'ils ne comprendront pas, et il
» leur ouvrira l'esprit bien mieux que tous les vo-
» lumes de Berquin... »

On peut se procurer le Théâtre des Marionnettes, relié richement, avec tranche dorée, moyennant une augmentation de 5 fr.

Paris. — Imprimerie de Dubuisson et Cie, rue Coq-Héron, 5. — 1526

LE
THÉATRE DES MARIONNETTES
DU JARDIN
DES TUILERIES
TEXTE ET DESSINS PAR M. DURANTY

UN MAGNIFIQUE VOLUME IN-4°, CONTENANT

24 PIÈCES DE THÉATRE ET 50 DESSINS RICHEMENT COLORIÉS

En vente chez MM. DUBUISSON et Cie, Éditeurs-Libraires

5, RUE COQ-HÉRON, A PARIS

Un livre splendide, — la joie des enfants petits et grands, — des images et des couleurs partout ! Et quels sujets de fou rire et de dramatiques émotions! le *Théâtre des Marionnettes du Jardin des Tuileries!* Polichinelle, Pierrot, Arlequin, Cassandre, le gendarme, le commissaire, et enfin le diable, les premiers personnages que nous ayons vus en spectacle ; tous nos souvenirs d'enfance ressuscités.

Cinquante dessins richement coloriés, représentant les plus joyeuses scènes du répertoire, accompagnent les vingt-quatre pièces du volume.

Le *Théâtre des Marionnettes* sort tout entier de la plume, du crayon et du pinceau de M. Duranty, à la fois écrivain naïf et artiste élégant.

La nomenclature seule des vingt-quatre pièces fait venir l'eau à la bouche ; jugez-en :

Polichinelle précepteur, — *les Voisines,* — *la Tragédie d'Arlequin,* — *la Malle de Berlingue,* — *Polichinelle et la Mère Gigogne,* — *l'Homme au cabriolet,* — *Pierrot et le Pâtissier,* — *le Mariage de raison,* — *le Tonneau,* — *Cassandre et ses domestiques,* — *les Boudins de Gripandouille,* — *la Sac de charbon,* — *la Grand'Main,* — *la Comète du roi Miranbole,* — *les Plaideurs malgré eux,* — *la Fortune du Ramoneur,* — *Polichinelle retiré du monde,* — *la Poule noire,* — *le Marchand de coups de bâton,* — *l'Exercice impossible,* — *le Miroir de Colombine,* — *les deux Amis,* — *les Drogues de Cataclysterium,* — *le Revenant.*

Ce magnifique ouvrage, imprimé sur papier de luxe très-fort et composé en gros texte, est vendu en librairie au prix de 20 fr., broché. Tous les abonnés au journal recevront *franco* ce volume contre l'envoi d'un bon de poste de 13 fr. 50 c., adressé à MM. Dubuisson et Ce, éditeurs-libraires, 5, rue Coq-Héron ou, pris à leur librairie, 12 fr., le port de ce volume, en raison de son poids exceptionnel, étant de 1 fr. 50 c. C'est donc un superbe cadeau d'étrennes que nous faisons aux petits enfants de nos abonnés et un peu à eux-mêmes ; car, comme le dit l'auteur : « Ce livre n'est pas fait pour les enfants, je
» veux dire fait d'une manière spéciale. Il est des-
» tiné, comme il a déjà été dit, aux esprits très-naïfs
» et aux esprits très-savants. Les enfants appartien-
» nent à la première catégorie ; voilà pourquoi le
» livre leur conviendra parfaitement, même dans les
» parties qu'ils ne comprendront pas, et il leur
» ouvrira l'esprit bien mieux que tous les volumes
» de Berquin... »

On peut se procurer le *Théâtre des Marionnettes,* relié richement, avec tranche dorée, moyennant une augmentation de 5 fr.

Paris. — Imprimerie de Dubuisson et Ce, rue Coq-Héron, 5. 1526

LE
THÉÂTRE DES MARIONNETTES
DU JARDIN
DES TUILERIES
TEXTE ET DESSINS PAR M. DURANTY

UN MAGNIFIQUE VOLUME IN-4°, CONTENANT

24 PIÈCES DE THÉÂTRE ET 50 DESSINS RICHEMENT COLORIÉS
Offert aux abonnés du journal L'OPINION NATIONALE

5, RUE COQ-HÉRON, A PARIS

Un livre splendide, — la joie des enfants petits et grands, des images et des couleurs partout! Et quels sujets de fou rire et de dramatiques émotions! *le Théâtre des Marionnettes du Jardin des Tuileries!* Polichinelle, Pierrot, Arlequin, Cassandre, le gendarme, le commissaire, et enfin le diable, les premiers personnages que nous ayons vus en spectacle; tous nos souvenirs d'enfance ressuscités.

Cinquante dessins richement coloriés, représentant les plus joyeuses scènes du répertoire, accompagnent les vingt-quatre pièces du volume.

Le *Théâtre des Marionnettes* sort tout entier de la plume, du crayon et du pinceau de M. Duranty, à la fois écrivain naïf et artiste élégant.

La nomenclature seule des vingt-quatre pièces fait venir l'eau à la bouche; jugez-en :

Polichinelle précepteur, — *les Voisines,* — *la Tragédie d'Arlequin,* — *la Malle de Berlingue,* — *Polichinelle et la Mère Gigogne,* — *l'Homme au cabriolet,* — *Pierrot et le Pâtissier,* — *le Mariage de raison,* — *le Tonneau,* — *Cassandre et ses domestiques,* — *les Boudins de Gripandouille,* — *le Sac de charbon,* — *la Grand'Main,* — *la Comète du roi Miranbole,* — *les Plaideurs malgré eux,* — *la Fortune du Ramoneur,* — *Polichinelle retiré du monde,* — *la Poule noire,* — *le Marchand de coups de bâton,* — *l'Exercice impossible,* — *le Miroir de Colombine,* — *les deux Amis,* — *les Drogues de Cataclysterium,* — *le Revenant.*

Ce magnifique ouvrage, imprimé sur papier de luxe très-fort et composé en gros texte est vendu en librairie au prix de 20 francs, broché. Tous les abonnés au journal recevront *franco* ce volume, contre l'envoi d'un bon de poste de 13 fr. 50, ou, pris dans les bureaux du journal, 12 fr., le port de ce volume, en raison de son poids exceptionnel, étant de 1 fr. 50 c. C'est donc un superbe cadeau d'étrennes que nous faisons aux petits enfants de nos abonnés et un peu à eux-mêmes; car, comme le dit l'auteur : « Ce livre n'est pas fait pour les
» enfants, je veux dire fait d'une manière spéciale.
» Il est destiné, comme il a déjà été dit, aux esprits
» très-naïfs et aux esprits très-savants. Les enfants
» appartiennent à la première catégorie; voilà pour-
» quoi le livre leur conviendra parfaitement, même
» dans les parties qu'ils ne comprendront pas, et
» il leur ouvrira l'esprit bien mieux que tous les
» volumes de Berquin... »

On peut se procurer le Théâtre des Marionnettes relié richement, avec tranche dorée, moyennant une augmentation de 5 fr.

Paris. — Imprimerie de Dubuisson et Cⁱᵉ, 5, rue Coq-Héron. — 1326

LE
THÉÂTRE DES MARIONNETTES
DU JARDIN
DES TULERIES
TEXTE ET DESSINS PAR M. DURANTY

UN MAGNIFIQUE VOLUME IN-4°, CONTENANT

24 PIÈCES DE THÉATRE ET 50 DESSINS RICHEMENT COLORIÉS
Offert aux abonnés du journal L'ÉPOQUE
5, RUE COQ-HÉRON, A PARIS

Un livre splendide, — la joie des enfants petits et grands, — des images et des couleurs partout ! Et quels sujets de fou rire et de dramatiques émotions ! le *Théâtre des Marionnettes du Jardin des Tuileries!* Polichinelle, Pierrot, Arlequin, Cassandre, le gendarme, le commissaire, et enfin le diable, les premiers personnages que nous ayons vus en spectacle; tous nos souvenirs d'enfance ressuscités.

Cinquante dessins richement coloriés, représentant les plus joyeuses scènes du répertoire, accompagnent les vingt-quatre pièces du volume.

Le *Théâtre des Marionnettes* sort tout entier de la plume, du crayon et du pinceau de M. Duranty, à la fois écrivain naïf et artiste élégant.

La nomenclature seule des vingt-quatre pièces fait venir l'eau à la bouche ; jugez-en :

Polichinelle précepteur, — *les Voisines,* — *la Tragédie d'Arlequin,* — *la Malle de Berlingue,* — *Polichinelle et la Mère Gigogne,* — *l'Homme au cabriolet,* — *Pierrot et le Pâtissier,* — *le Mariage de raison,* — *le Tonneau,* — *Cassandre et ses domestiques,* — *les Boudins de Gripandouille,* — *le Sac de charbon,* — *la Grand'Main,* — *la Comète du roi Miranbole,* — *les Plaideurs malgré eux,* — *la Fortune du Ramoneur,* — *Polichinelle retiré du monde,* — *la Poule noire,* — *le Marchand de coups de bâton,* — *l'Exercice impossible,* — *le Miroir de Colombine,* — *les deux Amis,* — *les Drogues de Cataclysterium,* — *le Revenant.*

Ce magnifique ouvrage, imprimé sur papier de luxe très-fort et composé en gros texte, est vendu en librairie au prix de 20 fr., broché. Tous les abonnés au journal recevront *franco* ce volume contre l'envoi d'un bon de poste de 13 fr. 50 c., ou, pris dans les bureaux du journal, 12 fr., le port de ce volume, en raison de son poids exceptionnel, étant de 1 fr. 50 c. C'est donc un superbe cadeau d'étrennes que nous faisons aux petits enfants de nos abonnés et un peu à eux-mêmes ; car, comme le dit l'auteur : « Ce livre n'est pas fait pour les enfants, je
» veux dire fait d'une manière spéciale. Il est destiné, comme il a déjà été dit, aux esprits très-naïfs
» et aux esprits très-savants. Les enfants appartiennent à la première catégorie ; voilà pourquoi le
» livre leur conviendra parfaitement, même dans les
» parties qu'ils ne comprendront pas, et il leur
» ouvrira l'esprit bien mieux que tous les volumes
» de Berquin... »

On peut se procurer le Théâtre des Marionnettes, relié richement, avec tranche dorée, moyennant une augmentation de 3 fr.

LE
THÉATRE DES MARIONNETTES
DU JARDIN
DES TUILERIES
TEXTE ET DESSINS PAR M. DURANTY

UN MAGNIFIQUE VOLUME IN-4°, CONTENANT

24 PIÈCES DE THÉATRE ET 50 DESSINS RICHEMENT COLORIÉS

Offert aux abonnés du journal LE MONITEUR DE L'AGRICULTURE

5, RUE COQ-HÉRON, A PARIS

Un livre splendide, — la joie des enfants petits et grands, — des images et des couleurs partout ! Et quels sujets de fou rire et de dramatiques émotions! le Théâtre des Marionnettes du Jardin des Tuileries! Polichinelle, Pierrot, Arlequin, Cassandre, le gendarme, le commissaire, et enfin le diable, les premiers personnages que nous ayons vus en spectacle; tous nos souvenirs d'enfance ressuscités.

Cinquante dessins richement coloriés, représentant les plus joyeuses scènes du répertoire, accompagnent les vingt-quatre pièces du volume.

Le Théâtre des Marionnettes sort tout entier de la plume, du crayon et du pinceau de M. Duranty, à la fois écrivain naïf et artiste élégant.

La nomenclature seule des vingt-quatre pièces fait venir l'eau à la bouche ; jugez-en :

Polichinelle précepteur, — les Voisines, — la Tragédie d'Arlequin, — la Malle de Berlingue, — Polichinelle et la Mère Gigogne, — l'Homme au cabriolet, — Pierrot et le Pâtissier, — le Mariage de raison, — le Tonneau, — Cassandre et ses domestiques, — les Boudins de Gripandouille, — le Sac de charbon, — la Grand'Main, — la Comète du roi Miranbole, — les Plaideurs malgré eux, — la Fortune du Ramoneur, — Polichinelle retiré du monde, — la Poule noire, — le Marchand de coups de bâton, — l'Exercice impossible, — le Miroir de Colombine, — les deux Amis, — les Drogues de Cataclysterium, — le Revenant.

Ce magnifique ouvrage, imprimé sur papier de luxe très-fort et composé en gros texte, est vendu en librairie au prix de 20 fr., broché. Tous les abonnés au journal recevront franco ce volume contre l'envoi d'un bon de poste de 13 fr. 50 c., ou, pris dans les bureaux du journal, 12 fr., le port de ce volume, en raison de son poids exceptionnel, étant de 1 fr. 50 c. C'est donc un superbe cadeau d'étrennes que nous faisons aux petits enfants de nos abonnés et un peu à eux-mêmes ; car, comme le dit l'auteur : « Ce livre n'est pas fait pour les enfants, je » veux dire fait d'une manière spéciale. Il est des- » tiné, comme il a déjà été dit, aux esprits très-naïfs » et aux esprits très-savants. Les enfants appartiennent à la première catégorie ; voilà pourquoi le livre leur conviendra parfaitement, même dans les parties qu'ils ne comprendront pas, et il leur ouvrira l'esprit bien mieux que tous les volumes de Berquin... »

On peut se procurer le Théâtre des Marionnettes, relié richement avec tranche dorée, moyennant une augmentation de 5 fr.

Paris. — Imprimerie de DUBUISSON et Cie, rue Coq-Héron, 5. 1526

LE
THÉÂTRE DES MARIONNETTES
DU JARDIN DES TUILERIES
TEXTE ET DESSINS PAR M. DURANTY
UN MAGNIFIQUE VOLUME IN-4°, CONTENANT
24 PIÈCES DE THÉÂTRE ET 50 DESSINS RICHEMENT COLORIÉS
En vente chez MM. DUBUISSON et Cⁱᵉ, Éditeurs-Libraires
5, RUE COQ-HÉRON, A PARIS

Le Théâtre des Marionnettes du Jardin des Tuileries !!! — Un livre splendide !!! — Accourez tous, petits enfants, venez admirer ce livre fait tout exprès pour vous ; il va vous faire battre des mains et tressaillir de joie. — Des images et des couleurs partout ! Et quels sujets de fou rire et de dramatiques émotions ! Agrandissez vos beaux yeux pour mieux voir, — vous y reconnaîtrez tous vos acteurs bien-aimés : Pierrot, Arlequin, Cassandre, le Gendarme, le Commissaire, le Diable, et enfin et surtout Polichinelle !

Oui, le voilà, c'est lui ! Le grand, le vrai, l'unique Polichinelle ! Il n'est pas encore en scène, que vous le reconnaissez à son rire fantastique ; il siffle, il bourdonne, il babille, il crie, il parle, de cette voix, de cet accent qui n'appartiennent qu'à lui ! Le voilà...

Il s'élance en riant, il gambade, il se promène, il tombe, il se relève, il saute, il se débat, il frappe, il gesticule et retombe démantibulé. Mais ne craignez rien, ne pleurez pas, Polichinelle n'est pas mort... Les dynasties passent, les royaumes tombent, les nations s'effacent de la terre, Polichinelle vit toujours... Il est invulnérable. Roué de coups, pendu par le bourreau, emporté par le Diable, vous allez le voir reparaître plus frisque, plus vert que jamais !...

Le *Théâtre des Marionnettes* sort tout entier de la plume, du crayon et du pinceau de M. Duranty, à la fois écrivain naïf et artiste élégant.

Cinquante dessins richement coloriés, représentant les plus joyeuses scènes du répertoire, accompagnent les vingt-quatre pièces du volume. La nomenclature seule de ces vingt-quatre pièces fait venir l'eau à la bouche ; jugez-en :

Polichinelle précepteur, — les Voisines, — la Tragédie d'Arlequin, — la Malle de Berlingue, — Polichinelle et la Mère Gigogne, — l'Homme au cabriolet, — Pierrot et le Pâtissier, — le Mariage de raison, — le Tonneau, — Cassandre et ses domestiques, — les Boudins de de Gripandouille, — le Sac de charbon, — la Grand'Main, — la Comète du roi Miranbole, — les Plaideurs malgré eux, — la Fortune du Ramoneur, — Polichinelle retiré du monde, — la Poule noire, — le Marchand de coups de bâton, — l'Exercice impossible, — le Miroir de Colombine, — les deux Amis, — les Drogues de Cataclysterium, — le Revenant.

Ce magnifique ouvrage, imprimé sur papier de luxe très-fort et composé en gros texte, est vendu en librairie au prix de 20 fr., broché. Tous les abonnés au journal recevront *franco* ce volume contre l'envoi d'un bon de poste de 13 fr. 50 c., adressé à MM. Dubuisson et Cⁱᵉ, éditeurs-libraires, 5, rue Coq-Héron, ou, pris à la librairie, 12 fr., le port de ce volume, en raison de son poids exceptionnel, étant de 1 fr. 50 c. C'est donc un superbe cadeau d'étrennes que nous faisons aux petits enfants de nos abonnés.

Ce livre leur ouvrira l'esprit bien mieux que tous les volumes de Berquin.

On peut se procurer le Théâtre des Marionnettes, *relié richement, avec tranche dorée, moyennant une augmentation de 5 fr.*

THÉÂTRE
MARIONNETTES

POLICHINELLE LETTRÉ

SÉRIE CONTENANT

Polichinelle Précepteur.
Les Voisines.
La Tragédie d'Arlequin.
La Malle de Berlingue.

Polichinelle et la Mère Gigogne.
L'Homme au Cabriolet.
Pierrot et le Pâtissier.
Le Mariage de raison.

PARIS
CHEZ DUBUISSON ET Cie, IMPRIMEURS,
5, Rue Coq-Héron, 5

1862

LE
THÉATRE DES MARIONNETTES

se compose des pièces suivantes, qui se vendent séparément ou par Séries

CHAQUE PIÈCE ISOLÉE : 1 FR. — CHAQUE SÉRIE DE HUIT PIÈCES, CARTONNÉE : 7 FR. 50 C.

PREMIÈRE SÉRIE

POLICHINELLE LETTRÉ

CONTENANT

Polichinelle précepteur.
Les Voisines.
La Tragédie d'Arlequin.
La Malle de Berlingue.

Polichinelle et la Mère Gigogne.
L'Homme au Cabriolet.
Pierrot et le Pâtissier.
Le Mariage de raison.

DEUXIÈME SÉRIE

PIERROT PHILOSOPHE

CONTENANT

La Grand'Main.
La Comète du roi Mirambole.
Les Plaideurs malgré eux.
La Fortune du Ramoneur.

Le Tonneau.
Cassandre et ses domestiques.
Les Boudins de Gripandouille.
Le Sac de charbon.

TROISIÈME SÉRIE

ARLEQUIN ARTISTE

CONTENANT

Polichinelle retiré du monde.
La Poule noire.
Le Marchand de coups de bâton.
L'Exercice impossible.

Le Miroir de Colombine.
Les deux Amis.
Les Drogues de Cataclystérium.
Le Revenant.

Paris, imp. de Dubuisson et Cie, rue Coq-Héron, 5 — 1979

THEATRE DES MARIONNETTES

PIERROT PHILOSOPHE

SÉRIE CONTENANT

La Grand Main.
La Comète du roi Mirambole.
Les Plaideurs malgré eux.
La Fortune du Ramoneur.

Le Tonneau.
Cassandre et ses Domestiques.
Les Boudins de Gripandouille.
Le Sac de charbon.

PARIS
CHEZ DUBUISSON ET Cⁱᵉ, IMPRIMEURS,
5, Rue Coq-Héron, 5
1862

LE

THÉATRE DES MARIONNETTES

se compose des pièces suivantes, qui se vendent séparément ou par Séries

CHAQUE PIÈCE ISOLÉE : 1 FR. — CHAQUE SÉRIE DE HUIT PIÈCES, CARTONNÉE : 7 FR. 50 C

PREMIÈRE SÉRIE

POLICHINELLE LETTRÉ

CONTENANT

Polichinelle précepteur.
Les Voisines.
La Tragédie d'Arlequin.
La Malle de Perlingue.

Polichinelle et la Mère Gigogne.
L'Homme au Cabriolet.
Pierrot et le Pâtissier.
Le Mariage de raison.

DEUXIÈME SÉRIE

PIERROT PHILOSOPHE

CONTENANT

La Grand'Main.
La Comète du roi Mirambole.
Les Plaideurs malgré eux.
La Fortune du Ramoneur.

Le Tonneau.
Cassandre et ses domestiques.
Les Boudins de Gripandouille.
Le Sac de charbon.

TROISIÈME SÉRIE

ARLEQUIN ARTISTE

CONTENANT

Polichinelle retiré du monde.
La Poule noire.
Le Marchand de coups de bâton.
L'Exercice impossible.

Le Miroir de Colombine.
Les deux Amis.
Les Drogues de Cataclystérium.
Le Revenant.

Paris, imp. de Dubuisson et Cie, rue Coq-Héron, 5 — 4879

THÉATRE
MARIONNETTES

ARLEQUIN ARTISTE

SÉRIE CONTENANT

Polichinelle retiré du monde.
La Poule noire.
Le Marchand de coups de bâton.
L'Exercice impossible.

Le Miroir de Colombine.
Les deux Amis.
Les Drogues de Cataclystérium.
Le Revenant.

PARIS
CHEZ DUBUISSON ET Cie, IMPRIMEURS,
5, Rue Coq-Héron, 5.
1862

LE
THÉATRE DES MARIONNETTES

se compose des pièces suivantes, qui se vendent séparément ou par Séries

CHAQUE PIÈCE ISOLÉE : 1 FR. — CHAQUE SÉRIE DE HUIT PIÈCES, CARTONNÉE : 7 FR. 50 C

PREMIÈRE SÉRIE
POLICHINELLE LETTRÉ
CONTENANT

Polichinelle précepteur.
Les Voisines.
La Tragédie d'Arlequin.
La Malle de Berlingue.

Polichinelle et la Mère Gigogne.
L'Homme au Cabriolet.
Pierrot et le Pâtissier.
Le Mariage de raison.

DEUXIÈME SÉRIE
PIERROT PHILOSOPHE
CONTENANT

La Grand'Mam.
La Comète du roi Mirambole.
Les Plaideurs malgré eux.
La Fortune du Ramoneur.

Le Tonneau.
Cassandre et ses domestiques.
Les Boudins de Gripandouille.
Le Sac de charbon.

TROISIÈME SÉRIE
ARLEQUIN ARTISTE
CONTENANT

Polichinelle retiré du monde.
La Poule noire.
Le Marchand de coups de bâton.
L'Exercice impossible.

Le Miroir de Colombine.
Les deux Amis.
Les Drogues de Catoclystérina.
Le Revenant.

Paris, imp. de Dubuisson et Cie, rue Coq-Héron, 5. — 1980

THÉATRE DES MARIONNETTES

DU JARDIN

DES TUILERIES

PARIS. — TYP. DE DUBUISSON ET C⁰, 5, RUE COQ-HÉRON. 1863. — G. DE GONET, ÉDITEUR.

THÉATRE
DES
MARIONNETTES
DU JARDIN
DES TUILERIES

TEXTE ET COMPOSITIONS DES DESSINS

PAR M. DURANTY

PARIS

IMPRIMERIE DE DUBUISSON ET Cⁱᵉ, 5, RUE COQ-HÉRON

1862

A

MADAME GEORGE SAND

Madame,

Bien que n'ayant point l'honneur et l'heureuse fortune d'être connu de vous, je prends la liberté de vous dédier ce volume.

Les Marionnettes de Nohant sont célèbres dans le monde entier, et votre beau roman de *l'Homme de Neige*, entre autres, a montré sous quel point de vue votre esprit si élevé et si artiste savait envisager ces êtres de bois, naïfs et bouffons, maintenant relevés de l'abaissement où les tenait l'injustifiable dédain public.

A l'heure qu'il est, des peintres, des littérateurs, des gens du monde, ont élevé chez eux des théâtres de Marionnettes, et se vouent avec ardeur à la réhabilitation d'un des plus complets divertissements qu'il y ait au monde. M. Amédée Rolland, qui est un des auteurs dramatiques hardis et chercheurs de ce temps, a fondé dans sa maison un de ces théâtres, auquel la célébrité commence à venir.

Toutes ces circonstances m'ont poussé à publier les présentes pièces, qui, je le confesse, sont bien inférieures à celles que j'ai vu représenter sur les petits théâtres particuliers dont je parle.

Cependant, j'ose espérer, Madame, que vous me verrez avec indulgence inscrire votre nom en tête d'un Recueil dont le mérite est d'être unique en son genre, et qui est destiné à la glorification de choses que vous aimez.

Veuillez agréer, Madame, les sentiments de la plus respectueuse admiration,

De votre très humble et obéissant serviteur,

DURANTY.

THÉATRE
DES
MARIONNETTES
DU JARDIN
DES TUILERIES

INTRODUCTION

Ce que *font* les Marionnettes domine entièrement ce qu'elles *disent*.
Que, près ou loin, on s'arrête devant le théâtre (le *Castelletto* italien, dont les Saltimbanques de France ont fait *Castolot*), devant ce trou carré, garni de décors, c'est d'abord le tapage et les étranges mouvements et l'étrange forme de ces êtres sans jambes, vêtus de costumes bariolés et exagérés, qui saisissent et retiennent l'esprit.

Les marteaux des tonneliers ne font pas plus de bruit que ces coups de bâton ou ces têtes de bois qui se cognent rudement.

Le langage des Marionnettes, avant même qu'on l'ait compris, forme à ces *pan, pan* un accompagnement mystérieux de cris, d'exclamations : *Oh, oh! Ah, ah !* graves et retentissants comme les sons de tambour ; *Crrr, brrr !* auxquels aucune crécelle ne saurait le disputer ; *Hi, hi, piii* rapides, aigus comme les notes qui résonnent sur la chanterelle du violon. Voix de perroquet, sifflets, aigres soupirs de clarinette, chocs secs et stridents du bois tendu, folie d'interjections et d'intonations, fureur de batailles, fantastique liberté d'apparitions et de disparitions, masques immuables, gestes bouffons et violents, disproportion de l'être animé avec les objets qui l'entourent ; grandes choses rapetissées, petits objets suragrandis, maisons inhabitables, arbres nains, lits de Procuste, montagnes microscopiques, mais bouteilles géantes, marmites colossales, casseroles, fusils, sabres, parapluies monumentaux : voilà ce qui compose le charme, la fascination de ce spectacle, vainqueur de toute hypocondrie.

Il est donc facile de comprendre qu'ici l'aspect matériel éclipse le moral. La Marionnette tire tous ses avantages de son corps, de la matière en un mot, et est un être inférieur sous le côté intellectuel, spirituel.

Par conséquent, montrer ce que *disent* les Marionnettes sans faire voir ce qu'elles *font*, est un problème difficile, redoutable même. Pour l'aborder, il faut une certaine témérité.

Néanmoins, il n'est pas permis de reculer devant les obstacles et les dangers.

J'ai donc osé composer un *théâtre écrit* de Marionnettes, tentative sans précédents en Europe, et je livre cette tentative à la méditation et à la critique des esprits naïfs et savants.

POLICHINELLE

PRÉCEPTEUR

MISE EN SCÈNE

Redoutable précepteur que ce Polichinelle, qui se vante que Jacotot, Pestalozzi et Rousseau ne sont rien auprès de lui !

Et si l'on songe que sa méthode marche à bâtons rompus..... sur la tête des élèves, et les conduit à la potence, après leur avoir, non pas formé, mais bien ramolli le cerveau à force de coups, on comprendra que l'intervention du Diable, qui n'a point lieu dans nos systèmes modernes d'éducation, devienne nécessaire pour décourager un pareil professeur.

Il est vrai que Polichinelle agit avec d'autant plus d'entrain et de laisser-aller qu'il sait bien au fond que sa méthode, absolument neuve, est la méthode antithétique (ou anti*tétique* plutôt), par laquelle le mal démontre le bien et la nécessité de se soumettre aux avertissements de la conscience.

Donc, chaque coup de bâton de Polichinelle qui résonne sur la tête de Pierrot ou des autres enfonce dans celle du spectateur le sentiment de la résistance aux mauvais conseils, l'horreur de l'ignorance et le charme d'une vie vertueuse.

Polichinelle n'avait parlé à Pierrot ni du Diable, ni de la potence, ce pierres d'achoppement de son programme; mais nous, pour marcher droit, nous n'avons besoin que de la conscience et de Dieu.

PERSONNAGES :

POLICHINELLE.
PIERROT.
CASSANDRE.
ARLEQUIN.
LE GENDARME ou LE COMMISSAIRE.
LE DIABLE.

POLICHINELLE

PRÉCEPTEUR

Place publique mêlée d'arbres.

CASSANDRE. — PIERROT.

CASSANDRE. — Mon fils, vous ne serez jamais qu'un sot !

PIERROT. — Tel père, tel fils !

CASSANDRE. — Taisez-vous, impertinent !

PIERROT. — On me dit toujours que je suis bête ! C'est de votre faute !

CASSANDRE. — Oui, vous ne pouvez rien apprendre. Savez-vous seulement combien font deux et deux ?

PIERROT. — Ça ne fait rien.

CASSANDRE. — Qu'est-ce que vous dites ? Ça fait cinq... du moins ça fait trois... non... quatre...

PIERROT. — Pourquoi ?

CASSANDRE. — Comment, pourquoi ? Est-ce que je le sais, moi !

PIERROT. — Eh bien ! vous voyez que vous n'en savez pas plus que moi.

CASSANDRE. — Coquin ! certainement je ne sais pas tout, mais je suis plus instruit que vous !

PIERROT. — Pourquoi la cuisinière dit-elle qu'elle pourrait vous donner des leçons d'orthographe?

CASSANDRE. — C'est une sotte, et vous êtes un ignare! Dites-moi un peu ce que c'est que la lune, si vous le pouvez?

PIERROT. — C'est un fromage.

CASSANDRE. — Un fromage! Mais vous voulez me faire mourir de honte par votre ignorance!

PIERROT. — Eh bien! qu'est-ce que c'est?

CASSANDRE. — C'est un ballon!

PIERROT. — Est-ce que vous y êtes allé voir?

CASSANDRE. — Non, imbécile! mais c'est facile à comprendre : un fromage ne peut se soutenir en l'air, tandis qu'un ballon.....

PIERROT. — Eh bien! savez-vous pourquoi la lune brille le soir?

CASSANDRE. — Et toi, tu le sais peut-être?

PIERROT. — Oui : c'est parce qu'on y met une veilleuse.

CASSANDRE. — Donc, c'est un ballon! Ah! que je voudrais vous trouver quelque bon précepteur savant et honnête homme, qui infiltrerait sa science dans votre cervelle épaisse et spongieuse!

PIERROT. — Faites-vous infiltrer le premier!

CASSANDRE. — Taisez-vous, drôle! (*Polichinelle entre.*) Voici un étranger de bonne mine auquel je vais demander s'il ne connaîtrait pas un précepteur.

(*Il salue. Pierrot, en saluant aussi, se cogne le nez dans le dos de Cassandre.*)

PIERROT. — Oh!

CASSANDRE. — Prenez donc garde, nigaud! (*Saluant*) Monsieur!

PIERROT (*Saluant.*) — Monsieur!

POLICHINELLE (*id.*) — Monsieur!

CASSANDRE (*id.*) — Monsieur!

PIERROT (*id.*) — Monsieur!

POLICHINELLE (*id.*) — Monsieur!

PIERROT (*donnant un soufflet à Cassandre*). — Vous avez une mouche au bout du nez!

CASSANDRE. — Coquin! restez donc tranquille!

POLICHINELLE. — Ce jeune garçon a la plus heureuse physionomie. On voit bien que c'est votre fils, Monsieur; il vous ressemble incroyablement.

CASSANDRE. — Hélas! Monsieur, c'est mon fils, mais c'est un niais!

POLICHINELLE. — Tant mieux!

CASSANDRE. — Comment, tant mieux?

POLICHINELLE. — Il ne perdra jamais l'esprit.

CASSANDRE. — Voilà, Monsieur, la situation. Il est mon héritier… Ce garçon sera très riche.

POLICHINELLE. — Ah! oui-da! Mais il m'intéresse beaucoup, ce petit jeune homme. Il me plaît déjà!

CASSANDRE. — Je suis dans un grand embarras. Je voudrais lui donner un précepteur capable de le déniaiser! (*Pierrot secoue la tête.*)

POLICHINELLE. — C'est une bonne idée… Et le payerez-vous bien, ce précepteur?

CASSANDRE. — Oh! Monsieur, autant qu'il voudra, s'il fait de mon fils un homme d'esprit!

POLICHINELLE. — Précisez davantage!

CASSANDRE — La table, le logement, six mille écus, des étrennes, des gratifications, des subventions, des cadeaux, des bonis… Ah! Monsieur, si vous connaissiez un précepteur!

POLICHINELLE. — J'en connais un.

CASSANDRE. — Vraiment?… Oh! indiquez-moi son adresse!

POLICHINELLE. — C'est moi!

PIERROT. — C'est toi?…

POLICHINELLE. — Oui, oui!…

PIERROT. — Tu es rouge comme un ivrogne !

CASSANDRE. — C'est le rouge de la santé et de la vertu.

POLICHINELLE. — Je me charge de l'éducation du petit... Comment t'appelles-tu?

PIERROT. — Pierrot.

POLICHINELLE. — C'est un nom de bon augure... Pierrot, Pierrot, Pierrot !

CASSANDRE. — Ainsi, Monsieur, vous consentez à entreprendre cette tâche difficile... Mon fils a vingt-cinq ans !

POLICHINELLE. — Eh bien ! il est impossible que ce soit un âne, car les ânes ne vivent pas jusqu'à cet âge.

CASSANDRE. — Je vous préviens qu'il a la tête dure !

POLICHINELLE. — Peuh ! je la lui casserai !

CASSANDRE. — Vous la lui casserez ?... Mais... mais...

POLICHINELLE. — C'est une façon de dire que je la lui assouplirai !

CASSANDRE. — Oh !... à la bonne heure !... Eh bien ! je vous le confie, Monsieur !

POLICHINELLE. — Bon ! je vais voir à l'instant s'il est docile. — Pierrot, prends un bâton !

PIERROT. — Voilà ! (*Il apporte un bâton.*)

POLICHINELLE. — Donne un bon coup sur la tête de ton père !

PIERROT — Voilà ! (*Il frappe Cassandre.*)

CASSANDRE. — Eh mais, Monsieur, qu'est-ce que cela signifie ?

POLICHINELLE. — Vous voyez, je l'ai déjà rendu obéissant !

CASSANDRE. — Rendez-le intelligent !

POLICHINELLE. — Dans un instant, vous m'en direz des nouvelles !

CASSANDRE. — Et toi, Pierrot, écoute bien Monsieur ; remplis-toi la cervelle de ses conseils. (*Il sort.*)

POLICHINELLE. — Mon jeune ami, nous allons commencer la

leçon tout de suite! Tu vas d'abord me tutoyer, entends-tu? Je suis ton ami!

PIERROT. — J'aimerais mieux m'en aller.

POLICHINELLE. — Le premier devoir est l'obéissance.

(*Il le bat.*)

PIERROT. — Holà! Est-ce que c'est là la leçon?

POLICHINELLE. — Imbécile! tout à l'heure tu me remercieras et tu m'aimeras mieux que ton père! A présent, tu ne dois plus écouter que moi. Tu enverras promener ton père quand il voudra te régenter!

PIERROT. — Ce n'est pas difficile à apprendre ni à faire.

POLICHINELLE. — Très bien, très bien! Continue, mon ami! Connais-tu la géographie?

PIERROT. — Je ne sais pas!

POLICHINELLE. — Oh! ce n'est pas compliqué; je vais te l'enseigner en un tour de main.

PIERROT. — Je suis curieux de voir ça.

POLICHINELLE. — Qu'est-ce qu'une rue?

PIERROT. — Je ne sais pas.

POLICHINELLE. — Malin garçon!... une rue est un chemin au bout duquel il y a toujours un cabaret.

PIERROT. — Ah bah!

POLICHINELLE. — Qu'est-ce que c'est qu'un cabaret?

PIERROT. — Je ne sais pas.

POLICHINELLE. — Diable! il n'est guère avancé!... C'est un endroit où l'on boit de bon vin, où l'on s'amuse du matin jusqu'au soir. On y entre sur ses deux pieds et on en sort sur la tête!

PIERROT. — C'est un bon endroit!

POLICHINELLE. — Qu'est-ce que c'est qu'une ville?

PIERROT. — Je ne sais pas.

POLICHINELLE. — Une ville est un bazar où, quand on a faim et soif, on n'a qu'à prendre chez son voisin ce dont on a besoin... Tu te rappelleras bien tout cela ! (*Il lui donne un coup de bâton.*)

PIERROT. — Oh !... oui, oui !...

POLICHINELLE. — Puisque tu sais la géographie, je vais t'enseigner le calcul, maintenant !

PIERROT. — Avec ou sans coups de bâton ?

POLICHINELLE. — Cela dépendra de ton application. Voyons, écoute !... Si tu prends vingt sous à ton père...

PIERROT. — Bon !

POLICHINELLE. — Et trente sous à ton oncle...

PIERROT. — Bon !

POLICHINELLE. — Combien ça fait-il ?

PIERROT. — Ça fait deux personnes volées.

POLICHINELLE. — Ça fait de quoi acheter du vin, des pâtés, des pétards !

PIERROT. — Ah ! mais oui... je n'y pensais pas !

POLICHINELLE. — Cela réunit l'addition et la soustraction. Je vais t'apprendre d'un seul coup la multiplication, la division et la règle de trois !

PIERROT. — La règle de trois ! ! !

POLICHINELLE. — Tu prends de l'argent dans le secrétaire de ton père...

PIERROT. — Oui.

POLICHINELLE. — Tu enlèves un panier de vin de la cave de ta tante...

PIERROT. — Oui.

POLICHINELLE. — Et tu décroches la montre de ton cousin... Voilà trois opérations. Nous faisons trois parts du tout et j'en prends deux !

PIERROT. — Non, une et demie !

POLICHINELLE. — Ah ! coquin, tu te moquais de moi ! tu savais l'arithmétique en sortant de nourrice. Allons! ton éducation se complète. (*Il lui donne un coup de bâton.*)

PIERROT. — Eh! pourquoi me bats-tu, alors?

POLICHINELLE. — C'est pour t'encourager. Maintenant, passons à la morale. Tu écoutes? (*Il lui donne un coup de bâton.*)

PIERROT. — Oui, oui!

POLICHINELLE. — La morale, la voici : Quand on ne te voit pas, vole tout ce que tu peux! Quand tu manges, donne-toi une indigestion... Ne prête jamais ton argent... Ne te laisse jamais pendre. Quand tu es le plus fort, sois brave... Quand tu n'es pas le plus fort, sauve-toi!...

PIERROT. — A la bonne heure! Hi, hi, hi!

POLICHINELLE. — Je savais bien que tu mordrais à l'étude! Ton père disait que tu avais la tête dure... (*Il le caresse avec le bâton.*) Maintenant, tu peux te lancer dans le monde! (*Il le tape.*) Va!

PIERROT. — Aïe! j'y vais!

POLICHINELLE. — Attends, attends! il te manque encore une science!

PIERROT. — Tu crois?

POLICHINELLE. — L'escrime! L'homme qui ne sait pas donner les coups de bâton n'est pas un homme. Je vais te donner cette dernière et indispensable leçon. Regarde bien! On fait le moulinet... une, deux, trois! et voilà! (*Il le tape.*)

PIERROT. — Aïe!

POLICHINELLE. (*Il le tape à chaque mot.*) — A droite.

PIERROT. — Aïe!

POLICHINELLE. — A gauche.

PIERROT. — Aïe!

POLICHINELLE. — Devant — derrière — le coup de pointe — la scie — le tour et le retour. Allons, essaye!

PIERROT. — Oh! j'en ai assez! (*Il prend le bâton.*)

POLICHINELLE. — Allons donc! (*Pierrot le manque.*) Recommence! (*Pierrot le manque.*) Pas de chance! (*Prenant le bâton.*) Voyons, regarde le jeu du dormeur! Dodo, dodo! (*Tapant.*) Attrape!

PIERROT. — Holà!

POLICHINELLE. — Tiens, sur le dos! Approche, n'aie pas peur... Dodo. (*Tapant.*) Attrape!

PIERROT. — Holà!

POLICHINELLE. — Crois-tu que ton père va être enchanté? Il ne te reste plus qu'à joindre la pratique à la théorie.

PIERROT. — J'aime mieux ça.

(*Entre Cassandre.*)

CASSANDRE. — Eh bien! mon fils fait-il quelques progrès!

POLICHINELLE. — C'est un petit prodige!

PIERROT. — J'ai appris l'escrime! (*Il tape Cassandre.*)

CASSANDRE. — Oh!

PIERROT (*tapant à chaque mot*). — A droite, à gauche, derrière, le coup de pointe, partout!

CASSANDRE (*prenant le bâton et le rossant*). — Coquin!

POLICHINELLE. — Le trouvez-vous dégourdi?

CASSANDRE. — Monsieur le précepteur, je vous en fais mon compliment... Ce coquin m'a défoncé les côtes!

POLICHINELLE. — Oh! il ira bien, le petit!

CASSANDRE. — Monsieur le précepteur, ne lui donnez pas d'enseignement trop au-dessus de son âge!

POLICHINELLE. — Ne craignez rien : Rousseau, Jacotot, et Pestalozzi ne sont rien auprès de moi.

PIERROT. — Tenez, papa! (*Il manque Cassandre et tape Polichinelle.*)

POLICHINELLE. — Eh! eh! mon ami, du respect pour ton précepteur!

PIERROT. — Allons au cabaret !

CASSANDRE. — Comment ! au cabaret ?

PIERROT. — Pour faire de la géographie. (*Il le pousse.*)

POLICHINELLE (*le repoussant*). — Pour faire de la géographie !

CASSANDRE. — Comment ?... mais... mais, monsieur le précepteur !

PIERROT. — De la géographie. (*Il bat Cassandre.*)

CASSANDRE. — Grands dieux !... vous me trompez. Montrez, mais montrez-moi donc votre diplôme, vous !

POLICHINELLE (*le tapant*). — Le voilà !

CASSANDRE. — Oh ! c'est une horrible perfidie !

PIERROT. — Géographie ! (*D'un coup de tête, il le renvoie.*)

POLICHINELLE. — C'est bien, mon ami ! (*Pierrot frappe à une maison.*) Eh bien ! que fais-tu là ?

PIERROT. — Je vais au cabaret !

POLICHINELLE. — C'est donc là ?

PIERROT. — Mais oui. (*Il frappe.*)

POLICHINELLE. — Allons ! voilà l'esprit qui lui vient !

PIERROT. — J'ai soif ! Hé ! tavernier du diable !

POLICHINELLE. — Quel petit Buridan !

ARLEQUIN (*sort et heurte Pierrot ; tous deux : Oh !*) — Qu'y a-t-il pour votre service ?

POLICHINELLE. — Donne-nous à boire !

ARLEQUIN (*rapportant une bouteille*). — Voilà ! c'est mon meilleur.

PIERROT *prenant la bouteille*). — Oh ! oh ! oh ! oh !

POLICHINELLE. — Hé ! petit, quand tu auras de la barbe, tu boiras le premier !

PIERROT. — Ah ! tu ne m'as pas appris ça !

POLICHINELLE. — C'est bien... En faveur de tes progrès, je ne te ferai pas de reproches ! (*Il boit.*)

ARLEQUIN. — Messieurs, vous avez bu, veuillez bien me payer.

POLICHINELLE. — Quoi?

ARLEQUIN. — Payez !

POLICHINELLE. — Pierrot, paye-le !

PIERROT. — Je n'ai pas d'argent !

POLICHINELLE. — Paye-le avec ta philosophie !

ARLEQUIN. — Eh bien ! Messieurs, cet argent?

POLICHINELLE. — Quel argent ?

ARLEQUIN. — Dépêchez-vous, morbleu ! Je ne suis pas patient !

(*Il va de l'un à l'autre.*)

POLICHINELLE. — Allons ! Pierrot, paye-le donc !

ARLEQUIN. — Je vais vous faire arrêter !

PIERROT. — Combien est-ce ?

ARLEQUIN. — Trente francs.

PIERROT (*le battant*). — Tiens ! (*Polichinelle rit.*)

ARLEQUIN. — Oh ! scélérat ! (*Il prend un bâton. — Bataille. — Il rosse Pierrot.*) Qu'en dis-tu, voleur ?

POLICHINELLE. — Il faut que je protége mes élèves !

(*Il bat et chasse Arlequin.*)

PIERROT. — Oh ! je suis moulu !

POLICHINELLE. — Ah ! la pratique n'est pas toujours sans inconvénients... Il faut se former. Écoute ! ce diable de tavernier, bien que nous ne l'ayons pas payé, a mis notre bourse à sec. La règle de trois serait bonne à appliquer en ce moment !

PIERROT. — Attendez, attendez ! je vais voir chez mon père s'il n'y a rien à prendre.

(*Il sort.*)

POLICHINELLE. — Quel charmant jeune homme ! Il promet trop, vraiment ! Voyons, que j'aille l'aider !

(*Il sort. — Arlequin et le Gendarme entrent.*)

ARLEQUIN. — Monsieur le Gendarme, c'est là que sont les voleurs qui m'ont battu sans me payer ! Attendez-les là, vous les pincerez.

GENDARME (*d'une grosse voix*). — Combien sont-ils ?

ARLEQUIN. — Deux !

GENDARME. — Deux ? Alors je vais me cacher !

ARLEQUIN. — Mais ce n'est pas le moyen de les arrêter ?

GENDARME. — Non ! mais je les regarderai. Cela me suffit !

ARLEQUIN. — Pourtant, il faut que la justice protége le commerce !

GENDARME. — Eh bien ! ne raisonne pas, ou je t'empoigne !

ARLEQUIN. — Allons ! ne vous fâchez pas, je vous aiderai !

GENDARME. — Merci ! avec Polichinelle on attrape trop de bosses ! Cachons-nous, c'est plus sûr ; nous les arrêterons en détail. (*Ils sortent.*)

(*Polichinelle et Pierrot entrent, apportant un matelas.*)

POLICHINELLE. — Allons ! Pierrot, la laine se vend bien !

PIERROT. — Il y en a encore ! (*Il sort.*)

POLICHINELLE. — Le bon fils ! On est fier d'avoir un tel élève. Il ira loin, l'enfant ! (*Pierrot rapporte un matelas.*) Attends, je vais continuer. (*Il sort.*)

PIERROT. — Le calcul est une belle science, décidément, et profitable surtout !

(*Il sort. Polichinelle entre avec la malle.*)

POLICHINELLE. — Il va tout dévaliser, le petit gueux ! (*Il sort. Pierrot entre avec la marmite.*)

PIERROT. — Eh ! en voilà pour quelque argent !

(*Entre le Gendarme.*)

GENDARME. — Scélérat ! tu voles, tu pilles, tu agrippes ! Je t'empoigne itérativement !

PIERROT. — Mais, Monsieur, je fais ce que m'apprend mon précepteur.

GENDARME. — Ton précepteur m'est insouciant, nonobstant ; suis-moi superlativement !

PIERROT. — Où donc ?

GENDARME. — A la potence !

PIERROT. — Qu'est-ce que c'est que ça, la potence ? Mon précepteur ne m'en a jamais parlé.

GENDARME. — Il a eu tort, différemment ! La potence est la bonne amie des voleurs, substantivement parlant ! Allons, viens !

PIERROT. — Va te promener ! (*Il lui donne un coup de tête.*)

GENDARME (*revenant*). — Ah ! coquin !

PIERROT (*lui donnant un coup de tête*). — Va voir la potence !

GENDARME (*revenant*). — Cette fois, je te tiens, pertinemment !

POLICHINELLE (*entrant*). — Oh ! oh ! on veut pendre mon élève ! Laissons-le aller jusqu'au bout de la corde, il n'en saura que plus long ! (*Il sort.*)

GENDARME. — Puisque tu ne veux pas venir à la potence, la potence viendra à toi, subséquemment ! — Monsieur l'aubergiste, apportez la potence, s'il vous plaît, pendant que je garde le coupable, indiciblement ! (*A Pierrot.*) Ne bouge pas ! Ah ! eh bien ! Veux-tu rester là !...

PIERROT. — Monsieur le Gendarme, laissez-moi m'en aller !

GENDARME. — Jamais ! Carrément !

PIERROT. — Je vous donnerai tout ce que vous voudrez !

GENDARME. — Tais-toi, scélérat ! incompétemment !

PIERROT. — Je vous en supplie !

ARLEQUIN (*entrant*). — Voici la potence !

GENDARME. — Allons, jeune homme ! un peu de bonne volonté, continuement !

PIERROT. — O mon précepteur ! mon précepteur !

GENDARME. — Allons! la caboche là-dedans, gentiment! Là, je te mets ta dernière cravate!

PIERROT. — Je ne le ferai plus!

GENDARME. — Il est trop tard! impérieusement!

(*Il le pend.*)

PIERROT. — Oh! oh! oh! oh!...

ARLEQUIN. — Une autre fois, Pierrot, tu paieras tes dettes!

(*Arlequin et le Gendarme sortent.*)

CASSANDRE (*entrant*). — Oh! oh! mon fils!! il est pendu! O père infortuné! quel précepteur lui as-tu donné? Ah! mon pauvre Pierrot! je vais venger ta mort sur ce misérable!

(*Polichinelle entre.*)

CASSANDRE. — Il faut que j'aie une explication avec vous!

POLICHINELLE. — Expliquez-vous!

CASSANDRE. — Vos abominables enseignements ont conduit mon fils là-haut!

POLICHINELLE. — Là ou ailleurs, qu'est-ce que ça fait?

CASSANDRE. — Mais il est mort!

POLICHINELLE. — Il était si bête!

CASSANDRE. — Vous êtes un misérable!

POLICHINELLE. — Non!

CASSANDRE. — Qui êtes-vous donc, alors?

POLICHINELLE. — Je suis Polichinelle!

CASSANDRE. — Vous êtes le terrible Polichinelle! C'est Polichinelle à qui j'ai confié l'éducation de mon fils!... Oh! j'ai récolté ce que j'ai semé!... Mais toi, gredin! tu ne le porteras pas en paradis! (*Il prend un bâton.*)

POLICHINELLE. — Je vous conseille de rester tranquille!

CASSANDRE. — Non! (*Il tape et le manque.*)

POLICHINELLE. — Ne m'échauffez pas la bile!

CASSANDRE. — Si! (*Même jeu.*)

POLICHINELLE (*le désarmant*). — Eh bien! tiens! (*Il le bat.*) Tiens!

CASSANDRE. — Je suis mort!

POLICHINELLE. — Toute la famille! Ils auraient dû faire leur testament en ma faveur!

(*Arlequin entre.*)

ARLEQUIN. — Ah! monsieur le Gendarme, voilà l'autre voleur!

POLICHINELLE. — C'est toi qui nous as dénoncés et qui as fait pendre mon cher élève!... Va rejoindre les autres! (*Il le tue.*) Là, tout va bien!

(*Le Gendarme entre.*)

GENDARME. — Oh! oh! Polichinelle est en colère, décampons!

POLICHINELLE (*le retenant*). — Halte-là, gaillard! C'est toi qui as pendu Pierrot?

GENDARME. — Non, non! considérablement!

POLICHINELLE. — Va-t'en faire des adverbes avec eux! (*Il le tue.*)

GENDARME. — Holà! je suis mort, inférieurement!

POLICHINELLE. — Tra deri dera! Je vais recommencer une autre éducation.

LE DIABLE. — Non! brrr!!

(*Bataille. — Le Diable emporte Polichinelle.*)

— Ne confiez jamais vos enfants à ce drôle! brrr!!

LES VOISINES

MISE EN SCÈNE.

A une certaine époque, c'était, dit-on, pendant l'âge d'or, et Polichinelle n'était peut-être pas encore de ce monde, tout allait parfaitement. Tout le monde était heureux, on s'entendait fort bien. Les hommes ne soupçonnaient point ce que pouvaient être l'inimitié, la guerre, la médisance, et ne connaissaient point l'usage de la potence. Il n'y avait pas de voisines dans ce monde admirablement organisé.

Mais le diable, jaloux de cet âge d'or où les femmes avaient tous les mérites et toutes les vertus, envoya un matin deux voisines parmi les mortels. Les nouvelles venues furetèrent, critiquèrent, insinuèrent, et elles excitèrent si bien tous ces pauvres gens qu'ils se prirent aux cheveux, se taillèrent des bâtons et force croupières, et qu'ils ne se sont plus reposés depuis ce temps. Les femmes ont crû de nos jours en mérites et en vertus; mais la race, à la fois semblable et différente, des voisines a considérablement multiplié.

En adoptant même une autre version sur les origines des malheurs de la race humaine, n'est-il pas évident que le serpent, le diable, qui, lorsqu'il tenta Ève, avait une tête humaine, portait ce jour-là une tête de voisine?

Quoi qu'il en soit, il était nécessaire de sacrifier quelques-unes de ces maudites voisines en guise de boucs émissaires, pour conjurer les maux dont elles ont affligé l'univers.

PERSONNAGES:

POLICHINELLE.
GRIPANDOUILLE.
CASSANDRE.
CABABUCHE.
LE MAGICIEN.
LE COMMISSAIRE.
Mme POLICHINELLE.
Mme CASSANDRE.
Mme CABABUCHE.

LES VOISINES

PREMIÈRE PARTIE.

Polichinelle, sa femme Colombine.

POLICHINELLE. — Ma chère femme, je sors ; vous serez sage pendant mon absence !
COLOMBINE. — Oui, oui ! (*Il part ; entre Gripandouille.*)
GRIPANDOUILLE. — Cette petite Mme Polichinelle est vraiment charmante ; il faut que je lui fasse la cour ; oh ! en tout bien, tout honneur ! — Madame, vous êtes bien jolie !
(*Entrée de madame Cassandre, qui écoute et épie.*)
COLOMBINE. — Laissez-moi ! (*Elle sort.*)
GRIPANDOUILLE. — Bien jolie, mais farouche ! Voilà un heureux mari que ce Polichinelle !
(*Il sort. — Madame Cassandre entre tout à fait.*)
Mme CASSANDRE. — Madame Cababuche ! madame Cababuche ! venez vite, venez vite ! (*Entre madame Cababuche.*)

Mme CABABUCHE, Mme CASSANDRE.

Mme CASSANDRE. — Vous ne connaissez pas, ma chère voisine, les abominations que j'ai découvertes !

Mme CABABUCHE. — Oh ! contez-moi cela tout de suite !

Mme CASSANDRE. — Ce monstre de Gripandouille !...

Mme CABABUCHE. — Le vieux garçon qui demeure dans notre maison ?

Mme CASSANDRE. — Lui-même !

Mme CABABUCHE. — Eh bien, que fait-il ?

Mme CASSANDRE. — Il fait...

Mme CABABUCHE. — Il fait ?

Mme CASSANDRE. — Oh ! c'est affreux !

Mme CABABUCHE. — Oh ! dites vite, mais dites donc vite !

Mme CASSANDRE. — Il fait la cour à Mme Polichinelle !

Mme CABABUCHE. — Oh ! le scélérat !

Mme CASSANDRE. — Quel impudent personnage, ma voisine !

Mme CABABUCHE. — Dire que jamais, à moi, il ne m'a adressé le moindre compliment ! Et pourtant j'ai encore quelques droits à ce qu'on me fasse la cour. Je ne suis pas si vieille, ni si laide !

Mme CASSANDRE. — Et moi, donc !

Mme CABABUCHE. — Oh ! vous ne pouvez pas vous comparer à moi, ma chère, vous n'avez pas de nez !

Mme CASSANDRE. — Et vous, vous avez des roupies au vôtre ; vous n'êtes déjà pas un si beau morceau !

Mme CABABUCHE. — Et vous, vous n'êtes même pas un morceau, vous n'êtes qu'un os !

Mme CASSANDRE. — Insolente !

Mme CABABUCHE. — Mal apprise !

Mme CASSANDRE. — Ça a des prétentions !

Mme CABABUCHE. — Un bon soufflet va les soutenir !

(*Elle la frappe.*)

Mme CASSANDRE. — Ah ! coquine !

(*Elles se battent. — Entre Gripandouille.*)

GRIPANDOUILLE. — Eh bien! eh bien! *Il les sépare.*) Et pour qui donc ces dames se battent-elles?

Mme CASSANDRE. — C'est pour vous! et vous allez sur-le-champ nous dire laquelle de nous deux vous préférez!

GRIPANDOUILLE. — Grands dieux! mais je n'ai pas de pomme à donner! Voyons. (*Allant à madame Cassandre et à part.*) Oh! quelle guenon!

Mme CASSANDRE (*à part*). — C'est moi!

GRIPANDOUILLE (*Allant à madame Cababuche et à part*). — Oh! quelle grenouille!

Mme CABABUCHE (*à part*). — C'est moi!

GRIPANDOUILLE. — Le choix est difficile!... Bah! je... ne préfère ni l'une ni l'autre! (*Il veut se sauver; elles le retiennent.*)

Mme CASSANDRE. — Ah! scélérat, c'est ainsi que tu te conduis envers les dames!

Mme CABABUCHE. — Oui, oui, tu t'en repentiras!

GRIPANDOUILLE. — Laissez-moi! (*A part.*) Je suis comme la chaste Suzanne.

Mme CASSANDRE. — Nous allons te dénoncer à Polichinelle.

GRIPANDOUILLE. — Moi?

Mme CABABUCHE. — Et il te bâtonnera; cela l'encouragera à faire la cour à sa femme!

GRIPANDOUILLE. — Mais je suis innocent!

Mme CASSANDRE (*le tirant*). — Ah! tu ne me trouves pas belle, gueux!

Mme CABABUCHE (*le tirant*). — Ah! je ne te plais pas, grand sot!

GRIPANDOUILLE. — Mais vous allez m'écarteler! Vous serez bien avancées quand vous m'aurez partagé en deux! Quelles harpies! Lâchez-moi, morbleu!

(*Il se dégage et se sauve. Les deux femmes se cognent la tête. — Entre Cassandre.*)

CASSANDRE. — Madame Cassandre, ma femme, veuillez bien rentrer; il faut me faire ma soupe au lieu de bavarder et dire du mal d'autrui.

Mme CASSANDRE. — J'ai de belles choses à vous apprendre!

CASSANDRE. — Quoi donc?

Mᵐᵉ CASSANDRE. — Gripandouille fait la cour à Mᵐᵉ Polichinelle !

CASSANDRE. — A la femme de mon voisin? tant mieux!

Mᵐᵉ CASSANDRE. — Vous trouvez cela bien?

CASSANDRE. — Mais allez donc me faire ma soupe, vous, au lieu de bavarder !

Mᵐᵉ CABABUCHE. — Comment ! vous battez votre femme?

CASSANDRE. — Vous !... mêlez-vous de vos affaires et ne m'échauffez pas la bile !

Mᵐᵉ CABABUCHE. — Insolent! vous me manquez de respect !

CASSANDRE (*à sa femme*). — Vous, rentrez !

Mᵐᵉ CABABUCHE. — Elle ne rentrera pas, ce pauvre agneau !

CASSANDRE. — Vous troublez mon ménage, pécore ! On ne devrait jamais laisser deux femmes ensemble !.(*A sa femme.*) Allons, vous, rentrez !

Mᵐᵉ CASSANDRE. — Tyran ! tyran ! tyran ! (*Elle rentre.*)

Mᵐᵉ CABABUCHE. — Vous m'avez insultée, je vais vous faire rosser par mon mari !

CASSANDRE. — C'est cela, langue de vipère, vous voulez faire égorger deux honnêtes gens !

Mᵐᵉ CABABUCHE. — Cababuche! Cababuche ! (*Entre Cababuche.*)

CABABUCHE. — Eh bien !

Mᵐᵉ CABABUCHE. — Viens à mon secours, on m'outrage !

CABABUCHE. — Ah! le drôle ! je vais chercher ma canne !

CASSANDRE. — Mais, mon cher ami, ne l'écoutez pas ; si vous allez chercher votre canne, que ce soit pour épousseter les épaules de votre femme.

CABABUCHE. — Vieux coquin ! je vous montrerai à respecter les dames ! (*Il s'en va.*)

Mᵐᵉ CABABUCHE. — Ah! ah! vous allez danser.

CASSANDRE. — Mais non ! mais non ! je vais manger ma soupe.

Mᵐᵉ CABABUCHE. — Comment! vous ne l'attendez pas?

CASSANDRE. — Non ! non ! non !

(*Il s'en va. — Cababuche revient.*)

CABABUCHE. — Oh mais je n'aurai point pris ma canne pour rien ; puisqu'il est parti, c'est vous que je vais battre... pour l'avenir!

Mme CABABUCHE. — Vous feriez mieux d'ouvrir les yeux sur ce qui se passe autour de vous !

CABABUCHE. — Qu'est-ce donc ?

Mme CABABUCHE. — Gripandouille fait la cour à Mme Polichinelle !

CABABUCHE — A la femme du voisin ? tant mieux !

Mme CABABUCHE. — Cela ne vous révolte pas ?

CABABUCHE. — Pendant ce temps-là, il ne vous la fera pas, à vous !

Mme CABABUCHE. — Vraiment ! je ne le mériterais donc pas autant qu'une autre ?

CABABUCHE. — Allez, vieille folle, venez me faire ma soupe !

Mme CABABUCHE. — Oh ! je me vengerai des hommes ! Ce Gripandouille est un misérable, et vous vous soutenez entre vous. Je le dirai à Polichinelle !

CABABUCHE. — Ne vous mêlez point des affaires des autres, et venez me faire ma soupe ; ma soupe ! ma soupe ! (*Il la bat à chaque fois.*)

Mme CABABUCHE. — Tyran ! tyran !

DEUXIÈME PARTIE

GRIPANDOUILLE. (*Madame Cassandre aux écoutes.*)

GRIPANDOUILLE. — Mon Dieu! mon Dieu! cette pauvre Mme Polichinelle va être compromise par ces deux semeuses de discorde! Il faut que je lui écrive un petit mot pour la prier de venir ici, et je la préviendrai des complots qu'on trame contre son repos! (*Il écrit.*) Là, voilà ma lettre faite! Je cours la lui porter.
(*Il sort et laisse tomber la lettre.*)
Mme CASSANDRE (*prenant la lettre*). — Ah! ah! un rendez-vous! Voyez-vous cela! Elle aura tous les profits, cette petite coquette, et nous rien! J'ai la lettre! C'est moi qui viendrai au rendez-vous de M. Gripandouille, et nous verrons! (*Entre madame Cababuche.*) Oh! ma chère, cette vilaine Mme Polichinelle a un rendez-vous avec ce monstre!

Mme CABABUCHE. — Avec Gripandouille?

Mme CASSANDRE. — Oui, oui!

Mme CABABUCHE. — Eh bien, j'irai les déranger!

Mme CASSANDRE. — Non, non! C'est moi qui irai; j'ai découvert le secret la première!

Mme CABABUCHE. — Vous vous mettez toujours en avant!

Mme CASSANDRE. — C'est bien naturel, je suis la plus jolie!

Mme CABABUCHE. — Vaniteuse!

Mme CASSANDRE. — Envieuse!

Mme CABABUCHE. — Vieux cabas!

Mme CASSANDRE. — Pomme cuite!

Mme CABABUCHE. — Carabosse édentée!

Mme CASSANDRE. — Pantoufle de rebut!

Mme CABABUCHE. — Tenez, sur votre minois lézardé!
(*Elle la bat.*)

Mme CASSANDRE. — Tenez, sur votre museau tanné!

(*Elle la bat. — Entre Gripandouille; elles sortent en se battant.*)

GRIPANDOUILLE. — Les deux charmantes créatures! J'ai bien fait de me cacher après m'être aperçu que j'avais perdu ma lettre! Ah! Mme Cassandre veut venir au rendez-vous! Eh bien, je lui enverrai un bon camarade! Hé! monsieur Cassandre! (*Entre Cassandre.*) — Monsieur Cassandre, aimez-vous Mme Cassandre?

CASSANDRE. — Oui, quand elle fait bien la soupe.

GRIPANDOUILLE. — Et trouvez-vous depuis quelque temps sa soupe fort bonne?

CASSANDRE. — Hélas! exécrable.

GRIPANDOUILLE. — C'est parce qu'elle met son nez partout ailleurs que dans sa marmite.

CASSANDRE. — Hélas! à qui le dites-vous?

GRIPANDOUILLE. — Mme Cassandre a un rendez-vous ici tout à l'heure!

CASSANDRE. — Avec qui?

GRIPANDOUILLE. — Avec un jeune homme, et voilà pourquoi elle néglige votre soupe!

CASSANDRE. — Ah! la coquine! Mais que faire?

GRIPANDOUILLE. — Allez-y avec un bon bâton et battez-la comme plâtre!

CASSANDRE — On ne peut jamais être tranquille!

GRIPANDOUILLE. — Dépêchez-vous! dépêchez-vous!

CASSANDRE. — Oui, oui! Ah! mon Dieu! que de dérangements! (*Il sort.*)

GRIPANDOUILLE — Enfin, j'aurai tiré mon épingle du jeu!

(*Entre madame Cababuche. — Gripandouille sort.*)

Mme CABABUCHE. — Polichinelle va passer ici, et je le préviendrai du rendez-vous. De toutes les façons, ce sera amusant: si c'est Mme Polichinelle ou Mme Cassandre qui vient, celle qui arrivera sera battue, Gripandouille aussi! Hi! hi! hi!... (*Entre Polichinelle.*) — Ah! monsieur, ah! mon pauvre monsieur!

POLICHINELLE. — Eh bien ! eh bien! suis-je donc si à plaindre ? Vous m'inquiétez !

Mᵐᵉ CABABUCHE. — Ah! mon pauvre monsieur, je vous attendais avec impatience ! Ah! quel malheur pour vous!

POLICHINELLE. — Eh! diable, dites donc quoi !

Mᵐᵉ CABABUCHE. — Votre femme.....

POLICHINELLE. — Ma femme.....

Mᵐᵉ CABABUCHE. — Gripandouille... Ah! c'est affreux !

POLICHINELLE. — Mais quoi ? mais quoi donc ? quoi ? bavarde ! dites-le vite !

Mᵐᵉ CABABUCHE. — Ils ont un rendez-vous ici, tout à l'heure !

POLICHINELLE. — Oh ! ! !

Mᵐᵉ CABABUCHE. — Courez chercher votre bâton !

POLICHINELLE. — Oh ! ! ! je les mettrai en fricassée !

(*Il s'éloigne.*)

Mᵐᵉ CABABUCHE. — Vous ne me remerciez pas ?

POLICHINELLE. — Vieille drogue! tu aurais mieux fait de retenir ta langue. (*Il sort.*)

Mᵐᵉ CABABUCHE. — Quelle race que ces hommes! quelle race ! Nous allons voir la danse maintenant ! Hi ! hi ! hi !

(*Elle sort. — Entre madame Cassandre voilée.*)

Mᵐᵉ CASSANDRE. — Que le temps est long! Ce Gripandouille ne viendrait-il pas? Ah! j'entends marcher ! (*Entre Cassandre de l'autre côté.*) Le voilà ! (*Elle se retourne.*) Bon Dieu! mon mari!

CASSANDRE. — Vous ne m'attendiez pas ?

Mᵐᵉ CASSANDRE. — Mais si ! mais si ! Je savais que vous faisiez, vous aussi, la cour à Mᵐᵉ Polichinelle!

CASSANDRE. — Moi ?

Mᵐᵉ CASSANDRE. — Oui, vous !

CASSANDRE. — Menteuse et coquine !

Mᵐᵉ CASSANDRE. — Débauché!

CASSANDRE. — Ah! par exemple! Vous allez rentrer sur-le-champ, et désormais vous me ferez de meilleure soupe, sinon je vous bats! (*Entre Polichinelle.*)

POLICHINELLE. — Ah! je vous y prends, infâme!
(*Il bat madame Cassandre.*)

Mme CASSANDRE. — Holà! Holà!

CASSANDRE. — Quel est ce fou?

POLICHINELLE. — Ah! et toi, Gripandouille, ton dernier jour est arrivé! (*Il les bat tous deux.*) Pif! paf! pif! paf!!!

(*Les deux autres :*) — Holà! Holà!

CASSANDRE. — Mais je suis Cassandre!

Mme CASSANDRE. — Je suis Mme Cassandre!

POLICHINELLE. — Ah bah! (*Il les regarde.*) Mais oui, c'est bien cette vieille bête! c'est bien cette méchante femme! Ce n'était pas vous deux que je voulais battre ; mais, après tout, il n'y a que demi-mal!

CASSANDRE. — Je suis brisé!

Mme CASSANDRE. — Je suis défoncée! (*Entre madame Cababuche.*)

Mme CABABUCHE. — Eh bien, ma chère, êtes-vous satisfaite du rendez-vous? Et vous, Gripandouille? Tiens! ce n'est pas Gripandouille qui a été battu?

CASSANDRE. — Non, c'est moi!

POLICHINELLE. — Ah! toi, vieille scélérate, tu as calomnié ma femme, tu m'as rempli l'âme de chagrin par tes mensonges, tu m'as fait déranger, tu m'as exposé à assommer ce bon M. Cassandre et madame sa femme! A ton tour! (*Il la bat.*)

Mme CABABUCHE. — Holà! Holà!

CASSANDRE. — Monsieur Polichinelle, à la bonne heure! Je vous rends mon estime. Allons boire un petit coup! (*Ils sortent.*)

Mme CABABUCHE. — Ah! ma pauvre amie, nous n'avons pas de chance! C'est toujours sur notre dos que les coups retombent!

Mme CASSANDRE. — C'est vous qui m'avez procuré ces coups de bâton!

Mme CABABUCHE. — Ne nous disputons pas! Tenez, voilà M. Cassandre qui revient ; poussez-le ferme, je vais chercher M. Cababuche. Ah! Polichinelle, tu entendras parler de nous!

Mme CASSANDRE. — Oh! oui, nous sommes trop malheureuses ; il faut que cela change! (*Entre Cassandre.*) — Entendez-vous, monsieur Cassandre, on m'a battue et on vous a battu : laisserez-vous impunis tous ces outrages, lâche que vous êtes?

CASSANDRE. — Mais puisque Polichinelle s'est trompé!

Mme CASSANDRE. — Comment! il s'est trompé? Il recommencera demain ou après-demain, et vous aurez la même excuse!

CASSANDRE. — Mais puisque nous avons bu un petit coup ensemble!

Mme CASSANDRE. — Lâche! poltron! lièvre! je vous barbouillerai la figure avec mon balai, je mettrai du poivre dans votre soupe, je vous jetterai votre vin au nez, jusqu'à ce que vous ayez vengé votre honneur!

CASSANDRE. — Mais que faut-il donc que je fasse?

Mme CASSANDRE. — Il faut tuer Polichinelle, entendez-vous? le tuer! poule mouillée!

CASSANDRE. — Eh bien, eh bien, je le tuerai, pour avoir la paix dans mon ménage! Je le tuerai! je le tuerai!

Mme CASSANDRE (*lui donnant un bâton*). — Eh bien! armez-vous!

CASSANDRE (*feignant de ne pas voir*). — Oui, oui! Où est-il, que je le massacre!

Mme CASSANDRE. — Eh bien! prenez donc cette arme!

CASSANDRE. — Ah! je suis prêt! Et lui, est-il prêt?

(*Entrent monsieur et madame Cababuche.*)

Mme CABABUCHE. — Ah! vous laisserez battre votre femme! Mais je vous ferai attacher une casserole aux pans de votre habit, si vous refusez de me venger!

CABABUCHE. — Mais, bon Dieu! si l'on vous écoutait, il faudrait exterminer tout le quartier!

Mme CABABUCHE. — Ne rougissez-vous pas devant M. Cassandre, qui est si brave?

CASSANDRE. — Oui, oui, je suis brave!

Mme CABABUCHE. — Je couperai une brosse dans votre lit; je mettrai de la poix dans vos ragoûts, homme sans cœur!

Mme CASSANDRE. — Elle fera bien! Oh! le cœur vil!

CABABUCHE. — Eh bien! je le tuerai, moi aussi, pour avoir la paix dans mon ménage!

M™ CASSANDRE. — A la bonne heure! que je vous embrasse. Armez-vous!

M™ CABABUCHE (*présentant une casserole*). Armez-vous, le temps presse!

CABABUCHE. — Mais le bâton de M. Cassandre suffira.

CASSANDRE. — Oh! je vais vous le prêter, si vous le désirez.

M™ CABABUCHE. — Allons, allons! pas de faiblesse! (*Elle le coiffe de la casserole.*)

CABABUCHE. — Eh! eh! je n'y vois plus clair! (*On le décoiffe.*)

M™ CABABUCHE. — Voilà M. Polichinelle qui vient là-bas. Faites votre devoir: nous vous regarderons de loin! (*Elles sortent.*)

CASSANDRE. — Tuons-le!

CABABUCHE. — Tuons-le!

CASSANDRE. — Il n'ose pas avancer! Massacrons-le!

CABABUCHE. — Réduisons-le en poudre!

(*Entre Polichinelle.*)

CASSANDRE. — Oh! ne parlons pas si haut! A vous, monsieur Cababuche, l'honneur de commencer.

CABABUCHE. — Non, merci, je vous cède le premier rang!

CASSANDRE. — Allons ensemble, alors!

(*Ils s'approchent. — Polichinelle se retourne vers Cassandre.*)

POLICHINELLE. — Quoi?

CASSANDRE (*se sauvant*). — Rien!

POLICHINELLE (*se retournant vers Cababuche*). — Quoi?

CABABUCHE (*se sauvant*). — Rien, oh! rien!

POLICHINELLE. — Vous faisiez bien du bruit, tout à l'heure?

CASSANDRE. — Non... nous causions à voix basse!

CABABUCHE. — Oui, oui!

POLICHINELLE (*à Cassandre*). — Qu'est-ce que ce bâton?

CASSANDRE. — Oh! pardon, monsieur Polichinelle, c'est ma femme qui... Mais je suis votre meilleur ami!

POLICHINELLE (*prenant le bâton*). — Donnez-moi ça. — (*A Cababuche.*) Et vous, qu'est-ce que vous faites de ceci ?

CABABUCHE. — C'est une canne pour pêcher à la ligne... Je vous aime beaucoup, monsieur Polichinelle, et ce sont nos diablesses de femmes qui faisaient tout ce tapage.

POLICHINELLE. — Donnez-moi ce morceau de bois ! Là, c'est bien ! Et, à présent, avez-vous toujours envie de le tuer, ce coquin ?

CASSANDRE. — Ce sont nos femmes !

CABABUCHE. — Oui, nos femmes ! Nous n'y sommes pour rien !

POLICHINELLE. — Écoutez ! il faut que nous sachions la vérité sur ces dames. Elles remplissent le quartier de mauvais propos. Allons chez le sorcier, et demandons-lui si elles ne sont pas la cause de tous ces troubles.

CASSANDRE. — Allons chez le sorcier, monsieur Polichinelle.

CABABUCHE. — C'est très bien imaginé !

(*Polichinelle frappe à une maison.*)

LE SORCIER. — Holà ! que voulez-vous ?

POLICHINELLE. — Que vous nous révéliez la vérité sur le compte de Mme Cassandre et de Mme Cababuche.

LE SORCIER. — Laissez-moi consulter les comètes. (*Il regarde en l'air.*) Ce sont deux coquines. Il faut prendre chacun un bâton et les caresser vigoureusement avec ces instruments. Ce sont elles qui ont calomnié Mme Polichinelle, parce que M. Gripandouille, ce vertueux célibataire, se refusait à leur faire la cour. Bonsoir !

(*Il rentre.*)

POLICHINELLE. — Mes bons messieurs, je vous laisse maintenant ; mais corrigez ces dames, si vous ne voulez pas que je m'en charge. (*Il sort.*)

CASSANDRE (*prenant le bâton.*) — Cela sera plus facile que de tuer Polichinelle.

CABABUCHE. — C'est ici qu'il faut mettre de la bravoure !

CASSANDRE. — Oh ! j'en aurai, soyez tranquille !

(*Entrent les deux femmes.*)

Mme CASSANDRE. — Eh bien, peureux ! il vit encore, nous l'avons rencontré !

Mme CABABUCHE. — Fainéants, vous ne lui avez osé rien dire, je parie.

CASSANDRE (*battant sa femme*). — Tenez ! voyez si je suis peureux !

Mme CASSANDRE. — Holà ! holà ! le coquin !

CABABUCHE. — Vous avez fini ? à mon tour ! Voyez, madame, si je suis fainéant ! (*Il la bat.*)

Mme CABABUCHE. — Holà ! holà ! pendard !

CABABUCHE. — Venez, voisin ; allons célébrer notre victoire en buvant une bonne bouteille !

CASSANDRE. — En buvant deux bouteilles. Nous sommes des hommes ! (*Ils sortent.*)

Mme CASSANDRE. — Ah ! mes côtes !

Mme CABABUCHE. — Ah ! mes épaules !

Mme CASSANDRE. — Mon pauvre dos !

Mme CABABUCHE. — Ma pauvre tête ! Nous serons donc toujours battues ?

Mme CASSANDRE. — Il faut les mener chez le Commissaire et les faire pendre, les misérables !

Mme CABABUCHE. — Les faire brûler à petit feu !

Mme CASSANDRE. — Le Commissaire ne peut que nous donner raison, s'il est galant !

Mme CABABUCHE. — Certainement ! (*Elles frappent.*)

LE COMMISSAIRE. — Qu'y a-t-il pour votre service, belles dames ?

Mme CASSANDRE. — Nos maris nous ont battues !

LE COMMISSAIRE. — Oh ! oh ! c'est un cas pendable !

Mme CABABUCHE. — Voyez-vous, j'en étais sûre !

Mme CASSANDRE. — Faites-les pendre tout de suite, monsieur le Commissaire.

LE COMMISSAIRE. — Attendez ! procédons par ordre. Allez d'abord chercher votre époux, Madame.

Mme CASSANDRE. — Justement, le voici !

(*Elle le saisit et le traîne devant le Commissaire.*)

LE COMMISSAIRE — Vous avez battu votre femme ?

CASSANDRE. — Oui, Monsieur.

LE COMMISSAIRE. — Et pourquoi ? c'est un cas pendable !

Mme CASSANDRE. — Oui, pendez-le !

Mme CABABUCHE. — Pendez-le vite !

CASSANDRE. — Madame est une mauvaise langue ! Elle a failli faire égorger quatre ou cinq personnes par ses propos fâcheux !

LE COMMISSAIRE. — Oh ! oh ! alors, qu'on la pende !

Mme CASSANDRE. — Ciel ! quel vilain Commissaire !

(*Elle veut se sauver, Cassandre la retient.*)

CASSANDRE. — Non pas ! non pas !

LE COMMISSAIRE (*à madame Cababuche*). — Et votre mari, Madame ?

Mme CABABUCHE. — Oh ! je n'attends pas votre jugement !

(*Elle veut se sauver, le Commissaire la retient.*)

LE COMMISSAIRE. — Non, non ! vous allez être pendue aussi ! Monsieur Cassandre, tenez-les bien, je vais chercher la potence !

(*Il sort. — Cassandre lutte avec les deux femmes. — Cris : Ah ! ah ! — Le Commissaire apporte la potence.*)

LES DEUX FEMMES. — Au secours ! Je ne veux pas qu'on me pende ! Je demande pardon ! (*On les pend.*)

LE COMMISSAIRE. — Je les crois corrigées !

(*Entre Cababuche.*)

CABABUCHE. — Vous avez pendu ma femme ! Vous avez bien fait !

(*Les trois hommes emportent la potence et les victimes.*)

LA TRAGÉDIE D'ARLEQUIN

LA TRAGÉDIE D'ARLEQUIN

MISE EN SCÈNE

Les prétendants s'avancent et montent à l'assaut. Pour réussir, ils emploient la prière et les présents, la ruse, la fraude et la violence. Rien n'y fait. Celui qui parvient est-il plus digne que les autres? Qui le sait? Le choix est fait d'avance, et rien ne change. Colombine veut Arlequin, et c'est Arlequin qui l'emporte. Les obstacles deviennent pour lui les échelons les plus sûrs, et ses échecs masquent sa victoire.

Hélas ! nous autres hommes, prétendant non-seulement au mariage, mais à la fortune, à la gloire, aux honneurs, au bonheur, en vain nous gravissons l'escalier encombré que nous montre complaisamment notre Espoir, espèce de père Cassandre; en vain nous faisons nos plus gracieuses courbettes à la Colombine fantasque que nous appelons gloire, fortune ou félicité; en vain nous lui offrons, essoufflés, nos compliments et nos bouquets !

Aveuglément, capricieusement, elle a toujours donné sa main à quelque alerte et brillant Arlequin qui nous gratifie d'un coup de batte et nous rejette, meurtris et penauds, au bas de cet escalier que nous avions franchi avec un labeur si pénible.

Peut-être aussi n'avons-nous pas fait attention à tel ou tel petit cauchemar qui devait nous édifier sur la valeur morale des moyens que nous avions employés pour parvenir !

PERSONNAGES :

CASSANDRE.
COLOMBINE.
PIERROT.
ARLEQUIN.
POLICHINELLE.
LE MARCHAND DE FERRAILLE.
LE GENDARME.
LE PORC.
LA SAUCISSE, GENDARME } PERSONNAGES
L'ANDOUILLE, COMMISSAIRE } DE CAUCHEMAR.

LA
TRAGÉDIE D'ARLEQUIN

PREMIÈRE PARTIE

UN SALON A DEUX FENÊTRES.

SCÈNE PREMIERE.

CASSANDRE, COLOMBINE.

CASSANDRE. — Ma fille, voici trois jeunes gens qui veulent t'épouser, tu choisiras entre eux : ce sont M. Polichinelle, qui est un vaurien ; M. Pierrot, qui ne vaut pas grand'chose ; et M. Arlequin, qui ne vaut guère mieux. Comme il n'y en a pas de préférables, choisis, je te laisse.

(*Il sort. — Entre Polichinelle avec un morceau de jambon.*)

SCÈNE II.

COLOMBINE, POLICHINELLE.

POLICHINELLE (*lui fourrant le jambon sous le nez*). — Acceptez cette nourriture et mon cœur.

COLOMBINE (*le battant avec le jambon*). — Garde tes cadeaux, vilain goinfre !

POLICHINELLE (*reculant en reprenant son jambon*). — Oh ! là, là, que je suis malheureux !

(*Pierrot se précipite vers Colombine avec une bouteille, et la lui met sous le nez.*)

SCÈNE III.

COLOMBINE, PIERROT, POLICHINELLE (*à l'écart et secouant le jambon*).

PIERROT. — Recevez un excellent mari et une liqueur parfaite.

COLOMBINE (*le tapant avec la bouteille*). — Va-t'en, ivrogne!

PIERROT. — Oh! ne la cassez pas!

(*Il reprend la bouteille. — Colombine voit Arlequin en dehors à la fenêtre et va vers lui; il disparaît pendant cela.*)

PIERROT. — Polichinelle, nous nous consolerons par un bon déjeuner!

POLICHINELLE. — Laisse-moi tranquille!

(*Il le pousse avec son échine.*)

PIERROT. — Ours!

(*Ils se battent. Entre Arlequin avec un gros bouquet de pissenlits. A sa vue, ils s'arrêtent et gesticulent.*)

SCÈNE IV.

COLOMBINE, ARLEQUIN, PIERROT ET POLICHINELLE (*à l'écart et mécontents*).

ARLEQUIN (*mettant son bouquet dans la figure de Colombine*). — Je vous aimerai bien!

COLOMBINE. — C'est lui qui sera mon mari!

POLICHINELLE. — Ce mirliflore!

(*Il tape Arlequin avec le jambon.*)

ARLEQUIN (*croyant le frapper, tape Colombine avec le bouquet*). — Attrape, Polichinelle!

COLOMBINE (*se frottant*). — A la garde!

PIERROT. — Ce muguet!

(*Il tape Arlequin avec la bouteille.*)

ARLEQUIN (*même jeu qu'avec Polichinelle*). — Attrape, Pierrot!

COLOMBINE. — A la garde! Je suis morte!

(*Elle s'évanouit.*)

LA VOIX DU GENDARME. — Eh bien! eh bien! quel train! nous allons tous les pendre!

PIERROT. — Polichinelle, entends-tu, on va nous pendre!

(*Arlequin regarde à la fenêtre.*)

POLICHINELLE (*la main à son cou*). — Couic!... sauvons-nous!

(*Ils se sauvent. Arlequin revient à Colombine. — La tête du Gendarme à la fenêtre.*)

SCÈNE V.

COLOMBINE, ARLEQUIN, LE GENDARME.

LE GENDARME. — Eh bien! est-ce fini tout ce train-là?

ARLEQUIN. — Ce n'est rien, nous jouions à cache-cache.

LE GENDARME. — Ne criez plus si fort une autre fois, sinon...

ARLEQUIN (*le frappant avec le bouquet*). — Mais tu nous ennuies!

LE GENDARME. — Ah! quelle salade!

(*Il disparaît.*)

SCÈNE VI.

ARLEQUIN, COLOMBINE.

ARLEQUIN (*secouant Colombine*). Elle se trouve mal, et il n'y a pas de vinaigre dans cette salade! Allons, réveille-toi. (*Il la tape avec le bouquet.*) Elle est morte! Hé! père Cassandre!

LA VOIX DE CASSANDRE. — Eh bien?

ARLEQUIN. — Votre fille ne peut plus se marier.

LA VOIX. — Pourquoi donc ça? qu'est-ce qui l'en empêche?

ARLEQUIN. — Elle est morte!

(*Arrive Cassandre.*)

SCÈNE VII.

ARLEQUIN, COLOMBINE, CASSANDRE.

CASSANDRE. — Ah! coquin, tu l'as tuée!

ARLEQUIN. — Non! Vite de l'eau! elle ressuscitera.

(*Ils cherchent de l'eau.*)

CASSANDRE. — Ah! en voici.

(*Il prend un seau et le verse sur la tête de Colombine.*)

COLOMBINE. — Oh! oh! non, non, je ne veux pas me baigner!

CASSANDRE. — Eh bien, viens chercher le contrat, puisque tu n'est plus morte!

(*Ils sortent, laissant Arlequin.*)

SCÈNE VIII.

ARLEQUIN (*dansant et chantant*) :

La boulangère a des écus, etc.

(*Pierrot à une fenêtre. — Polichinelle à l'autre.*)

SCÈNE IX.

PIERROT, POLICHINELLE, ARLEQUIN.

PIERROT. — Hé! Arlequin!

(*Arlequin se tourne vers lui.*)

POLICHINELLE. — Mon petit Arlequin!

(*Arlequin se retourne de son côté.*)

PIERROT. — Veux-tu venir déjeuner avec nous?

ARLEQUIN. — Qu'est-ce que vous avez pour déjeuner?

POLICHINELLE. — Un jambon de mille livres.

ARLEQUIN. — Oh! oh!

PIERROT. — Une tonne de ratafia.

ARLEQUIN. — Oh! oh! j'en suis.

(*Tandis qu'ils disparaissent tous trois, entre Cassandre avec une énorme plume.*)

SCÈNE X.

LES PRÉCÉDENTS, CASSANDRE.

CASSANDRE. — Nous allons signer le contrat. Eh bien! où est-il ce polisson? Il est parti!

(*Colombine entre.*)

SCÈNE XI.

COLOMBINE, CASSANDRE.

COLOMBINE. — Il va revenir!

CASSANDRE. — Est-ce qu'il a la colique? Oh! oh! je ne veux pas de ça, tout est rompu!

COLOMBINE. — Mais, papa...

CASSANDRE. — Tu raisonnes, attends!

(*Il la bat.*)

COLOMBINE. — Oh! là, là! Arlequin!...

SECONDE PARTIE

UNE FORÊT.

ARLEQUIN, *placé entre* PIERROT *et* POLICHINELLE, *armés de bâtons*.

POLICHINELLE (*caressant Arlequin avec son bâton*). — Mon bon petit Arlequin!

PIERROT (*id.*) — Le joli petit Arlequin! Joli, joli.

POLICHINELLE (*id.*) — Vois-tu le jambon?

ARLEQUIN. — Où donc?

PIERROT (*id.*) — Et le ratafia, le vois-tu?

ARLEQUIN. — Où donc?

POLICHINELLE (*id.*) — Comme tu vas te régaler!

PIERROT (*id.*) — Tu vas bien déjeuner!

ARLEQUIN. — Je ne vois pas le jambon.

POLICHINELLE (*le frappant*). — Tiens, le voilà !

ARLEQUIN. — Oh ! là, là ! Et le ratafia ?

PIERROT (*le frappant*). — Le voici !

ARLEQUIN. — Oh ! là, là !

POLICHINELLE (*le battant*). — Jambon.

PIERROT   (*id.*)   — Ratafia.

POLICHINELLE (*id.*)   — Jambon.

PIERROT   (*id.*)   — Ratafia.

POLICHINELLE (*id.*)   — Jambon.

PIERROT   (*id.*)   — Ratafia, fia, fia ! Je crois que nous l'avons tué !

POLICHINELLE. — Il faut l'enterrer, alors. Lui achèterons-nous un terrain ?

PIERROT. — Celui-ci ne coûte rien !

POLICHINELLE. — Allons, creusons vite ! (*Ils creusent le sol, puis enterrent Arlequin.*) Oh ! le pauvre Arlequin, il était si gentil !

PIERROT. — Oh ! Polichinelle sensible ! Écoute mon plan. Je prendrai les habits d'Arlequin, tu t'habilleras en domestique. Nous retournerons chez Cassandre, il me donnera sa fille en mariage, et nous aurons les écus.

POLICHINELLE. — C'est très bien, tu es plein d'invention ! (*On entend la voix du Porc : Rrrff, rrrff !*) Eh ! voici quelqu'un ! il est temps de décamper !

PIERROT. — En route !

      (*Ils sortent. Le Porc entre, et fouille violemment l'endroit où est enterré Arlequin : Rrrff, rrrff ! Il déterre peu à peu celui-ci, qui revient à la vie.*)

ARLEQUIN. — Oh ! mon bon petit Rrrff, rrrff, tu m'as sauvé la vie !

LE PORC. — Rrrff, rrrff !

ARLEQUIN. — Nous sommes amis jusqu'à la mort désormais !

(*Il l'embrasse.*)

LE PORC. — Rrrff, rrrff !

ARLEQUIN. — Tu as vu les scélérats ?

LE PORC. — Rrrff, rrrff !

ARLEQUIN. — Tu peux témoigner contre eux ?

LE PORC. — Rrrff, rrrff.

ARLEQUIN. — Alors, tu vas m'accompagner chez Cassandre, et tu diras ce que tu as vu ?

LE PORC. — Rrrff, rrrff !

ARLEQUIN (*le saisissant par la queue et l'entraînant*). — Alors, viens !

LE PORC (*avec détresse*). — Rrrrrfff ! rrrrffff !!

TROISIÈME PARTIE

LA CUISINE DE CASSANDRE.

SCÈNE PREMIÈRE.

POLICHINELLE ET PIERROT, *déguisés*.

POLICHINELLE. — Pierrot, suis-je bien déguisé ?

PIERROT. — Oui, tu as l'air d'un cocher de grande maison. Et moi, crois-tu qu'on me reconnaîtra ?

POLICHINELLE. — Oh ! toi, tu ressembles toujours à un filou !

PIERROT. — Insolent !

POLICHINELLE. — Oh ! que ces casseroles sentent bon !

(*Il met son nez dans les ustensiles de cuisine.*)

PIERROT. — Chut ! tiens-toi bien, voici Colombine !

(*Colombine entre.*)

COLOMBINE (*se précipitant vers Pierrot*). — Oh ! mon cher Arlequin !

PIERROT. — Je reviens pour vous épouser.

POLICHINELLE (*prenant la coiffure de Colombine, où il y a des fruits*). — Oh mais, c'est bon à manger, c'est un potager !

COLOMBINE (*se dégageant*). — Quel vilain domestique !

(*Elle lui menace la figure d'une lardoire. — Pierrot regarde dans les marmites.*)

POLICHINELLE (*tournant le dos*). — Oh ! elle veut me crever les yeux ! (*Elle le pique au dos.*) Aïe ! elle me larde, elle veut me truffer !

(*Il se sauve de l'autre côté vers une casserole.*)

COLOMBINE. — Papa, papa, voilà Arlequin !

PIERROT. — Arlequin lui-même !

POLICHINELLE. — Le plus vrai des Arlequins !

(*Cassandre entre.*)

SCÈNE II.

COLOMBINE, PIERROT, POLICHINELLE, CASSANDRE.

CASSANDRE (*saluant*). — Alors, on va signer le contrat !

(*Pierrot et Cassandre se saluent à outrance. — Polichinelle se prend le nez dans une armoire.*)

POLICHINELLE. — Oh ! oh ! mon nez !

COLOMBINE. — Quel imbécile !

(*Elle veut le piquer, il recule, prend une casserole et se défend.*)

CASSANDRE. — Je vais chercher ma plume ! (*Il sort.*)

SCÈNE III.

COLOMBINE, PIERROT, POLICHINELLE.

PIERROT (*tapant sur Polichinelle avec une autre casserole*). — Eh bien ! coquin, tu manques de respect à Mademoiselle ?

(*Polichinelle, piqué, battu, battant et criant : Oh ! aïe ! aïe ! court partout et se fourre dans l'armoire. — Cassandre rentre avec sa plume.*)

SCÈNE IV.

COLOMBINE, PIERROT, CASSANDRE.

CASSANDRE. — Nous allons signer le contrat! (*La voix d'Arlequin au dehors :*) Attendez, attendez! (*Le Porc crie :* Rrrff, rrrff!)

PIERROT (*qui tient la main de Colombine, la lâche*). — Diable! voilà Arlequin!

> (*Il va se cacher dans l'armoire.* — *Entrent Arlequin, puis le Porc.*)

SCÈNE V.

CASSANDRE, COLOMBINE, ARLEQUIN, LE PORC.

CASSANDRE. — Eh bien! ils sont donc changés? Il y avait un Arlequin là tout à l'heure, en voici un second, (*allant au Porc*) et un troisi...... non, celui-ci n'en est pas un!

COLOMBINE. — Ah! c'est Arlequin!
> (*Elle tombe dans ses bras.*)

ARLEQUIN. — Mais laissez-moi donc parler! J'amène ici le...

CASSANDRE. — Je ne m'y reconnais plus du tout. Il faut que j'aille chercher mes lunettes!

> (*Il sort.*)

SCÈNE VI.

ARLEQUIN, COLOMBINE, LE PORC.

ARLEQUIN. — J'ai là le témoin d'un crime commis sur moi! (*Pierrot ouvre l'armoire, saisit le Porc par la queue, l'attire à lui et referme la porte.*) Eh! bon Dieu! il est donc parti?
> (*Il cherche partout.*)

COLOMBINE. — Qui donc?

ARLEQUIN. — Mon ami!

> (*Pendant qu'ils cherchent et quand ils passent près de l'armoire, Polichinelle les tape avec une casserole.*)

COLOMBINE. — Oh! là, là! Tu me bats, Arlequin?

ARLEQUIN. — Et toi, tu me tapes?

(*Entre Cassandre avec ses lunettes; il reçoit un coup de casserole et crie : Oh!* — *Les deux autres sautent en l'air, en criant aussi, et tous trois se sauvent.* — *Aussitôt Pierrot et Polichinelle sortent de l'armoire avec le Porc coupé et salé.*)

SCÈNE VII.

PIERROT, POLICHINELLE (*mangeant*).

PIERROT. — Vite, vite! enterrons celui-ci dans notre estomac : les morts ne reviennent plus!

POLICHINELLE. — Ah! j'étouffe! Tu n'en manges pas tant que moi! J'ai soif..... Est-ce qu'il faudra aussi manger Arlequin, après?

PIERROT. — Tais-toi! avale, avale! tu as le ventre grand! Allons, allons! fais disparaître ce misérable ennemi dans tes bosses!

POLICHINELLE. — Mais je gonfle, je crève.

PIERROT. — Avale, avale! il en reste encore, malheureux!

(*Entrent Cassandre et Arlequin.*)

SCÈNE VIII.

PIERROT, POLICHINELLE, CASSANDRE, ARLEQUIN.

CASSANDRE. — Enfin, votre témoin a disparu!

ARLEQUIN. — Ah! voilà ce qu'il en reste! (*Il montre la queue.*)

POLICHINELLE (*le battant*). — Freluquet, qu'est-ce que tu dis?

PIERROT (*id.*) — Museau noir, de quoi te mêles-tu?

CASSANDRE. — Lequel est le vrai Arlequin, à la fin?

PIERROT. — Moi!

ARLEQUIN. — Moi!

POLICHINELLE. — Moi!

PIERROT (*le battant*). — Va-t'en, toi!

CASSANDRE. — Le vrai Arlequin est celui qui m'apportera le plus d'écus. Arrangez-vous. (*Il sort.*)

SCÈNE IX.

ARLEQUIN, PIERROT, POLICHINELLE.

ARLEQUIN (*désolé*). — Je n'ai pas le sou !

PIERROT. — Ni moi !

POLICHINELLE. — Ni moi !

ARLEQUIN. — Canailles !

(*Bataille de casseroles, cris. — Arlequin s'enfuit.*)

SCÈNE X.

PIERROT, POLICHINELLE.

POLICHINELLE. — Comment faire pour avoir de l'argent ?

(*Une voix crie :* Ferraille à vendre !)

PIERROT. — Attends ! Eh ! la ferraille !

LA VOIX. — Voilà !

(*Entre le marchand.*)

SCÈNE XI.

PIERROT, POLICHINELLE, L'AUVERGNAT.

L'AUVERGNAT. — Voilà, bourgeois, quèche que vous javez à vendre ?

PIERROT. — Ma batterie de cuisine !

L'AUVERGNAT — Elle est belle, vochtre batterie de cuisine !

PIERROT. — Combien en donnes-tu ?

L'AUVERGNAT. — Chent mille francs comme un liard.

POLICHINELLE (*le tapant avec une casserole*). — Tiens, emporte !

PIERROT. (*id.*) — Emporte !... emporte !

L'AUVERGNAT. — Eh ! là ! les jamis !

PIERROT. — Paye !

L'AUVERGNAT. — Voilà chent mille chous !

POLICHINELLE (*le coiffant d'une casserole*). — Décampe!

(*L'Auvergnat sort en se cognant partout.*)

PIERROT. — Eh! père Cassandre, voilà des écus!

(*Entre Cassandre avec la plume et les lunettes, puis Arlequin.*)

SCÈNE XII.

CASSANDRE, PIERROT, POLICHINELLE, ARLEQUIN.

CASSANDRE. — Nous allons signer le contrat, et on se mariera demain!

ARLEQUIN. — Je suis perdu!

(*Pierrot et Polichinelle embrassent Cassandre, qui veut prendre les écus, et se le repassent malgré lui.*)

PIERROT. — Embrassons notre beau-père!

POLICHINELLE. — Embrassons notre beau-père!

CASSANDRE. — Allez vous coucher, allez dormir, mes amis! La veille d'un si beau jour, on a besoin de repos!

(*Pierrot emporte le sac.*)

QUATRIÈME PARTIE

UNE CHAMBRE.

SCÈNE PREMIÈRE.

POLICHINELLE, PIERROT (*apportant chacun un matelas*).

POLICHINELLE (*se couchant*). — Oh! que j'ai sommeil!

PIERROT (*id.*) — Et moi donc!

(*Ils ronflent.*)

POLICHINELLE (*se relevant*). — Oh! oh! j'ai trop mangé, je ne peux pas dormir.

PIERROT. — Moi non plus ! le témoin d'Arlequin me pèse sur l'estomac. (*Il se recouche.*)

POLICHINELLE. — Crois-tu que ce ne soit pas sur la conscience ?

(*Il se recouche.*)

PIERROT (*se secouant*). — Je suis agité !

(*Un nuage monte.*)

POLICHINELLE (*se dressant*). — Oh ! oh ! du brouillard !

(*Entrent une Saucisse-Gendarme et une Andouille-Commissaire, qui dansent.*)

SCÈNE II.

LES PRÉCÉDENTS, LES PERSONNAGES DU CAUCHEMAR.

PIERROT. — J'ai le cauchemar. (*L'Andouille s'asseoit sur lui.*) Holà ! elle m'étouffe !

(*La Saucisse roule Polichinelle sur son lit.*)

POLICHINELLE. — Je suis pincé ! elle m'étrangle !

PIERROT. — Oh ! pourquoi avoir fait ce festin ?

(*Ils se lèvent, saisissent les matelas et s'en font un bouclier contre leurs persécuteurs, qui leur donnent des coups de dos et des coups de bâton en dansant.*)

POLICHINELLE — Holà ! aïe ! aïe ! je me repens ! Au secours !

PIERROT. — Au secours ! au secours !

(*Ils tournent tout autour de la chambre, poursuivis par le Cauchemar. — On frappe à la porte, le Cauchemar disparaît.*)

POLICHINELLE ET PIERROT (*se bousculant, crient :*) — Au secours ! au secours !

(*Entrent Cassandre et Arlequin.*)

SCÈNE III.

POLICHINELLE, CASSANDRE, PIERROT, ARLEQUIN.

PIERROT. — Grâce! grâce! J'ai voulu tuer Arlequin, j'ai mangé la moitié de son ami, j'ai vendu vos casseroles, je suis un misérable! J'avoue mes crimes! Je m'en repens!

POLICHINELLE. — Ah! moi aussi! Oh! j'ai trop mangé!

CASSANDRE. — Ah! brigands, allez vous faire pendre ailleurs! Et nous, Arlequin, allons signer le contrat!

ARLEQUIN. — Messieurs et Mesdames, l'indigestion, jointe au remords, a produit le bienfaisant cauchemar qui, comme vous le voyez, vient de ramener à la vertu ces deux coupables.

(*Cassandre unit Arlequin et Colombine.*)

THEATRE DES MARIONNETTES.

LA MALLE DE BERLINGUE.

LA MALLE
DE
BERLINGUE

MISE EN SCÈNE.

Il faut qu'une malle soit ouverte ou fermée, tout aussi bien qu'une porte ; mais démontrer cette nécessité n'est point le but du drame.

La malle ici symbolise la situation errante, agitée, de l'homme sur la terre, son voyage à travers la vie, ses secousses, ses variations et ses erreurs, son goût pour l'inconnu et sa précipitation, sa cupidité et sa sottise, le mauvais usage qu'il fait de son libre arbitre, l'inconstance de sa fortune et ses jugements inconsidérés. Aussi, à la fin, le Commissaire, touché de compassion pour l'état précaire de l'homme, se range-t-il au parti de l'abolition de la peine de mort et s'écrie-t-il : « Ne pendons personne ! » (Pas même l'auteur, bien entendu et sous-entendu.)

PERSONNAGES :

BERLINGUE.
Mme BERLINGUE.
ARLEQUIN.
L'APOTHICAIRE.
LE VOLEUR PIERROT.
LE GENDARME.
LE COMMISSAIRE.

LA MALLE DE BERLINGUE

PREMIÈRE PARTIE

LE SALON.

(*Un lit d'un côté. — Une malle de l'autre.*)

BERLINGUE (*caressant sa malle*). — Ma malle, ma belle malle pour faire mon grand voyage ! Pourvu qu'aucun malheur ne lui arrive ! (*Appelant :*) Madame ma femme ! (*Entre madame Berlingue.*) Ah ! vous voilà ! Je vais sortir et ne rentrerai que ce soir.

Mme BERLINGUE. — Ah ! grands dieux !

BERLINGUE. — Oui, il faut que j'aille acheter beaucoup de peaux de lapin que j'expédierai en Amérique. Veillez bien sur ma malle pendant mon absence, sur ma belle malle !

Mme BERLINGUE. — Soyez tranquille, elle ne bougera pas d'ici !

BERLINGUE (*s'en allant, puis revenant*). — Surtout ne vous asseyez point dessus !

Mme BERLINGUE. — Non, non !

BERLINGUE (*même jeu*). — Ne laissez point la chatte faire ses petits dedans !

Mme BERLINGUE. — Non, non !

BERLINGUE (*même jeu*). — N'y jetez pas d'ordures!

Mᵐᵉ BERLINGUE. — Non, non, non!

BERLINGUE (*même jeu*). — Ne la remuez pas brutalement!

Mᵐᵉ BERLINGUE. — Mais non, non! Dieu! que vous êtes ennuyeux!

BERLINGUE (*sortant*). — Adieu!

Mᵐᵉ BERLINGUE. — Quelle sotte bête! Je la défoncerais volontiers cette malle, pour le punir! Il l'aime mieux qu'il ne m'aime, moi! (*Elle s'asseoit violemment à plusieurs reprises sur la malle.*) Allez donc! allez donc! (*Entre Arlequin.*)

ARLEQUIN, Mᵐᵉ BERLINGUE.

Mᵐᵉ BERLINGUE. — Oh! le voilà! Eh! non, c'est le doux Arlequin!

ARLEQUIN. — Je l'ai vu sortir, ce ladre, ce goutteux, ce quinteux, ce vieil imbécile. Allez, n'avez-vous pas honte de vous esquinter à travailler pour un tel grigou? Faites donc comme moi : amusez-vous et ne travaillez plus!

Mᵐᵉ BERLINGUE. — Je ne demande pas mieux.

ARLEQUIN. — Il ne convient qu'aux bœufs et aux chevaux de travailler. Mais l'homme est le roi de la création, et la femme en est la reine.

Mᵐᵉ BERLINGUE. — Vous avez bien raison.

ARLEQUIN. — Vivons donc en rois. A bas le travail! il salit les mains, brise les reins, et fait perdre le temps qu'on emploierait si bien à s'amuser.

Mᵐᵉ BERLINGUE. — Amusons-nous, amusons-nous vite... mais comment?

ARLEQUIN. — Commençons par boire.

Mᵐᵉ BERLINGUE. — Oui, oui! Et après?

ARLEQUIN. — Nous reboirons!

Mᵐᵉ BERLINGUE. — Et après?

ARLEQUIN. — Nous danserons.

Mᵐᵉ BERLINGUE. — C'est cela. Et après?

ARLEQUIN. — Nous jouerons... à la main chaude!

Mᵐᵉ BERLINGUE. — Bravo! Et après?

ARLEQUIN. — Oh mais, vous avez un rude appétit d'amusement! Commençons toujours; après... nous verrons. Où est la bouteille?

Mᵐᵉ BERLINGUE. — Voilà.

ARLEQUIN. — C'est bon! très bon!

Mᵐᵉ BERLINGUE. — A mon tour.

ARLEQUIN. — Oh! quel bec! Avez-vous bientôt fini?

Mᵐᵉ BERLINGUE. — Oui, il n'en reste plus! Dansons un petit rigodon à présent. (*Ils dansent en chantant.*)

ARLEQUIN. — Ouf! j'en ai assez. Quelles jambes vous avez!

Mᵐᵉ BERLINGUE. — Vous n'êtes pas courageux! Eh bien, jouons! Mettez-vous là!

ARLEQUIN. — J'y suis. (*Madame Berlingue boit.*) Eh bien! Voilà un jeu qui ne continuera pas!

Mᵐᵉ BERLINGUE. — Allons, baissez la tête!

ARLEQUIN. — J'y suis. (*Elle prend un bâton.*) Eh bien! comme vous êtes lente!

Mᵐᵉ BERLINGUE (*le tapant*). — Devinez!

ARLEQUIN. — Tudieu, quelle poigne!... C'est vous, parbleu!

Mᵐᵉ BERLINGUE. — Non, c'est le bâton! Allons, baissez la tête!

ARLEQUIN. — C'est fait.

Mᵐᵉ BERLINGUE (*tapant*). — Voilà! Devinez!

ARLEQUIN. — Sapristi! c'est le bâton.

Mᵐᵉ BERLINGUE. — Vous avez raison, nigaud.

ARLEQUIN. — Eh bien, mettez-vous là!

Mᵐᵉ BERLINGUE. — Mais non, puisque c'est le bâton!

ARLEQUIN. — Oh! oh! vous êtes trop malicieuse.

(*Il se remet en place.*)

Mme BERLINGUE (*tapant à tour de bras*). — Qui?

ARLEQUIN. — Sapristi! vous m'avez fendu la caboche! A votre tour, voyons.

Mme BERLINGUE. — Non pas! non pas!

ARLEQUIN. — Ah! vous trichez! Vous aurez votre part cependant!

(*Il la bat.*)

Mme BERLINGUE. — Oh là! oh là! je suis morte!

ARLEQUIN. — Grands dieux! j'ai tapé trop fort. Les femmes n'ont pas la tête si dure qu'on le dit. Malheureux Arlequin, qu'as-tu fait là? Madame Berlingue! ma petite madame Berlingue!... Mais c'est qu'elle est bien morte! On va m'arrêter! Je perds la tête. Il faut que je cache ce cadavre. Où? comment? Ah! (*Il fourre madame Berlingue entre deux matelas et se couche sur le lit.*) Mais je ne puis rester toute ma vie sur ce lit : il me faut un meilleur moyen de dissimuler mon crime involontaire. J'ai trouvé! Je mettrai le corps dans cette malle. (*Il tire madame Berlingue du lit. — Entre Berlingue.*) Ah! Seigneur!

(*Il refourre la femme dans le lit et se recouche.*)

BERLINGUE, ARLEQUIN.

BERLINGUE. — Tiens! tiens! Arlequin dans mon lit! Où diable est donc ma femme? C'est comme cela qu'elle surveille ma malle?

ARLEQUIN. — Votre femme est sortie, monsieur Berlingue, et moi j'ai été pris d'une colique... (*Il se roule.*) Oh là, mon Dieu!... d'une telle colique... Oh!... oh!...que... oh! oh là!!!

(*En se roulant, il donne un coup de tête à Berlingue.*)

BERLINGUE. — Oh! Le temps est humide! ce ne sera rien, je vais continuer mes courses et vous enverrai un médecin.

ARLEQUIN. — Non, non, c'est inutile!

BERLINGUE. — Si, si, il faut se soigner. Si vous voyez ma femme, vous lui direz de bien veiller sur cette malle!...

ARLEQUIN. — Oui, oui! (*Berlingue sort.*) Oh! le maudit homme! il a failli me surprendre. Vite, vite, mettons la femme dans la malle! Et ensuite, pauvre Arlequin, où mettrons-nous la malle? Eh! dans le four du boulanger, parbleu! Bonne idée, Arlequin! que cela te donne du courage. (*Il tire la femme du lit. — Entre l'Apothicaire.*) Mille diables! qu'est-ce qu'il veut celui-là?

(*Il remet la femme entre les matelas et se recouche.*)

ARLEQUIN, L'APOTHICAIRE.

L'APOTHICAIRE. — Vous avez la colique, monsieur?

ARLEQUIN. — Mais non, va-t'en!

L'APOTHICAIRE. — Mais si, on me l'a dit.

ARLEQUIN. — On a menti! va-t'en!

L'APOTHICAIRE. — Au moins, refaites votre lit!

ARLEQUIN. — Qu'est-ce que tu dis? N'approche pas!

L'APOTHICAIRE. — Quand on est souffrant, il faut être bien couché; vous devez être fort mal sur ce lit.

ARLEQUIN. — Je crois bien, pour moi il est pire qu'un gril. N'approche pas, bourreau, n'approche pas!

L'APOTHICAIRE. — Laissez-moi au moins vous offrir un petit remède, et nous referons ce lit!

ARLEQUIN. — Ce lit! toujours ce lit! Tu lui en veux donc à ce lit? N'approche pas, scélérat! Bas les armes, ou tu es mort!

L'APOTHICAIRE. — Mais il va refroidir, monsieur.

ARLEQUIN. — Monstre, tu as une arrière-pensée! Va-t'en! va-t'en! va-t'en! (*Il le bat.*)

L'APOTHICAIRE. — Vous avez tort, il est encore tiède.

ARLEQUIN. — Ah! coquin, tu ne veux pas sortir par la porte! Eh bien, pars par la fenêtre. (*Il le jette.*) Le traître en sait long:

il voulait sonder le lit et ma conscience! Oh! hâtons-nous, hâtons-nous! (*Il met la femme dans la malle.*) Pauvre femme! au moins seras-tu bien là dedans. Allons, en route! tu pars pour l'éternité avec tout ce qu'il faut pour voyager!

SECONDE PARTIE

LA PLACE PUBLIQUE.

ARLEQUIN (*avec la malle*). — Bon Dieu, bon Dieu, qu'elle est lourde cette madame Berlingue! Jamais je n'arriverai chez le boulanger! (*Entre Pierrot.*) Qui va là? Tout me fait peur maintenant!

PIERROT. — Halte-là! La bourse ou la vie!

ARLEQUIN. — Oh! prenez tout, monsieur le voleur, vous me rendrez service. Tenez, voilà mon bagage. (*Il se sauve.*)

PIERROT. — Voilà le plus beau butin que j'aie fait de ma vie. (*Il ouvre la malle.*) Oh! qu'est-ce qu'il y a là dedans? (*Il laisse retomber le couvercle et recule.*) Morbleu! quelle bête est-ce là? (*Il entr'ouvre le couvercle.*) Oh! (*Il le laisse retomber.*) Voyons donc, pourtant! (*Il relève peu à peu le couvercle.*) Oh! oh!! oh!!! que diable a-t-il fourré dans cette boîte? (*Il tire la femme et recule.*) Oh! oh! je crois bien qu'il ne tenait pas à conserver ça sur lui!... Mais pourquoi aurais-je peur? (*Il se rapproche.*) Hein! elle a remué! (*Il recule.*) Suis-je bête! Il y a quelque chose à prendre. (*Il revient.*) Elle est bien habillée! Son bonnet ne lui sert à rien. (*Il le lui ôte.*) Son fichu non plus! sa robe, son tablier non plus! N'est-ce pas, madame, que vous m'en faites cadeau? Le pauvre Pierrot en a plus besoin que vous. Allons, c'est une bonne créature, elle ne me refuse pas ce que je lui ai demandé! Maintenant, remettons-la dans sa boîte, et puis... Ah! une excellente idée! vendons cette malle à ce marchand qui passe là. (*Entre le Marchand.*) Hé! mon ami, veux-tu faire une bonne affaire? achète-moi cette malle, je te jure que tu seras enchanté du marché!

LE MARCHAND. — Oui, oui, elle est fort belle cette malle!

PIERROT. — Donne-moi vite quelques sous! je suis pressé!

LE MARCHAND. — Tiens, prends!

PIERROT. — Adieu! Si tu es célibataire, tu trouveras là dedans une fille à marier. (*Il s'en va.*)

LE MARCHAND. — Que dit-il? que dit-il? J'aurais dû en effet regarder l'intérieur de la malle avant de lâcher mes écus. On est si souvent trompé sur la marchandise. (*Il ouvre.*) Juste ciel! j'ai une femme par-dessus le marché! Eh! Seigneur! elle ne souffle plus!... Eh! bon Dieu! c'est madame Berlingue! Elle est morte! Oh! oh! on a commis un crime!... Ce ne peut être cet homme : il est blanc comme la neige!... Il n'y a plus de doute, c'est Berlingue qui a tué sa femme. Il faut le dénoncer! Oui, mais pourvu qu'on ne m'accuse pas moi-même! La possession vaut titre! Imprudent que je suis! Où mettre ce corps? Ah! si je pouvais revendre le tout! (*Il remet la femme dans la boîte. — Entre Arlequin.*) Ah! voici peut-être un client!

ARLEQUIN, LE MARCHAND.

ARLEQUIN. — Vous n'avez pas vu un homme blanc avec une malle?

LE MARCHAND. — Non, mais si vous désirez une malle, j'en ai justement une à vendre!

ARLEQUIN (*à part*). — Justement, elle ressemble à celle de Berlingue, je la rapporterai chez lui, et il ne soupçonnera rien. J'ai la tête bouleversée depuis ce fatal événement.

LE MARCHAND. — Eh bien, monsieur, elle est superbe, voyez;

solide : on peut y mettre tout ce qu'on veut, même une femme au besoin!

ARLEQUIN. — Que dites-vous?

LE MARCHAND. — Une plaisanterie! Allons, décidez-vous, on ne trouve pas tous les jours une occasion pareille. Je vois que vous en avez besoin, néanmoins je ne vous surferai pas!

ARLEQUIN. — Tenez, donnez vite! (*Il le paye.*) Comme elle ressemble à la malle de Berlingue!

LE MARCHAND. — Je suis rentré dans mon argent : voilà tout ce que je voulais! Portez-la à Berlingue, il vous en donnera son pesant d'or!

ARLEQUIN (*ouvrant la boîte*). — Ah! traître, ah! coquin, je n'en veux pas! reprends ta marchandise. Le marché n'est pas valable! (*A part.*) Oh! fou, oh! malheureux que je suis! Je ne sais plus ce que je fais! Voilà cette femme retombée sur mon dos! (*Au Marchand.*) Garde-la! garde-la! Rends-moi mon argent, falsificateur!

LE MARCHAND. — Plaignez-vous donc!

ARLEQUIN. — Misérable! (*Ils se battent.*)

LE MARCHAND. — A la garde! à l'assassin! (*Il se sauve.*)

ARLEQUIN. — La destinée me poursuit. Je ne puis me débarrasser de cette sotte créature! Pourquoi t'es-tu laissé tuer, bourrique? Je n'ai plus qu'une ressource, c'est de tout jeter à l'eau. (*Entre le Gendarme.*) Ah! encore une autre chanson!

LE GENDARME, ARLEQUIN.

LE GENDARME. — Eh bien, mon ami, nous avons donc assassiné?

ARLEQUIN. — N'en croyez pas un mot, mon bon monsieur!

LE GENDARME. — Eh! mon garçon, tout le monde n'est point parfait!

ARLEQUIN. — Adieu, mon bon monsieur.

LE GENDARME (*l'arrêtant*). — Attendez, attendez, mon cher ami ; soyons philosophe ! Là, nous avons tué quelqu'un, hein, farceur ?

ARLEQUIN. — Mais non. Laissez-moi m'en aller.

LE GENDARME. — Allons, parlez-moi comme à un ami, à cœur ouvert ! Qu'est-ce qu'il y a dans cette malle ? Confiez-moi vos petits chagrins.

ARLEQUIN (*pleurant*). — Eh bien, c'est une dame qui est entrée là dedans et qui ne veut plus sortir.

LE GENDARME (*regardant*). — Mais oui, c'est la vérité. Eh bien, mon cher ami, venez avec moi, je vous consolerai ! Nous vous pendrons bien gentiment. Qu'est-ce que vous voulez ? il arrive des accidents à tout le monde !

ARLEQUIN. — Oh ! mon bon monsieur, ce n'est pas ma faute !

LE GENDARME. — Allons, mon ami, vous avez besoin de repos : venez un peu à l'ombre. Ne vous faites pas de mauvais sang. On ne peut que vous pendre ! Voyons, ne soyez pas enfant ! Quand ce sera fait, vous n'y penserez plus !

ARLEQUIN. — Eh bien, mon bon monsieur, vous qui êtes si humain, ayez donc la bienveillance de charger la malle sur votre dos. Je suis tellement fatigué...

LE GENDARME. — Volontiers, mon ami : il n'est rien que je ne fasse pour vous être agréable. Ainsi, je serai à côté de vous quand on vous pendra. Vous verrez, ce n'est rien ! (*Il présente son dos.*)

ARLEQUIN (*le chargeant*). — Là ! allez doucement !

LE GENDARME. — Bien ! Venez, mon ami !... Diable ! que la défunte pèse !

ARLEQUIN (*le pousse*). — Bon voyage !

LE GENDARME (*tombant*). — Ah ! tonnerre ! c'est mal, mon ami ! Oh ! oh !

ARLEQUIN (*se sauvant*). — On ne m'y repincera plus ! Débrouillez-vous ! (*Madame Berlingue revient à la vie.*)

Mme BERLINGUE. — Où suis-je?... Comment! dans la rue?... Et la malle de mon mari!... Et un gendarme!... Monsieur le gendarme?... Il est donc mort?... Ah! le pauvre homme, il ne faut pas le laisser là, les voitures l'écraseraient!... Il sera mieux dans la malle!... Je le porterai à mon mari pour lui faire une surprise!!! Cette malle, sur laquelle je devais veiller! (*Entre le Marchand.*) Ah! cet homme va m'aider!

LE MARCHAND (*à part*). — Oh! comme tout change dans la vie! Voilà la femme sortie de la malle, donc la malle est vide, donc il ne serait pas bête de se la réapproprier adroitement. Vous savez que cette malle est à moi, madame!

Mme BERLINGUE. — Ah! par exemple, monsieur, j'en sors à l'instant!

LE MARCHAND. — Allons donc! je l'ai achetée d'un homme blanc. On me l'a volée, et si vous ne me la rendez pas, je vous fais arrêter comme recéleuse. Il y a peut-être encore quelqu'un dedans!

Mme BERLINGUE (*à part*). — Il est capable de croire que c'est moi qui ai tué le gendarme! Ma foi, mon mari ira la réclamer lui-même. (*Haut.*) Eh bien, monsieur, reprenez-la.

LE MARCHAND. — A la bonne heure, vous êtes une personne honnête! (*Madame Berlingue sort.*)

LE MARCHAND (*ouvrant la boîte*). — Que les cinq cents diables l'emportent!... Il y a maintenant un gendarme là dedans,.. Mais c'est à s'arracher les cheveux. Ce coffre est maudit! Quel commerce est-ce que je fais donc? J'achète des femmes et des gendarmes morts, sans m'en douter! C'est que ce ne sera pas toujours facile à revendre. Imbécile! maraud! où l'amour du gain t'a-t-il conduit? Me voilà bien campé! (*Entre le Commissaire.*) Qu'est-ce que je vais faire de ce gendarme? Avais-je besoin de revenir sur mes pas?

LE COMMISSAIRE (*lui tapant sur l'épaule*). — Qu'est-ce que vous faites là?

LE MARCHAND (*sautant*). — Rien! rien!

LE COMMISSAIRE. — Vous emballez mes gendarmes!

LE MARCHAND (*très vite*). — Oh! c'est une incroyable histoire. Figurez-vous que ce coffre est fantastique! Suivez bien mon raisonnement. Il n'y avait d'abord rien dans cette malle, n'est-ce pas? Un homme blanc me la vend; je l'ouvre, voilà une femme qui se trouve dedans! Je revends la malle, la femme sort! Je rachète la malle, et j'y trouve un gendarme!

LE COMMISSAIRE. — Ce n'est pas clair!

LE MARCHAND (*plus vite*). — Comment, pas clair? Vous comprenez bien. Le gendarme et la femme entrent là dedans, on les y trouve. Naturellement, l'homme blanc vend sa malle, moi aussi. Je suis persuadé qu'elle est vide; la femme sort. Je la rachète, et voilà le gendarme qui est là. Je sue à vous expliquer l'affaire!

LE COMMISSAIRE. — Cette affaire n'est pas claire!

LE MARCHAND. — Pourtant...

LE COMMISSAIRE. — Taisez-vous! En l'absence de preuves, je confisque la malle et vous condamne à jeter le gendarme à l'eau, car je ne sais qu'en faire!

LE MARCHAND. — Mais, monsieur le Commissaire, vous n'êtes pas raisonnable. J'ai payé la malle, il vaut mieux me la laisser: c'est de plein droit. Quant au gendarme, je ne le connais pas. Il est logique que ce soit vous qui le jetiez à l'eau!

LE COMMISSAIRE. — Hum! taisez-vous! cette affaire n'est pas claire. Je commue la peine: je garde la malle!...

LE MARCHAND. — Ah mais, ce n'est pas juste!

LE COMMISSAIRE. — Taisez-vous, et j'emporterai le gendarme. Je le ferai empailler pour servir d'épouvantail aux malfaiteurs!

LE MARCHAND. — Vous m'ôtez mon pain.

LE COMMISSAIRE. — Taisez-vous et allez-vous-en.

LE MARCHAND. — Ah! quel Commissaire!! (*Il s'en va.*)

LE COMMISSAIRE. — Si on écoutait tous ces coquins, on jugerait tout de travers! (*Entre Berlingue.*)

BERLINGUE. — Ma malle! ma malle! rendez-la-moi!

LE COMMISSAIRE. — Ah! ah! vous connaissez cette malle?

BERLINGUE. — Mais puisque c'est la mienne!

LE COMMISSAIRE. — Vous la reconnaissez?

BERLINGUE. — Parbleu! je la cherchais partout.

LE COMMISSAIRE. — Alors, vous allez être pendu!

BERLINGUE. — Comment, pendu?

LE COMMISSAIRE. — Vous avez tué mon fidèle gendarme!

BERLINGUE. — Mais laissez-moi m'expliquer!

LE COMMISSAIRE. — Oui, oui, je connais cette histoire : un homme blanc vend la malle, la femme en sort, et on y trouve le gendarme! On vient de me la raconter. Allons, préparez-vous à la pendaison!

BERLINGUE. — Je ne comprends pas un mot...

LE COMMISSAIRE. — Taisez-vous!

BERLINGUE. — Mais écoutez-moi!

LE COMMISSAIRE. — Taisez-vous!

BERLINGUE. — Oh!

LE COMMISSAIRE. — Taisez-vous! Je vais chercher la potence!

BERLINGUE. — Il est fou! Je vais toujours prendre ma malle! (*Le Commissaire revient.*) Ah çà, mais...

LE COMMISSAIRE. — Taisez-vous! Passez votre cou là dedans!

BERLINGUE. — Mais je ne veux pas mourir!...

LE COMMISSAIRE. — Taisez-vous!

BERLINGUE. — Je ne l'ai pas mérité!

LE COMMISSAIRE. — Taisez-vous!

BERLINGUE. — Je suis innocent!

LE COMMISSAIRE. — Taisez-vous!

(*Il le pend.*)

BERLINGUE. — Oh!... ah!...

LE COMMISSAIRE. — Taisez-vous!

(*Le Gendarme revient à la vie.*)

Ah! vous voilà ressuscité? Eh bien, montez la garde près du pendu!

(*Il sort.*)

LE GENDARME. — Diable, on ne vous donne pas le temps de se retourner. C'est égal, il faut exécuter la consigne!... Hé! mon cher monsieur, on n'est pas très bien là haut, n'est-ce pas? Il ne répond pas. Pauvre cher homme! ce que c'est que d'avoir quelques petits défauts.

(*Entre madame Berlingue.*)

Mme BERLINGUE. — Où est donc mon mari? Vous n'avez pas vu mon mari?

LE GENDARME. — Ne serait-ce pas ce brave homme qui gambille là?

Mme BERLINGUE. — Ciel! Berlingue pendu!

LE GENDARME. — Eh! mon Dieu! nous sommes tous pendables. Il ne faut pas vous désoler... Après la pluie vient le beau temps!

Mme BERLINGUE. — Il ne dit plus rien! Il faut l'ôter de là!

BERLINGUE. — Oh! oh! j'étrangle.

Mme BERLINGUE. Otez-le, je vous en prie!

LE GENDARME. — La consigne est que nous devons rester là tous les deux : lui en haut, moi en bas!

Mme BERLINGUE. — O monsieur, vous avez l'air si bon! Rendez-moi un grand service, mettez-vous à sa place!

LE GENDARME. — Oh! on ne quitte pas son poste comme cela!

Mme BERLINGUE. — Pour un petit instant seulement. Il reviendra tout de suite!

LE GENDARME. — Oh! pour un instant, on ne se refuse pas de ces services-là entre braves gens!

(*Il dépend Berlingue. — Madame Berlingue le pend à la place. — Berlingue se relève.*)

BERLINGNE. — Ah! il était temps!

LE GENDARME. — Ne soyez pas longtemps, surtout!

M™ BERLINGUE. — Non, non, merci bien! Allons, viens vite, viens vite!

BERLINGUE. — Merci bien! (*Il emporte sa malle.*)

LE GENDARME. — Hé, hé, on n'est pas très bien ici! Pourvu qu'ils ne m'y laissent pas. Oh... oh... j'étouffe!... diable!!!

(*Le Commissaire revient.*)

LE COMMISSAIRE. — Comment! le Gendarme est pendu, maintenant? Il a trop de goût pour les aventures! Vous avez trop de goût pour les aventures!

LE GENDARME. — Eh! dépendez-moi! Vous me direz tout ça après.

LE COMMISSAIRE. — Vous avez l'imagination exaltée; je crois que vous lisez des romans!

LE GENDARME. — Dépendez-moi donc!

LE COMMISSAIRE. — Vous vous conduisez légèrement, vous n'avez pas des idées positives!

LE GENDARME. — Sapristi! dépendez-moi, je n'en peux plus!

LE COMMISSAIRE (*le dépendant*). — Allons, c'est bien, vous avez écouté ma mercuriale religieusement. Rentrons chez nous. Personne n'est mort, donc il n'y a pas de meurtrier.

LE GENDARME. — C'est bien raisonné.

LE COMMISSAIRE. — Eh bien, ne pendons personne!

THÉATRE DES MARIONNETTES.

POLICHINELLE ET LA MÈRE GIGOGNE

POLICHINELLE
ET
LA MÈRE GIGOGNE

MISE EN SCÈNE.

Polichinelle, tenté par l'image de l'Heureuse Famille, a voulu la mettre en action. Seulement, il s'est trompé. Il cherche le bonheur où il n'est pas : dans l'or, dans les plaisirs, dans l'oubli des devoirs! Aussi Polichinelle, inconséquent dans ses entreprises, aura-t-il éternellement le diable à ses trousses.

Faut-il plaindre l'incorrigible Polichinelle, ou le condamner comme un être sans lumières? Le diable lui-même ne semble point sûr de son fait et le poursuit cette fois avec quelque mollesse ; et, cependant, toutes les victimes de Polichinelle périssent ou souffrent en jetant intérieurement ce vœu : Que le diable l'emporte !

Ne serait-ce pas la vieille inimitié du diable contre la femme qui inspirerait cette fois à l'adversaire cornu du genre humain une certaine tolérance à l'égard du pervers à double bosse? Il est possible que Polichinelle, avec la fortune de la mère Gigogne, ait corrompu son irréconciliable ami. Mais ne pensons plus à tout cela ! Avec quelle joie nous reporterons nos yeux, maintenant, vers l'Heureuse Famille !

PERSONNAGES:

POLICHINELLE.
LA MÈRE GIGOGNE.
NIFLANGUILLE.
LE MAQUIGNON.
LE CHARCUTIER.
ARLEQUIN.
LE SORCIER.
DIX POUPONS.
LE DIABLE.
LE CHIEN.
LE COCHON.
LE CHEVAL.

POLICHINELLE

ET

LA MÈRE GIGOGNE

UNE PLACE PUBLIQUE.

POLICHINELLE. — Mesdames et Messieurs, j'attends le Notaire ; je vais épouser la mère Gigogne..... on dressera le contrat dans un instant ! La mère Gigogne est fort riche : elle possède un gros sac plein d'argent.

(*Entre le Notaire. — Salutations.*)

LE NOTAIRE. — Hé ! hé ! Polichinelle, tu te maries donc ?

POLICHINELLE. — Ma foi oui, je m'engigogne !

LE NOTAIRE. — Quoi ?

POLICHINELLE. — J'épouse la mère Gigogne.

LE NOTAIRE. — Tu fais bien, mon ami, cela te ramènera à des habitudes de sagesse. Voyons, où est l'autre futur, que nous dressions le contrat ?

POLICHINELLE (*appelant*). — Hé ! hé ! maman Gigogne !

VOIX DE LA MÈRE GIGOGNE. — Me voici ! me voici !

LE NOTAIRE (*saluant*). — Oh ! oh ! quelle grosse bonne mère ! quelle bonne femme de notaire elle ferait ! Hé ! hé !

POLICHINELLE. — Allons, homme de loi, dresse ton acte !

LE NOTAIRE. — Voilà, voilà ! Quelle est ta fortune, Polichinelle ?

POLICHINELLE. — J'ai mes bosses !

LE NOTAIRE. — Bon ! tes bosses, bon ! Et puis ?

POLICHINELLE. — Et mon bâton !

LE NOTAIRE. — Bon ! ton bâton, bon ! Et puis ?

POLICHINELLE. — C'est tout !

LE NOTAIRE. — Bon ! c'est un peu sec, bon !

POLICHINELLE. — Il vaut plus que ta plume ! (*Il le tape.*)

LE NOTAIRE — Bon ! un peu de calme ! bon ! — Hé ! — Et vous, madame, quel est votre apport ?

LA MÈRE GIGOGNE. — Cent soixante-dix-sept enfants !

LE NOTAIRE. — Bon ! Cent soixante-dit-sept enfants, bon ! Que de bâtons de vieillesse pour toi, Polichinelle ! — Est-ce tout, madame ?

LA MÈRE GIGOGNE. — Non, écrivez : un éventail !

POLICHINELLE (*tapant le Notaire*). — Un éventail !

LE NOTAIRE. — Hé ! hé ! tu me déranges la main !

LA MÈRE GIGOGNE. — Une casserole.

POLICHINELLE (*tapant*). — Une casserole !

LE NOTAIRE (*changeant vite de place*). — Que diable ! tu me fais faire des pâtés !

LA MÈRE GIGOGNE. — Un matelas !

POLICHINELLE (*tapant*). — Un matelas !

LE NOTAIRE (*changeant de place*). — Mais, mais... je ne fais que des pataraphes !

LA MÈRE GIGOGNE. — Et un sac de mille écus !

POLICHINELLE (*tapant plus fort*). — Et un sac de mille écus !

LE NOTAIRE (*sautant et hurlant*). — Un sac de mille coups de bâton ! (*Il se frotte la tête.*) Maintenant, remets-moi mes honoraires !

POLICHINELLE. — Que l'honneur d'avoir rédigé mon contrat te suffise !

LE NOTAIRE. — Du tout, je veux quelques-uns des écus du gros sac !

POLICHINELLE. — Attends, je vais te donner mieux que ça.
(*Il sort.*)

LE NOTAIRE. — C'est égal, madame, c'est bien imprudent d'épouser ce drôle !

LA MÈRE GIGOGNE. — Ah ! monsieur, Polichinelle est un homme si remarquable !

(*Polichinelle rentre avec un enfant.*)

POLICHINELLE (*mettant l'enfant dans les bras du Notaire*). — Voilà pour te payer !

LE NOTAIRE. — Et qu'est-ce que tu veux que je fasse de ce marmot ?

POLICHINELLE. — Tu le croqueras ! Il est gras comme un petit cochon de lait !

LE NOTAIRE (*lui jetant l'enfant*). — Garde ton poupon !

POLICHINELLE (*le lui rejetant*). — Veux-tu bien l'emporter ?

LE NOTAIRE (*le lui rejetant*). — Non ! non !

POLICHINELLE. — Ah ! tu refuses tes honoraires ?

LA MÈRE GIGOGNE. — Mais vous allez faire mal à mon enfant !

POLICHINELLE (*la tapant*). — Silence ! Une, deux, trois ! Notaire, veux-tu le petit ? Tu ne m'en prives pas.

LE NOTAIRE. — Coquin, tu recommences tes scélératesses !

POLICHINELLE (*le battant*). — Alors, va-t'en !

LE NOTAIRE. — Oh ! j'aurais dû me défier de toi ! (*Il se sauve.*)

POLICHINELLE (*lui jetant l'enfant*). — Tiens, prends toujours ça ! c'est ma monnaie, maintenant !

LA MÈRE GIGOGNE. — Mais, Polichinelle, à quoi pensez-vous ? C'est abominable de traiter mes pauvres enfants comme cela !

POLICHINELLE. — Vous ne comprenez pas que je les place ! Voulez-vous donc que je les mange ?

LA MÈRE GIGOGNE. — Passe pour celui-là, mais soyez un bon beau-père pour les autres ! Ils vont venir vous faire leur compliment !

POLICHINELLE. — Ils feraient mieux de dormir, les petits coquins !

LA MÈRE GIGOGNE. — Venez, mes chers petits !

(*Entrent les Enfants.*)

POLICHINELLE. — Qu'ils sont laids ! Ils ne sentent pas la rose ! Allez-vous-en, petits canards ! petites pestes ! Me voilà colonel d'un beau régiment !

LES ENFANTS (*dansant et chantant*) :

> Un beau compliment
> Un beau compliment
> A Polichinelle,
> Qui sera content ;
> A Polichinelle,
> Qui sera content.

(*Tous dansant et en chœur :*)

> A Polichinelle,
> Qui sera content.

POLICHINELLE (*les battant*). — Qui sera content si vous décampez. Allez vous débarbouiller, petits brigands !

LES ENFANTS. — Aïe ! aïe ! (*Ils sortent.*)

LA MÈRE GIGOGNE. — Oh ! Polichinelle, que vous avez l'âme dure ! A peine sommes-nous mariés, et vous me rendez déjà malheureuse !

POLICHINELLE. — Ne troublez pas la lune de miel par des observations déplacées, ma chère amie. Allez mettre votre beau châle, et nous célébrerons cet heureux événement par un festin.

LA MÈRE GIGOGNE. — Je vais me dépêcher.

(*Elle sort en emportant le sac d'écus.*)

POLICHINELLE. — Hé! la diablesse, elle a emporté son sac d'argent! Oh! oh! la mère Gigogne me fait déjà des farces!

(*En sortant, il se cogne contre le Charcutier :* Oh!

LE CHARCUTIER. — Oh! monsieur Polichinelle!

POLICHINELLE. — Je n'ai pas le temps!

(*Il s'en va d'un autre côté.*)

LE CHARCUTIER (*courant après*). — Un petit mot, s'il vous plaît!

POLICHINELLE (*allant à l'opposite*). — Demain! demain!

LE CHARCUTIER (*prenant le bâton et tapant*). — Écoutez-moi donc!

POLICHINELLE. — Oh! oh! les arguments solides! Gare à toi, drôle!

LE CHARCUTIER. — C'est pour que vous m'entendiez!

POLICHINELLE. — Allons, va vite! Que veux-tu ?

LE CHARCUTIER. — Vous souvient-il d'un temps où vous étiez pauvre?

POLICHINELLE. — Non! J'ai toujours été riche!

LE CHARCUTIER. — Oh! Et quand vous mangiez mes boudins à crédit?

POLICHINELLE. — Je ne sais pas ce que tu veux dire.

LE CHARCUTIER. — Comment! vous ne reconnaissez pas ce petit compte : « Fourni à M. Polichinelle sept mille huit cent quarante-trois boudins. »

POLICHINELLE (*le battant*). — Pas du tout!

LE CHARCUTIER (*plus haut*). — Onze mille neuf cent quatre-vingt-sept andouilles!

POLICHINELLE (*le battant*). — Quel mensonge!

LE CHARCUTIER (*tapant*). — Et je compte que vous allez me payer!

POLICHINELLE (*tapant*). — Je n'y compte pas!

LE CHARCUTIER. — Alors, un de nous deux va rester sur le carreau.

POLICHINELLE (*s'en allant*). — Eh bien, restes-y !

LE CHARCUTIER (*le frappant*). — Tu me payeras, gueux !

POLICHINELLE. — Tu sais que j'ai le bon bout, drôle ! Tu vas en tâter. (*Ils aiguisent leurs armes. — Bataille. — Le Charcutier est battu.*) Es-tu content ?

LE CHARCUTIER. — Il y a des commissaires, heureusement.

POLICHINELLE. — Attends ! sérieusement je vais te payer. (*Il sort.*)

LE CHARCUTIER. — Il faut toujours prendre les gens quand ils sont de bonne humeur ; ma petite note va être acquittée !

(*Polichinelle revient avec l'enfant.*)

POLICHINELLE (*le lui mettant sur les bras*). — Voilà ton salaire !

LE CHARCUTIER. — Mais je ne suis pas une nourrice !

POLICHINELLE. — Je te dis de le faire salerrr !!!!

LE CHARCUTIER. — Tu payeras cher tes plaisanteries !

POLICHINELLE. — Je te paye en chair !

LE CHARCUTIER. — Tes mauvais calembours ne te sauveront pas.

POLICHINELLE. — C'est toi qui feras bien de te sauver ! En route !

(*Il le renvoie d'un coup de bâton. — Entre la mère Gigogne.*)

LA MÈRE GIGOGNE. — Mon enfant ! mon poupon ! Mais vous n'avez donc aucun sentiment humain ? Vous distribuez mes poupons à droite et à gauche !

POLICHINELLE. — Est-ce que vous me prenez pour une bonne d'enfants ? D'ailleurs, je voulais vous parler d'autre chose. Où avez-vous mis le sac d'argent ?

LA MÈRE GIGOGNE. — Je l'ai serré !

POLICHINELLE. — Il me le faut. Je le veux. Entendez-vous ?

LA MÈRE GIGOGNE. — Pour le jeter par la fenêtre ?... Vous ne l'aurez pas !

POLICHINELLE. — Je l'aurai !

LA MÈRE GIGOGNE. — Vous ne l'aurez pas !

POLICHINELLE. — Je l'aurai! (*Entre Niflanguille.*)

LA MÈRE GIGOGNE. — Ah! voilà mon cousin Niflanguille, je suis sauvée! — Ah! mon cousin, il vient de m'arriver un affreux malheur.

NIFLANGUILLE. — Quoi donc?

LA MÈRE GIGOGNE. — J'ai épousé Polichinelle; il met mes enfants au pillage; il me bat, il me vole.

POLICHINELLE. — Je l'adore! C'est elle qui me bat!

LA MÈRE GIGOGNE. — Il veut me prendre mon sac de mille écus que j'ai amassés à la sueur de mon front!

POLICHINELLE. — Mais je ne l'ai épousée que pour ça!

NIFLANGUILLE. — Remettez-moi votre argent, je saurai bien le garder, moi; et si le coquin veut y mettre la patte, je la lui couperai. Je suis fort, moi! je ne le crains pas. J'ai mon sabre!

POLICHINELLE. — Attends, tu vas voir tout à l'heure que mon bâton coupe mieux que ton sabre!

NIFLANGUILLE. — J'ai tué cent trente hommes en duel; et toi, polisson qui maltraites les femmes et les enfants, sache que je suis redresseur de torts.

POLICHINELLE. — Tu m'appelles bossu, je crois?

NIFLANGUILLE. — Mais non.

POLICHINELLE. — Tu redresses les tors!

NIFLANGUILLE. — Tu vois ce sac? ose y toucher!

LA MÈRE GIGOGNE. — A présent, je suis tranquille. J'ai trouvé un bon gardien! (*Elle sort.*)

POLICHINELLE. — Mon petit Niflanguille, donne-moi ce sac!

NIFLANGUILLE (*le menaçant*). — Hein? prends garde à toi!

POLICHINELLE. — Eh bien, prête-le-moi!

NIFLANGUILLE (*le menaçant*). — Hein? ne t'en avise pas!

POLICHINELLE. — A la fin, tu m'impatientes!

(*Il aiguise son arme.*)

NIFLANGUILLE. — Je vais te percer de part en part, si tu avances. (*Il veut tirer son sabre.*) Eh bien!

POLICHINELLE (*le tapant*). — Il est rouillé!

NIFLANGUILLE. — Quand il sera sorti du fourreau, tu rentreras dans ta coquille, malheureux! (*Le sabre ne sort pas.*) Eh bien!

POLICHINELLE (*le tapant*). — Il te faudrait un peu de savon!

NIFLANGUILLE (*s'armant*). — A nous deux, maintenant!

POLICHINELLE. — Hé! hé! ça coupe, ce n'est pas de jeu! Faisons la paix. Tiens, regarde donc là-haut cette étoile.

NIFLANGUILLE. — Où donc?

POLICHINELLE. —. Là-haut! là-haut! (*Il cherche à prendre le sac.*)

NIFLANGUILLE. — Hein? n'approche pas! je suis en garde contre tes niches.

POLICHINELLE (*se penchant en dehors*). — Oh! oh!

NIFLANGUILLE. — Quoi donc?

POLICHINELLE. — Regarde! là! par terre! une bête extraordinaire.

NIFLANGUILLE (*regardant*). — Où cela?

POLICHINELLE. — Regarde bien! elle est toute dorée! (*Il le tape.*)

NIFLANGUILLE (*tombant*). — Oh! le traître!

POLICHINELLE (*prenant le sac*). — Je ne te confierai jamais rien!

NIFLANGUILLE. — Oh! j'ai la tête fendue! Que va dire ma cousine, quand elle saura que je me suis laissé voler? Il ne me reste plus qu'à prévenir la justice! (*Il sort. Polichinelle rentre avec le sac.*)

POLICHINELLE. — Il faut que je me procure quelques plaisirs avec cet argent! Maintenant, je vais acheter un cheval, et je me promènerai au bois de Boulogne. Hé! Maquignon!

(*Le Maquignon entre.*)

LE MAQUIGNON. — Eh bien, monsieur Polichinelle, qu'y a-t-il pour votre service?

POLICHINELLE. — Je voudrais un cheval! Mais ne me trompe pas! Si tu es madré, je suis malin.

LE MAQUIGNON. — J'ai un chevau superbe! Vous n'en avez jamais vu de pareil!

POLICHINELLE. — Va le chercher!

LE MAQUIGNON. — Êtes-vous bon cavalier?

POLICHINELLE. — Je n'ai jamais monté à cheval.

LE MAQUIGNON. — Eh ben, je vas vous en amener un ben doux!

POLICHINELLE. — Il ne me jettera pas par terre?

LE MAQUIGNON. — Vous vous tiendrez à la queue! Par exemple, je vous préviens qu'il est tout petit.

POLICHINELLE. — Allons, va! je verrai bien! (*Le Maquignon sort.*) Quand j'aurai un cheval, j'achèterai une voiture!

LE MAQUIGNON (*amenant le cochon*). — Voilà un beau petit chevau!

POLICHINELLE. — Ça, c'est un chevau?

LE MAQUIGNON. — Mais, dame, est-ce que vous n'y voyez pas clair?

POLICHINELLE. — Ça, c'est un... c'est un... Comment donc appelle-t-on ça?...

LE MAQUIGNON. — Un poney des montagnes! C'est un pur sang.

POLICHINELLE. — C'est un cochon!!! voleur que tu es.

LE MAQUIGNON. — Vous ne vous y connaissez guère! C'est un chevau-rose que je vous dis!

POLICHINELLE. — Il est tout plat!

LE MAQUIGNON. — Il n'en court que mieux!

POLICHINELLE. — Tu me crois borgne, canaille! (*Il le bat.*)

LE MAQUIGNON. — Hé! hé! attendez, je vas vous chercher un vrai chevau! (*Il sort en emmenant le cochon.*)

POLICHINELLE. — C'est trop fort! On a beau ne pas être du Jockey-Club..... on sait distinguer le sang des bêtes!

(*Le Maquignon avec un cheval.*)

LE MAQUIGNON. — V'là le bidet! Hop là! hop là! Vous ne direz pas qu'il n'est pas beau celui-là. Il vient de chez le Grand Turc!

POLICHINELLE. — Combien le vends-tu?

LE MAQUIGNON. — Dame! pour vous, mille écus au plus juste!

POLICHINELLE. — Mille écus, polisson! Laisse-moi d'abord essayer cette haridelle!

LE MAQUIGNON (*lui donnant un coup de fouet*).—Allons, en selle!

POLICHINELLE. — Eh! cingle ton chevau, mais pas le cavalier!

LE MAQUIGNON. — Oh! ça revient au même!

POLICHINELLE. — Voyons! une, deux, trois! (*Le cheval le jette à l'autre bout du théâtre d'un coup de croupe.*) Oh! oh! je ne sais pas lequel est le plus vicieux de vous deux!

LE MAQUIGNON. — Mais c'est un mouton!

POLICHINELLE. — Allons, voilà une troisième bête à présent! Attends, je vais monter par la tête! (*Coup de tête.*) Diable! que la cavalerie est pénible!

LE MAQUIGNON. — Entrez dedans, alors!

POLICHINELLE. — Dans quoi?

LE MAQUIGNON. — Dans le chevau.

POLICHINELLE. — Ah! voyons, arrange-moi la selle! (*Le cheval le secoue rudement.*) Eh! oh! ah! il m'emporte! Au secours!

LE MAQUIGNON (*fouettant*). — Hop là! hop là!

POLICHINELLE. — Je veux descendre!

LE MAQUIGNON. — Ah! cet animal a déjà tué dix-sept personnes, j'aime mieux les mille écus! (*Il sort.*)

POLICHINELLE (*secoué par le cheval*). — Voleur! brigand! scélérat! gueux! canaille! Au secours! (*Entre la mère Gigogne.*)

LA MÈRE GIGOGNE. — Eh bien! qu'est-ce que c'est donc?

POLICHINELLE. — Je suis perché sur cette maudite bête! (*Secousse.*) Oh!... et je ne peux plus... (*Secousse.*) Oh!... en descendre! (*Secousse.*) Oh!!! venez à mon aide!

LA MÈRE GIGOGNE. — Attendez, je vais le prendre par derrière. (*Ruade.*) Oh! oh! je ne m'y frotte plus!

POLICHINELLE. — Mais je vais périr! (*Le cheval l'emporte. — Dans la coulisse :*) Au secours! au secours!

LA MÈRE GIGOGNE. — Ah! si le cheval pouvait le jeter à la rivière! (*Entre Niflanguille.*)

NIFLANGUILLE. — Ma pauvre cousine, le scélérat m'a repris votre sac!

LA MÈRE GIGOGNE. — Ah! mon Dieu! et qu'en a-t-il fait?

NIFLANGUILLE. — Il l'a échangé contre son cheval!

LA MÈRE GIGOGNE. — Mais je suis ruinée!

NIFLANGUILLE. — Je voulais d'abord aller à la justice, mais comme Polichinelle a l'habitude de battre les gendarmes, je me suis adressé à mon frère le sorcier Parafaragaramus, qui s'est chargé de le punir.

POLICHINELLE (*revenant en boitant*). — Enfin! je me suis débarrassé de cet horrible cheval!

LA MÈRE GIGOGNE. — Et vous vous êtes débarrassé aussi de mes écus?

POLICHINELLE. — C'est le Maquignon qui me les a volés!

LA MÈRE GIGOGNE. — Mon cousin, ce serait le moment de corriger le débauché une bonne fois! (*Elle prend un bâton.*)

POLICHINELLE. — Ah çà, qu'est-ce qui vous prend?

NIFLANGUILLE (*prenant un bâton*). — Il est temps de devenir raisonnable! Polichinelle, y es-tu décidé?

POLICHINELLE. — Si la maman Gigogne veut me donner quelques sous, je ne demande pas mieux!

NIFLANGUILLE. — Allons, je le tiens! Tapez ferme, ma cousine! (*La mère Gigogne frappe Niflanguille, Polichinelle s'étant retiré.*) — Hé! hé! mais c'est moi que vous frappez! Rattrapez-le-moi, je ne le manquerai pas!

POLICHINELLE. — Cocorico!

(*Il se retire.* — *La mère Gigogne tape Niflanguille.*)

NIFLANGUILLE. — Oh diable! on n'a jamais raison avec ce coquin de Polichinelle! Je vais aller chercher le sorcier; il sera plus adroit que nous! (*Il part.*)

LA MÈRE GIGOGNE. — Je vais employer un autre moyen pour ramener Polichinelle à l'ordre. — Écoute, mon cher ami, si tu veux bien soigner mes enfants, bien te conduire, être bien gentil en un mot, je te donnerai encore de l'argent!

POLICHINELLE. — Oh! oh! je vais les débarbouiller, les bichonner, les peigner, les torcher, les embrasser! (Que la peste t'étouffe!) — Voyons, donne ton argent, ma petite femme, mon petit bijou!

LA MÈRE GIGOGNE. — Non, non, pas avant que je t'aie vu à l'œuvre!

POLICHINELLE. — Eh bien, corbleu! je m'y mets tout de suite!

LA MÈRE GIGOGNE. — Allons, j'ai réussi. Bravo, Polichinelle! Tu verras, tu t'y habitueras, et ensuite tu trouveras ça charmant!

POLICHINELLE. — Attends, attends, je vais te trousser toute la bande en un tour de main! Je commence par leur donner de la bouillie! Attends, attends, attends! (*Il met la marmite.*) Voici la bouillie; (*une pelle*) et voici la cuiller. (*Appelant.*) Hé! là! ici, les petits canards! Venez vite voir papa! Venez vite! (*Entrent dix poupons.*) Ah! qu'ils sont gentils, les petits! En avant, marche! Demi-tour à droite! fixe! attention! papa va distribuer la becquée! Poupon n° 1, ouvrez le bec! (*Trempant la cuiller.*) Eh bien, polisson, vous ne voulez pas manger? Attends! (*Il le tape.*) Mange, mon ami! Oh! oh! il est mort! Tant mieux! sa part sera pour les autres! — Et toi? et toi? et toi? Ils n'ont pas faim! (*Les tapant.*) Allons, qu'on obéisse!... Pan! pan! pan! Eh! eh! les voilà tous morts! Ils ne m'ennuieront plus! Je vais les jeter par la fenêtre ! (*Comptant et les jetant :*) Un, deux, trois, etc. — Là, mes petits ratons ! (*Entre la mère Gigogne.*)

LA MÈRE GIGOGNE. — Eh bien ! et mes enfants ?

POLICHINELLE. — Ils viennent de manger. Je les ai envoyés promener ! Je les soigne comme une mère !

(*Entre le Chien traînant un poupon.*)

LA MÈRE GIGOGNE. — Ah ! mon Dieu oui, vous les soignez joliment, monstre ! Mais arrachez donc ce pauvre poupon à cette bête féroce ! (*Elle veut s'approcher.*)

LE CHIEN (*sautant après elle*). — Ouah ! ouah ! (*Elle recule.*)

POLICHINELLE. — Eh mais, ce chien n'a pas l'air commode ! — Veux-tu lâcher ça ! (*Il tape la mère Gigogne.*)

LA MÈRE GIGOGNE. — Maladroit ! (*Le Chien emporte l'enfant.*) Oh ! oh ! c'est affreux ! (*Furieuse.*) Qu'avez-vous fait des autres, monstre ! vous les avez tués ?

POLICHINELLE. — Je les ai vendus !

LA MÈRE GIGOGNE. — Vendus ! vendus ! Mon Dieu ! je ne les reverrai plus ! — Au moins, en avez-vous retiré un bon prix ?

POLICHINELLE. — Je les ai vendus pour rien !

LA MÈRE GIGOGNE. — Pour rien ! ! !

POLICHINELLE. — Oui !

LA MÈRE GIGOGNE. — Oh ! ce sera votre dernier mensonge, je vous en préviens.

POLICHINELLE — Tenez, regardez par la fenêtre, ils sont là !

LA MÈRE GIGOGNE (*se penchant*). — Ciel !

POLICHINELLE (*la tapant*). — Parbleu !

LA MÈRE GIGOGNE. — Oh ! oh ! là !

POLICHINELLE. — Vous allez me donner l'argent promis !

LA MÈRE GIGOGNE. — Jamais, scélérat !

POLICHINELLE. — Eh bien, va rejoindre ta famille, je ne veux pas t'en séparer ! (*Il la bat.*)

LA MÈRE GIGOGNE. — Oh! oh! oh! je suis morte!

POLICHINELLE (*la jetant*). — Va te promener, toi aussi! Quels tracas le mariage donne! Me revoilà garçon, heureusement!

(*Entrent Niflanguille et le Sorcier.*)

NIFLANGUILLE. — Nous allons voir, brigand, si nos fusils auront raison de ton maudit bâton! Tu as tué ta femme! je la vengerai! En joue!

POLICHINELLE. — Eh! relevez vos seringues! pas de farces!

NIFLANGUILLE. — Feu! (*Le Magicien tombe.*) Ah! malheureux que je suis! j'ai tué mon frère! (*Polichinelle se cache.*) Eh bien, où est ce monstre? J'aurai sa vie!

POLICHINELLE (*le tapant*). — C'est mon avis! (*Il se cache.*)

NIFLANGUILLE. — Oh! mais où est-il donc?

POLICHINELLE (*le tapant*). — Je ne me cache pas!

NIFLANGUILLE. — Oh! je vais t'assommer!

POLICHINELLE (*le tapant*). — Oui!

(*Bataille. — Niflanguille est tué.*)

NIFLANGUILLE. — Oh! oh! oh! je suis mort!

POLICHINELLE. — Va dans le caveau de famille! (*Il le jette dehors.*) J'ai triomphé de tous mes ennemis! (*Entrent trois Enfants.*)

LES ENFANTS. — Vengeons maman! (*Ils battent Polichinelle.*)

POLICHINELLE. — Eh! eh! petits gueux! voulez-vous me laisser!

(*Ils s'en vont.*)

LE DIABLE. — Brrr!!! Emportons-le!

POLICHINELLE (*se sauvant*). — Non, non! pas encore!

(*Le Diable le poursuit.*)

THEATRE DES MARIONNETTES

L'HOMME AU CABRIOLET

L'HOMME AU CABRIOLET

MISE EN SCÈNE

C'est ici, évidemment, le miroir du dix-neuvième siècle. L'image qui accompagne la pièce le montre de la façon la plus claire. Ces magiciens, cariatides chargées de supporter le miroir sur leur dos, ne sont autres que les appétits matériels de l'époque, qui, lorsqu'on les consulte, ne parlent que de richesses. Et pour montrer jusqu'à quel point on doit se fier à ces promesses magiques, ce sont des Paillasses qui se chargent de les accomplir, et secouent ironiquement de larges cornes d'abondance, d'où s'échappent de faux trésors, des illusions de trésors, des trésors en peinture.

Mais si l'on considère le miroir et ce qu'il reflète, on aperçoit l'habile homme avec son casque, son plumet et sa grosse caisse, l'habile homme, qui sait tendre ses filets aux espérances et aux écus impatients de la foule, et remplit le coffre de son cabriolet, en châtiant ainsi le matérialisme de ce bas monde. Le voilà dans toute la gloire de sa mission, jusqu'à ce que le cabriolet heurte quelque pierre d'achoppement et verse homme et coffre dans la fange.

Les enfants comprendront cette leçon quand ils ne seront plus enfants.

PERSONNAGES :

LE CHARLATAN.
POLICHINELLE.
PIERROT.
LE LOCATAIRE.
LA DAME.
LE PAYSAN.
CASSANDRE.
LE BOUTIQUIER.
Mme POLICHINELLE.
LE LAQUAIS.
LA MORT.
LE DIABLE.

L'HOMME AU CABRIOLET

PREMIÈRE PARTIE

SCÈNE PREMIÈRE.

LE CHARLATAN (*dans sa voiture, criant :*) — L'unique, la véritable, la seule, la miraculeuse, l'ébouriffante.....
(*Polichinelle et Pierrot accourent.*)

SCÈNE II.

LE CHARLATAN, PIERROT, POLICHINELLE.

POLICHINELLE. — A bas ! à bas ! charlatan sans esprit !

LE CHARLATAN. — Mais, messieurs, je suis un pauvre homme faisant honnêtement son métier !

POLICHINELLE. — Oui, mais tu le fais sottement. Allons, décampe, décampe ! A moi la place ! (*Le Charlatan se sauve.*) Pierrot, en avant la musique !

PIERROT. — Il ne vient personne ! Puffs, réclames, grosse caisse, tout cela est usé !

POLICHINELLE. — Bah ! en avant la musique ! Voici du monde. (*Quatre personnes entrent.*) Mesdames et messieurs, je ne suis pas un charlatan : je suis économiste, moraliste, philosophe ! Je vends le bonheur, la santé, la sagesse, la fortune et la beauté! (*Rumeur* : Oh! oh!) Et je vends tout cela.....

LE PUBLIC. — Combien? combien?

POLICHINELLE. — Rien du tout, mes amis! En échange, je ne demande que votre confiance. Consultez-moi sur toute chose, et vous jugerez si cette confiance est bien placée! (*Entre le Locataire.*) Vous, monsieur, quelle question me posez-vous?

LE LOCATAIRE. — Monsieur, je suis locataire, je désirerais avoir un peu de poudre pour faire baisser le prix des loyers.

POLICHINELLE. — Pas de poudre, monsieur! pas de poudre! C'est un moyen trop matériel. Ici, nous n'employons que l'esprit. Pour faire baisser les loyers, il faut...

LE LOCATAIRE. — Il faut...

POLICHINELLE. — A quel étage demeurez-vous?

LE LOCATAIRE. — Au cinquième.

POLICHINELLE. — Eh bien, prenez le premier, votre loyer sera plus bas!

LE LOCATAIRE. — Merci bien, monsieur! (*Il s'en va.*)

POLICHINELLE. — Il n'y a qu'à parler en bon français, et tout est bien! Ah! ah! voici une autre personne.

(*Entre le Boutiquier.*)

Vous, monsieur?

LE BOUTIQUIER. — Monsieur, un système pour faire aller le commerce, s'il vous plaît!

POLICHINELLE. — Qu'on lui donne une purgation!... Et vous, madame? Place, place, messieurs, honneur aux dames, respect au beau sexe! (*Le Boutiquier sort.* — *Entre la Dame.*)

LA DAME. — Je suis un peu intimidée... cependant... enfin, je voudrais porter les culottes dans mon ménage.

POLICHINELLE. — La crinoline est bien préférable aux culottes pour cacher les mauvaises pensées. Elle est plus ample. D'ailleurs, le mensonge et la ruse sont les meilleures culottes pour les femmes!

LE PAYSAN. — Je voudrions ben avoir de l'argent tout comme un bourgeois!

POLICHINELLE. — Plante de la graine de niais! plantes-en! tu deviendras riche. Il n'y a que les sots qui réussissent.

CASSANDRE. — Je suis le financier Cassandre; comment faire pour que le public prenne goût à mes actions?

POLICHINELLE. — Fais de meilleures actions!

LE PUBLIC. — Polichinelle est un grand génie!!!

POLICHINELLE. — Vous me reconnaissez pour un homme supérieur! (*Entre la femme de Polichinelle.*) Aïe, ma femme!

(*Il fait le plongeon.*)

Mme POLICHINELLE. — Ah! coquin de Pierrot, tu n'as pas vu mon mari Polichinelle?

PIERROT. — Il est au cabaret.

Mme POLICHINELLE. — Ah! le scélérat! J'y cours!

(*Elle sort.*)

POLICHINELLE (*reparaissant*). — Elle est partie?... Je reprends mon discours! Mesdames et messieurs, vous êtes bien convaincus maintenant que je suis en état de vous fournir la santé, la sagesse, le bonheur, la fortune et la beauté! En avant la musique!

LE PUBLIC. — Oui! oui!

POLICHINELLE. — Eh bien, fondons une société d'exploitation dont je serai le directeur.

TOUS. — Oui! oui!

POLICHINELLE. — La souscription est ouverte! Le directeur aura bonne table et beau logement!

LE PUBLIC. — Oui! oui!

POLICHINELLE. — Souscrivez! souscrivez!

LE PUBLIC. — Une bonne maison pour Polichinelle! Souscrivons! souscrivons! (*On apporte des sacs.*)

POLICHINELLE. — Merci, merci, mes amis; je serai reconnaissant!

DEUXIÈME PARTIE

LE SALON.

SCÈNE PREMIÈRE.

POLICHINELLE, PIERROT, LE LAQUAIS.

POLICHINELLE. — Ah! Pierrot, ce vin est bon! Buvons! buvons! buvons! Verse, laquais!

PIERROT. — Polichinelle, nous menons une vie de...

POLICHINELLE. — Polichinelle!

PIERROT. — Buvons! buvons! Laisse-moi rosser ce grand coquin de laquais!

POLICHINELLE. — Tu as raison! sa vue est un affront pour toi, elle te rappelle ton ancien métier!

PIERROT. — Buvons! Va-t'en, laquais! Va me chercher Colombine!

LE LAQUAIS. — Où demeure-t-elle?

PIERROT. — Je n'en sais rien. Va me la chercher.

LE LAQUAIS. — Les voilà gris! Comme ils sont mal élevés! On voit bien que ce sont des parvenus. Je suis humilié d'être à leur service! Je vais leur voler ce gros sac et quitter cette maison déshonorante! (*Il prend le sac.*)

POLICHINELLE. — Va chercher Colombine, laquais!

LE LAQUAIS. — Oh! certainement! (*Il sort.*)

POLICHINELLE. — Ah! Pierrot, une canaille comme toi était-elle digne d'une telle fortune!

PIERROT. — Et un filou comme toi!

POLICHINELLE. — Tu insultes un ami de l'humanité! un homme qui donne la santé, la beauté, la...

PIERROT. — Assez, cette rengaine est abominable. Buvons!

POLICHINELLE. — Buvons, mangeons, dansons, ripaillons!

PIERROT. — Et tes actionnaires, tes enfants?

POLICHINELLE. — Mes moutons? Je suis pasteur! Qu'ils viennent, on les tondra! (*On frappe. — Entre le Paysan.*)

SCÈNE II.

LE PAYSAN, PIERROT, POLICHINELLE.

LE PAYSAN. — Je venons pour toucher queuque chose!

POLICHINELLE (*tendant la main*). — Touche là!

LE PAYSAN. — Eh bien, ousqu'il est not' argent?

POLICHINELLE. — Il n'a jamais été question d'argent. — Tu te portes bien?

LE PAYSAN. — Pour ça, oui!

PIERROT. — Tu es toujours malin?

LE PAYSAN. — Y en a qui le disent.

POLICHINELLE. — Tu n'es pas vilain garçon?

LE PAYSAN. — Demandez voir aux filles? (*Il rit.*)

POLICHINELLE. — Eh donc, tu as tous les biens de la terre? Tu te contentes de peu?

LE PAYSAN. — Jusqu'à c't'heure, a ben fallu!

POLICHINELLE. — Alors, tu es aussi très sage!

PIERROT. — Tu possèdes tout ce que nous t'avons promis. Tu ne peux rien réclamer!

LE PAYSAN. — Mais, et not' argent?

POLICHINELLE. — L'argent ne fait pas le bonheur.

LE PAYSAN. — Ah! morguienne, je voulons toucher.

POLICHINELLE. — Eh bien, reçois! (*Il le bat.*)

LE PAYSAN (*se sauvant*). — Holà! holà! jour de Dieu! c'est des voleux!

SCÈNE III.

POLICHINELLE, PIERROT.

POLICHINELLE. — On ne pourra pas m'accuser de dilapider le fonds commun au profit d'un intérêt individuel. C'est ainsi qu'on réglera tous les comptes !

PIERROT. — Tu administres à merveille !

POLICHINELLE. — N'est-ce pas ?

PIERROT. — Oui !... les coups de bâton !

POLICHINELLE. — Voilà le mot de la situation ! (*Entre le Locataire.*) — Eh ! c'est monsieur le locataire !

SCÈNE IV.

POLICHINELLE, PIERROT, LE LOCATAIRE.

LE LOCATAIRE. — Décidément, comme les loyers ne baissent pas, je viens chercher un peu de...

POLICHINELLE. — De beauté ? car vous êtes si laid, que c'est là ce dont vous avez le plus grand besoin.

LE LOCATAIRE. — Un petit dividende !...

POLICHINELLE. — Un petit quoi ?

PIERROT. — Un petit quelque chose que tu sais administrer !

POLICHINELLE. — Comment ! nous préférons l'argent à la sagesse, à la beauté ?... Mais c'est fort mal penser, cela, monsieur !

LE LOCATAIRE. — Mais, monsieur, les loyers...

POLICHINELLE. — C'est avoir l'esprit fort vil ! Je ne vous ai jamais parlé que d'affaires immatérielles. Eh bien, voici quelque chose à palper, matérialiste que vous êtes ! (*Il le bat.*)

LE LOCATAIRE (*se sauvant*). — Holà ! holà ! Comment pourrai-je payer mon propriétaire ?

SCÈNE V.

POLICHINELLE, PIERROT.

POLICHINELLE. — Tra deri dera ! L'opération est superbe !

PIERROT. — Tu es le roi des moralistes et des économistes !

POLICHINELLE. — Par conséquent, nous avons droit à ce qu'on double nos traitements! (*Entre Cassandre.*) Ah! ah! Cassandre!

SCÈNE VI.

PIERROT, POLICHINELLE, CASSANDRE.

CASSANDRE. — Vous êtes des fripons! Je peux vous faire pendre; je connais, étant homme de finances, le désordre de votre comptabilité. Donnez-moi cent mille francs, et je ne dis rien!

POLICHINELLE. — Monsieur Cassandre, vous êtes un homme d'honneur; on le voit.

CASSANDRE. — Incontestablement!

POLICHINELLE. — Vous avez beaucoup d'argent?

CASSANDRE. — Mon crédit le prouve.

POLICHINELLE. — Eh bien, tout est dans l'argent. Il ne vous manque plus qu'une seule chose.

CASSANDRE. — Laquelle?

POLICHINELLE. — Une correction! (*Il le bat.*)

CASSANDRE (*se sauvant*). — Holà! on apurera votre comptabilité, fripons!

SCÈNE VII.

POLICHINELLE, PIERROT.

POLICHINELLE. — Je n'ai promis aux gens que ce qu'ils n'avaient pas! (*On frappe.*) Oh! oh! on nous assiége aujourd'hui! Entrez! cela ne me coûte pas cher. — Pierrot, j'ai cependant le bras fatigué; moralise un peu les clients à ton tour! Je te nomme mon fondé de pouvoirs. (*Entre la Dame.*)

SCÈNE VIII.

LA DAME, PIERROT, POLICHINELLE.

POLICHINELLE. — Oh! je reprends la direction!

PIERROT. — Non! non! tu es fatigué.

POLICHINELLE. — Pas du tout! Laisse-nous!

PIERROT. — Je ne te quitte pas; je veille sur tes jours!

POLICHINELLE. — Polisson ! tu abuses...

LA DAME. — Messieurs, j'ai envie d'un cachemire, et j'ai besoin d'une petite somme...

POLICHINELLE. — O madame, de si beaux yeux doivent faire tomber des cachemires tout seuls du ciel !

LA DAME. — Hélas ! monsieur, mes yeux n'ont pas le don d'attendrir mon mari !

POLICHINELLE. — Pierrot, laisse-nous !

PIERROT. — Non pas ! non pas !

POLICHINELLE (à part). — Tu me le payeras ! (A la Dame.) — Je puis vous couvrir les épaules de *bleus*, madame !

LA DAME. — J'aimerais mieux du rouge !

POLICHINELLE. — Voulez-vous m'embrasser ?

LA DAME. — Oh ! quelle horreur !

POLICHINELLE. — Mon secrétaire Pierrot va étendre mille cachemires à vos pieds !

LA DAME. — Ah ! je... je cède !...

POLICHINELLE (*l'embrassant et la repoussant*). — Allez, madame, et ne péchez plus ! (*Il la bat.*)

LA DAME. — Ah ! quel guet-apens ! Ah ! la destinée des femmes est d'être toujours trompées ! — Je vais t'arracher les yeux, coquin !

POLICHINELLE. — Va-t'en, tête de linotte ! De quoi te plains-tu ? Je viens de te donner de l'expérience ! (*Il la bat.*)

LA DAME (*se sauvant*). — Oh ! je me vengerai !

SCÈNE IX.

PIERROT, POLICHINELLE.

PIERROT. — Oh ! oh ! Polichinelle !

POLICHINELLE. — Eh ! nous effeuillons des roses ! ! !

(*Bruits; on frappe ; cris :* Enfonçons la porte ! c'est un misérable, un suborneur, un voleur !)

POLICHINELLE. — Diable! Pierrot, reçois ceux-ci; j'ai le sang à la tête; je vais aller faire un tour de promenade!

PIERROT (*le retenant*). — Non pas! non pas! Allons, Polichinelle, voici le grand moment!

(*Irruption.* — *La Dame, Cassandre, le Paysan, le Locataire.*)

SCÈNE X.

LE PUBLIC, PIERROT, POLICHINELLE.

LE PUBLIC. — Eh bien! il est temps de tenir tes promesses, voleur! suborneux! caissier infidèle! scélérat! Nous te prenons à la gorge, canaille! escroc! brigand! Il faut s'exécuter!

POLICHINELLE (*à part*). — Les majorités oppriment les minorités! (*Haut.*) Vous le voulez?

LE PUBLIC. — Oui! oui!

POLICHINELLE. — Vous le voulez?

LE PUBLIC. — Oui! oui!

POLICHINELLE. — Eh bien, suivez-moi! (*Tous sortent.*)

TROISIÈME PARTIE

LA CUISINE.

LE PUBLIC, PIERROT, POLICHINELLE.

LE PUBLIC. — Comment! il nous mène à la cuisine?

POLICHINELLE. — Cuisine, usine, la différence n'est pas grande! C'est céans que je fabrique nos produits. (*A part.*) La situation est tendue!

PIERROT (*à part*). — Je décampe! Cela va mal tourner. Chacun pour soi! (*Il se sauve.*)

LE PUBLIC. — Allons, allons! montre-nous tes talents!

POLICHINELLE (*allant à une casserole*). — Non! ce n'est pas dans cette casserole; ici mijote un petit salmis de bécasses pour mon souper.

LE PUBLIC. — Dépêche-toi, dépêche-toi ! Tu cherches à nous amuser ! Nous ne te lâcherons plus !

POLICHINELLE (*à part*). — Oh ! tout pour un éclair d'inspiration ! (*Allant à une autre casserole.*) C'est là !...

LE PUBLIC. — Oh ! oh ! Voyons ! voyons ! Il ne faut pas le maltraiter : il a peut-être dit la vérité !

POLICHINELLE. — Non, je me trompe ! Ici cuit un gigot braisé pour mon déjeuner ! (*A part.*) J'ai une sueur froide !

LE PUBLIC. — Ah ! coquin, nous te donnons encore cinq minutes ! Cinq minutes ! entends-tu ?

POLICHINELLE (*à part*). — Payons d'audace. (*Haut.*) Cinq minutes, c'est trop ! Je n'en demande que deux ! (*A part.*) Je tombe en défaillance ! (*Allant à l'autre casserole.*) Cette fois, j'en suis sûr, c'est là que s'opère le mystère ! Écoutez ! sentez ! regardez !

LE PUBLIC. — Oh ! cela va être extraordinaire ! — Nous avons confiance en toi, Polichinelle !

POLICHINELLE (*à part*). — Hélas ! pas moi ! (*Haut.*) Attendez, je vais chercher un peu de poudre de...

LE PUBLIC. — Non, non ! tu ne sortiras pas ! La défiance nous reprend !

POLICHINELLE. — Eh bien, puisqu'ils le veulent : Servez chaud ! (*Il tire une carotte de la casserole.*) Tout s'écroule ! Accordez-moi un concordat.

LE PUBLIC (*consterné*). — Une carotte !

POLICHINELLE. — Elle est belle ! Elle vaut votre argent !

LE PUBLIC. — Monstre ! Mandrin ! Cartouche ! Déchirons-le en morceaux ! (*Bataille.*)

POLICHINELLE. — Grâce ! grâce !

UNE VOIX. — Attendez ! attendez ! je le mettrai à la raison !

POLICHINELLE. — Ma terrible femme ! Oh ! laissez-moi m'échapper !

LA FEMME (*entrant*). — Ah! pendard! depuis quinze jours, tu laisses ta pauvre femme et tes pauvres enfants sur la paille, tandis que tu ribottes et te livres à la débauche! Je vais te corriger et venger toute la société! (*Elle le bat.*) Tiens! tiens!

POLICHINELLE. — Grâce! grâce! (*Il se précipite à travers la plaque de la cheminée.*)

LE PUBLIC. — Il a disparu! Nous sommes ruinés, dépouillés, enfoncés!

LA FEMME. — Le lâche! Je le retrouverai! Ce n'est pas fini!

QUATRIÈME PARTIE

LA FORÊT. (*Une statue au premier plan.*)

SCÈNE PREMIÈRE.

POLICHINELLE. — Hélas! hélas! me voilà sans feu ni lieu! Je meurs de faim et de soif; je me suis égaré; je crève de fatigue! Oh! j'expie mes fautes, mes grandes fautes! Que le bon Dieu me vienne en aide! Je commence à croire qu'il y en a un! — Oh! que vois-je?... Cette voiture! Pierrot!!! Je suis sauvé!

(*Entre Pierrot avec la voiture.*)

SCÈNE II.

PIERROT, POLICHINELLE.

POLICHIHELLE (*courant après*). — Pierrot! Pierrot! mon ami!

PIERROT. — Ah! c'est toi!

POLICHINELLE. — Viens à mon aide!... Je vais remonter dans ma voiture!

PIERROT. — Du tout! du tout! elle est à moi! Si tu n'as pas su faire tes affaires, j'en suis fâché!... Tu n'es pas intelligent!

POLICHINELLE. — Ingrat!... Moi qui t'ai tiré de la fange!

PIERROT. — Imbécile! il ne fallait pas y retomber! Je ne te connais pas! Passe ton chemin. Je deviens millionnaire. Adieu! tire-toi de là comme tu pourras; tu n'es bon à rien!... Bonne chance!
(*Il part.*)

POLICHINELLE. — Coquin! coquin! coquin! Oh! madame la statue! sans moi que serait-il? J'ai fait la fortune de cet homme, et telle est sa reconnaissance! Et moi, hier encore, gros, gras, buvant et mangeant bien, me voilà aujourd'hui réduit à brouter l'herbe!... Ah! créature de marbre, tu ne t'attendriras pas sur mes malheurs! — Oh! ma femme! cachons-nous! Plutôt la mort que de reprendre mon collier!

(*Entre la femme. — Il se cache.*)

LA FEMME. — Dussé-je aller le chercher en enfer, je le retrouverai!

(*Elle sort. — Entre le Paysan.*)

POLICHINELLE. — Eh! mon cher ami?

LE PAYSAN. — Tiens! c'est ce gueux de bourgeois qui nous ont fait perdre not' argent.

POLICHINELLE. — Je te le rendrai dans le ciel, mon ami!

LE PAYSAN. — Allez au diable! Vous êtes une rencontre de malheux!

POLICHINELLE. — Indique-moi mon chemin!

LE PAYSAN. — Pour aller au diable? je veux ben.

POLICHINELLE. — Pour sortir de cette forêt et trouver où manger!

LE PAYSAN. — Pour aller au diable, faut prendre ce petit sentier-là, toujours tout drait!

POLICHINELLE. — Allons! n'abuse pas de mon infortune!

LE PAYSAN. — Satané enjôleux! je vous disons d'aller par là! Moi, j'allions par ici! (*Il sort.*)

POLICHINELLE. — Ah bah! mon étoile me conduira!

CINQUIÈME PARTIE

L'ENFER.

POLICHINELLE, LA MORT, LE DIABLE, LA FEMME, LE PUBLIC.

POLICHINELLE. — Eh bien, non, ce paysan pourrait dire la vérité! Holà! qui est-ce? la Mort? (*Entre la Mort.*)

LA MORT. — Polichinelle, il faut que tu te pendes!

POLICHINELLE. — Vous êtes folle, je n'ai jamais approuvé le suicide!

LA MORT. — Il le faut!

POLICHINELLE. — Il n'y a que ma femme qui me fait peur! Ne m'approchez pas, je vous romprais les os! Ou plutôt non, écoutez! Je connais une excellente affaire!

LA MORT. — En vérité?

POLICHINELLE. — Possédez-vous quelques capitaux? Confiez-les-moi!

LA MORT. — Coquin, tu es incorrigible! (*Elle le bat.*)

POLICHINELLE. — Oh! je suis mort!

LA MORT. — C'est bien, le diable va venir te chercher!

(*Elle sort.*)

POLICHINELLE (*se relevant*). — Drôlesse! tu m'as cru mort, mais je suis plus roué que toi! J'aime encore mieux avoir affaire au diable qu'à ma femme! (*Entre le Diable.*)

LE DIABLE. — Comment! tu es encore vivant?

POLICHINELLE. — Je vous enterrerai tous!

LE DIABLE. — Tu vas me suivre! tant pis!

POLICHINELLE. — Ecoute, veux-tu t'enrichir? Prête-moi quelques fonds, et j'établis un fourneau économique dans l'enfer!

LE DIABLE. — Scélérat, tu as entraîné cent mille malheureux chez moi, et tu ne te repens pas !

POLICHINELLE. — J'ai soif !

LE DIABLE. — Ah ! tu t'imagines ne pas être puni ?

POLICHINELLE. — Je ne crains que ma femme !

LE DIABLE. — Eh bien, je vais la chercher !

POLICHINELLE. — Non ! non ! non !

LE DIABLE. — J'y cours ! (*Il sort.*)

POLICHINELLE. — Il n'est pas serviable ! Tout cela ne me remet pas sur la voie des richesses !... Aïe ! (*Le Diable et la Femme.*)

LE DIABLE. Voici le brigand !

LA FEMME. — Ah ! coquin, tu vas rentrer à la maison, et tu n'en sortiras plus ! Tu feras la cuisine et tu frotteras la chambre !

(*Entre le Public.*)

POLICHINELLE. — Oh ! que je suis malheureux !

LE PUBLIC. — Polichinelle, tu nous as fait damner, mais tu es puni à ton tour !

POLICHINELLE. — Hélas ! j'ai le purgatoire et l'enfer réunis !

LA FEMME (*le battant*). — Allons, marche !

THÉATRE DES MARIONNETTES.

PIERROT ET LE PATISSIER

PIERROT

ET

LE PATISSIER

MISE EN SCÈNE

La férocité des Marionnettes est une chose qui peut faire rêver, car, enfin, pourquoi Pierrot ne témoignerait-il aucune estime pour des êtres aussi nécessaires et aussi bénins en général que le Pâtissier et l'Apothicaire, qu'il appelle lui-même les amis du ventre ? On ne sait que penser. Pierrot, le Pâtissier et l'Apothicaire sont pleins de fiel. Un mot, qui échappe à Pierrot à la fin du drame, donne peut-être une explication suffisante. Entraîné par l'émulation, Pierrot veut surpasser Polichinelle. Il est possible cependant que si le Pâtissier et l'Apothicaire, pour le punir de quelques mauvaises plaisanteries, n'avaient voulu le mettre à mort et finalement le livrer au Gendarme, qui a la fâcheuse habitude d'abuser de la potence, il est possible que Pierrot n'eût point massacré tout le monde. Mais on l'a exaspéré, tous les moyens ont paru bons contre ce personnage ordinairement subtil mais non cruel. Contre lui, les seringues ont lancé des poisons ; l'art innocent de faire la pâte est devenu un art homicide ; les chiens ont été excités, la potence dressée. Et Pierrot, qui ne sait point réfléchir, a cru améliorer son existence en se débarrassant de tous les obstacles et des gens qui les lui suscitaient. Il est évident qu'il n'a pas réfléchi un seul instant.

PERSONNAGES :

PIERROT.
LE PATISSIER.
L'APOTHICAIRE.
LE GENDARME.
LE CHIEN.

PIERROT ET LE PATISSIER.

LA PLACE PUBLIQUE.

PIERROT, LE PATISSIER.

LE PATISSIER (*avec le sac d'écus. — Il le pose*). — Je ne sais pas comment faire pour éviter ce voleur de Pierrot et cacher mes écus de manière à ce qu'il ne les trouve pas! Depuis qu'il me sait riche, il me suit partout! Cependant ici, sur la place publique, parmi tout ce monde, je crois être en sûreté! (*Caressant le sac.*) Mes petits, jolis petits écus!

PIERROT (*survenant et lui frappant la tête sur son sac en répétant chaque syllabe*). — Mes pe-tits é-cus! (*Il se sauve.*)

LE PATISSIER. — Oh diable! qu'est-ce qui m'est tombé sur la tête? (*Il cherche.*) J'ai la figure aplatie, ma femme ne me reconnaîtra plus. Changeons de place, puisqu'il tombe des pierres du ciel. (*Il va de l'autre côté et caresse son sac.*) Que l'argent est agréable!

PIERROT (*revenant et recommençant*). — Que l'ar-gent est a-gré-i-able!

LE PATISSIER. — Eh! pour le coup, c'est quelqu'un! (*Cherchant.*) Mais non, ce n'est personne! Mon nez l'a bien senti pourtant!

PIERROT (*arrivant derrière*). — Brrrrr!!!

(*Le Pâtissier se retourne. — Pierrot se retourne de l'autre côté. — Même jeu deux ou trois fois.*)

LE PATISSIER. — Ah çà! ça cogne, ça crie, ça saute, et je ne peux pas voir ce que c'est!

PIERROT (*le jetant en avant d'un coup de tête dans le dos*). — Va voir devant, tiens!

LE PATISSIER. — Oh! (*Se relevant.*) Oh! il n'y a que Pierrot pour faire de ces coups-là!

PIERROT (*prenant le sac*). — Tu es bien aimable d'avoir fait des économies pour moi.

LE PATISSIER. — Veux-tu lâcher ça! (*Il court sur Pierrot et tire à lui. — Il amène Pierrot à un bout de la scène.*) Ahigne!

PIERROT (*le ramenant*). — Ahigne!

LE PATISSIER (*id.*) — Ahigne!

PIERROT (*id.*) — Ahigne!

(*Il lâche le sac. — Le Pâtissier va se cogner la tête en arrière à l'autre bout.*)

LE PATISSIER. — Oh! c'est égal! je le tiens!

PIERROT. — Imbécile, donne-m'en la moitié!

LE PATISSIER. — Je vais te faire arrêter, drôle! attends un peu! (*Criant :*) Au voleur!

PIERROT. — Oh! que c'est bête!

(*Il se sauve.*)

LE PATISSIER. — Je vais le faire arrêter pour tout de bon! (*Il va vers une coulisse en criant :*) Au voleur! (*Pierrot le tape par devant avec un bâton et disparaît.*) Oh! oh! suis-je maladroit! je me suis cogné contre le mur. Allons par là, alors! (*Allant à la coulisse opposée, et criant :*) Au voleur! (*Pierrot recommence.*) Oh! c'est trop fort à la fin! Je n'y vois donc plus clair? (*Venant au milieu.*) Ici, je suis sûr de ne pas me cogner. Au voleur!

PIERROT (*lui donnant un coup de bout dans le ventre et l'envoyant de l'autre côté de la scène*). — Couic! (*Pierrot s'en va.*)

LE PATISSIER (*déposant son bâton*). — Il m'a défoncé la bedaine! Oh! un de nous est de trop sur la terre! Je vais aller consulter mon coquin... du moins mon cousin l'Apothicaire, et lui demander un bon moyen pour me débarrasser de ce brigand de Pierrot! (*L'Apothicaire entre et le cogne avec sa seringue.*) Oh! prenez donc garde, vous avez failli m'éborgner!

L'APOTHICAIRE. — Ce n'est rien, je vais vous souffler dans l'œil.

(*Il souffle. — Le Pâtissier tombe à la renverse.*)

LE PATISSIER. — Eh mais, vous soufflez trop fort!

L'APOTHICAIRE. — Je crois bien: vous louchiez, je vous ai remis l'œil à l'endroit.

LE PATISSIER. — Et la tête à l'envers!

L'APOTHICAIRE. — Enfin, qu'est-ce que vous vouliez? un petit remède? (*Il passe derrière.*)

LE PATISSIER (*se retournant et le repoussant*). — Mais non! pas ça!

L'APOTHICAIRE. — Vous avez tort, le clystère est l'ami de l'homme!

LE PATISSIER. — C'est bon! c'est bon! Ce misérable Pierrot!

L'APOTHICAIRE. — Il veut un remède... J'y cours!

LE PATISSIER (*le retenant*). — Mais non, mais non... Écoutez-moi donc, cousin!

L'APOTHICAIRE. — J'écoute. (*Il le cogne avec sa tête.*)

LE PATISSIER. — Oh! faites donc attention! Voyons, éloignez-vous! (*Il le place à l'autre bout.*) Là, ne bougez pas de là! à cette distance, vous aurez beau être vif, vous ne me donnerez plus de coups de tête. Ce misérable Pierrot... (*L'Apothicaire se rapproche.*) Eh bien! ne bougez donc pas! Vous allez encore me faire quelque mal! (*Il le ramène à sa place.*) Ce misérable Pierrot en veut à ma bourse et à ma vie! (*L'Apothicaire se rapproche.*) Il est jaloux de ne pas savoir faire la pâte! (*L'Apothicaire se rapproche.*) Il faut que je me débarrasse de ce drôle, car il finirait par me tuer.

L'APOTHICAIRE (*le cognant de la tête*). — Vous avez raison!

LE PATISSIER. — Oh!

PIERROT (*frappant l'Apothicaire et disparaissant*). — Parbleu!

L'APOTHICAIRE. — Oh!... Ce n'est pas une raison pour me donner des coups de bâton, cousin!

LE PATISSIER. — Moi? vous êtes fou!

L'APOTHICAIRE. — Oui, oui, ne recommencez pas, ou je ferai usage de mon instrument.

(*Il l'en menace.*)

LE PATISSIER. — Voyons, voyons, ce n'est pas tout ça; comment pourrais-je bien tuer Pierrot?

L'APOTHICAIRE. — Nous pouvons le purger... le saigner... l'assommer... l'empoisonner...

PIERROT (*frappant l'Apothicaire et disparaissant*). — Parbleu!

L'APOTHICAIRE (*se retournant*). — Hein?

LE PATISSIER (*id.*) — Quoi?

L'APOTHICAIRE. — Ah! prenez garde à vous, à la fin!

LE PATISSIER. — Vous avez la berlue... Allons, allons, occupons-nous de Pierrot! Cette idée de l'empoisonner me sourit.

L'APOTHICAIRE. — Eh bien, attendez, je vais préparer ce qu'il faut! (*Il sort.*)

LE PATISSIER. — Ah! Et moi, en attendant, je vais faire un petit somme, car il m'est arrivé tant d'accidents ce matin, que je suis moulu. Ah! ma tourte qui est à terre! (*Il ramasse sa coiffure et se coiffe, puis il se couche sur son sac.*) Là! bonsoir!

PIERROT. — Oh! l'avare! il dort sur ses écus! Voyons donc si sa tourte m'irait bien, moi qui ai toujours rêvé d'être pâtissier! (*Il le décoiffe.*) Oh! il faut le rafraîchir d'abord. (*Il l'évente.*)

Dodo, dodo ! (*Il met la tourte à terre et baisse sa tête pour l'y entrer.*) Mais oui, je ne suis pas mal comme ça !

(*Il chatouille le Pâtissier.*)

LE PATISSIER (*sautant*). — Hé ! (*Pierrot disparaît.*) Il y a des mouches ici. (*Il va au manteau d'Arlequin et attrape des mouches au dehors, puis il revient.*) Tiens, ma tourte a disparu ! est-ce que les mouches l'auraient mangée !

(*L'Apothicaire revient avec une bouteille et sa seringue.*
— *Le Pâtissier, en voulant attraper des mouches, lui donne un soufflet.*)

L'APOTHICAIRE (*éternuant*). — Hé ! est-ce que vous prenez la mouche, à présent ?

(*Il éternue une seconde fois et cogne le Pâtissier.*)

LE PATISSIER (*reculant vivement*). — Oh !

L'APOTHICAIRE. — Voilà l'affaire ! Il y a dans cette bouteille une médecine terrible. Invitez Pierrot à boire, et vous m'en direz des nouvelles ! (*Il sort.*)

LE PATISSIER. — Hé ! Pierrot ! Pierrot ! Va-t-il gigoter quand il aura ça dans le ventre ! Il va se rouler, il va frétiller. Il me tarde de voir ses grimaces !

PIERROT (*lui poussant la bouteille sur le nez*). — Oui, crois cela !

(*Il disparaît.*)

LE PATISSIER (*toussant et éternuant*). — Ah ! pouah ! j'ai goûté de la drogue, je suis perdu ! Au secours ! au secours !

PIERROT (*avec un bâton, le tapant*). — Tiens, voilà un cataplasme !

LE PATISSIER. — Oh ! (*Saisissant le bâton et le tapant.*) Reprends-le !

PIERROT. — Oh ! (*Il disparaît.*)

LE PATISSIER. — Le scélérat ! je n'en viendrai donc jamais à bout ? Voyons, ai-je ou n'ai-je pas la colique ?... Non... si... Oh !

mais non!... ah! mais si... oh! mais non... Ce que c'est que l'imagination! (*Entre l'Apothicaire avec sa seringue.*) Ah! mon cousin, le drôle a éventé la mèche, il nous faut un autre moyen!

L'APOTHICAIRE. — Ah! justement j'ai mis quelques petits poisons dans mon instrument. Nous allons attendre Pierrot; quand il viendra, vous le saisirez par la tête et je lui ferai son affaire; psic! (*Il donne de la seringue dans le ventre du Pâtissier.*)

LE PATISSIER. — Ah mais, toujours?... Il ne faut pas jouer avec les armes à feu!

PIERROT. — Non!

(*Il donne un coup de tête dans le dos de l'Apothicaire, qui en donne un dans le ventre du Pâtissier. Pierrot disparaît.*)

LES DEUX AUTRES. — Oh!

LE PATISSIER. — Décidément, je ne sais pas ce que vous avez bu ce matin, vous ne tenez pas sur vos jambes.

L'APOTHICAIRE. — Je ne sais pas... On me pousse toujours par derrière... et il n'y a personne... (*Pierrot se met derrière lui. — L'Apothicaire se retourne.*) Eh mais si... il y a Pierrot...

PIERROT. — Eh bien! et après, les amis du ventre?

L'APOTHICAIRE. — Hé! cousin, prenez-lui la tête!

LE PATISSIER (*saisissant Pierrot*). — Ah! coquin, tu vas avoir ton affaire! Allez, cousin! poussez.

L'APOTHICAIRE (*se baissant*). — Attendez que je prenne le point milieu. (*Pierrot lui donne un coup de dos.*) Oh! (*L'Apothicaire derrière Pierrot.*) Tenez-le bien!

LE PATISSIER. — Allez, poussez!

PIERROT. — Couic!

(*Il s'échappe, l'Apothicaire tombe avec sa seringue sur le ventre du Pâtissier, celui-ci tombe à la renverse.*)

LE PATISSIER. — Ah! le satané drôle! jamais nous ne pourrons le pincer! Ah! pouah... pouah!... j'en ai partout!

L'APOTHICAIRE. — Il fallait mieux le tenir.

LE PATISSIER. — C'est de votre faute! Allez-vous-en, vous n'êtes propre à rien! (*Il le bat.*)

L'APOTHICAIRE. — Hé! arrêtez! je m'en vais de bonne volonté.
(*Il sort.*)

LE PATISSIER. — Oh! oh! je ne trouverai donc pas un moyen de purger la société de cet affreux coquin de Pierrot! Ah!... je crois que j'en tiens un... (*Il siffle.*) Médor! Médor! (*Médor entre.*) Mon fidèle Médor, attention! tout beau, là!

MÉDOR. — Ouah! ouah!

LE PATISSIER. — Tu vas aller manger Pierrot, entends-tu?

MÉDOR. — Oua! ouah!

LE PATISSIER. — Allons, cherche là! Xi! xi! xi! Pierrot! Pierrot!

MÉDOR (*cherchant*). — Ouah! ouah!

LE PATISSIER. — Je te charge de me venger. (*Il sort.*)

MÉDOR (*cherchant*). — Ouah! ouah! ouah!

(*Il gratte avec ses pattes. — Entre Pierrot avec un bâton.*)

PIERROT (*saluant*). — Oh! le beau chien! Toutou! toutou!

(*Il veut le caresser.*)

MÉDOR (*lui sautant au nez*). — Ouah! ouah!

PIERROT. — Oh! oh! mon pauvre nez! (*Il veut le frapper et le manque.*) Ah! camarade, tu aimes la viande, à ce que je vois? Je vais me charger d'assaisonner ton déjeuner. (*L'appelant.*) Petit! petit! petit! (*Le Chien approche. — Pierrot tape et le manque.*) Diable!... Veux-tu une saucisse?

MÉDOR (*lui sautant à la nuque*). — Ouah! ouah! (*Il roule Pierrot à terre.*) Ouah! ouah!

PIERROT (*se dégageant*). — Oh! quel animal! Il me prend pour une côtelette! Si tu veux me laisser tranquille, mon petit Médor, je te ferai des rentes! (*Il le caresse.*) Là, là, bellement! (*Il veut le taper et le manque.*) Oh! tu n'as pas assez de confiance.

MÉDOR (*s'emparant du bâton et le tapant*). — Ouah! ouah!

PIERROT. — Oh! c'est un chien savant. Attends, si je peux t'empoigner par ton plumeau!

MÉDOR. — Ouah! ouah! (*Il tape et manque Pierrot qui passe derrière lui et le saisit par la queue.*)

PIERROT. — Pris!

MÉDOR (*courant et se débattant avec détresse*). — Ouah... ah... ah! (*Pierrot lui arrache la queue.*)

PIERROT. — Je l'ai, ton plumeau, mon gaillard! (*Médor et Pierrot se battent. — Pierrot lui enlève le bâton et le tue.*)

PIERROT (*le retournant en tous sens*). — Ah! ah! mon petit Médor, tu ne mangeras plus le nez des gens! (*Il passe sa tête dans la peau du Chien, aboie, puis appelle :*) Hé! Pâtissier? Pâtissier? (*Le Pâtissier entre.*) Ouh! ouh!

LE PATISSIER. — Qu'est-ce que c'est que ce personnage-là?

PIERROT (*le tapant par derrière*). — C'est Médor!

LE PATISSIER. — Oh! c'est impossible!

PIERROT (*le tapant par devant*). — C'est Pierrot!

LE PATISSIER. — Ah! gredin! j'aurais dû te reconnaître! Tu as tué mon pauvre Médor!

PIERROT. — Non!

LE PATISSIER. — Je le vois bien, pourtant!

PIERROT. — Non! Il s'est étranglé en voulant avaler mon nez!

LE PATISSIER. — Si tu as tué mon chien, tu t'en repentiras, malheureux!

PIERROT. — Emporte-le pour en faire un pâté!

(*Il le bat avec le Chien tout autour du théâtre. — Ils sortent tous deux. — Le Pâtissier rentre.*)

LE PATISSIER. — Oh! puisque je ne puis me débarrasser de Pierrot par la force, il faut essayer de la ruse. C'est parce qu'il ne peut pas être pâtissier qu'il m'en veut. Je vais lui céder mon fonds et lui apprendre à faire la pâte. J'en profiterai pour lui allonger un mauvais coup ! (*Pierrot entre.*)

PIERROT. — Qu'est-ce que tu dis ? Tu veux boire un coup ?

LE PATISSIER. — Écoute, Pierrot, tu as toujours envie de devenir pâtissier ?

PIERROT. — Oui, c'est mon rêve !

LE PATISSIER. — Eh bien, il est inutile de nous battre toujours ! Faisons la paix ! je t'apprendrai à faire la pâte !

PIERROT. — C'est cela !

LE PATISSIER. — Eh bien, tope là ! (*Il tape sur la tablette.*)

PIERROT. — Allons, apprends-moi vite à faire la pâte !

LE PATISSIER. — Attends !

(*Il sort et rentre avec un bâton.*)

PIERROT. — Qu'est-ce que c'est que ce bâton ?

LE PATISSIER. — Ce n'est pas un bâton, c'est le rouleau.

PIERROT. — Pour rouler ta bosse ?

LE PATISSIER. — Non ! pour rouler la pâte. Tu vas voir... Regarde attentivement !

PIERROT. — Oui, oui, je vais regarder la roulée !

LE PATISSIER (*roulant et faisant comme les geindres*). — Hhein ! hhein ! (*Tapant Pierrot.*) Chaud ! chaud !

PIERROT. — Eh ! eh ! ça chauffe, en effet ! C'est comme ça qu'on fait la pâte ? Ce n'est pas difficile, attends !

(*Imitant le Pâtissier, il le manque.*)

LE PATISSIER. — Tu vois qu'il faut apprendre ! Je vais te montrer encore mieux ! (*Il recommence et tape plus fort.*)

PIERROT. — Hé ! hé ! assez ! La pâte est cuite ! Voyons si j'ai des dispositions à manier le rouleau ?

(*Il recommence et tape le Pâtissier.*)

LE PATISSIER. — Oh ! oh !... Oui, oui ! tu sais maintenant !

PIERROT. — Avoue que je suis intelligent !

LE PATISSIER. — Tu as trop d'esprit! tu te feras pendre!

PIERROT. — J'ai toujours désiré une haute position!

LE PATISSIER. — Ah! dis donc, Pierrot, ne serait-ce pas toi qui aurais pris ma tourte?

PIERROT. — Je n'aime pas la tourte.

LE PATISSIER. — Mon bonnet plat. Il a disparu, et je te soupçonne fort...

PIERROT. — Veux-tu que je te la rende?

LE PATISSIER. — Mais oui, tu me feras plaisir!

PIERROT. — Attends! (*Il sort.*)

LE PATISSIER. — Il redevient bon garçon, ce Pierrot!

(*Pierrot rentre et le coiffe d'un seau.*)

PIERROT. — Voilà!

LE PATISSIER. — Hé! qu'est-ce que tu fais? (*Se tournant du côté opposé.*) Pierrot, mon ami Pierrot, ôte-moi ça!

PIERROT (*le tapant*). — Casse-cou!

LE PATISSIER (*se retournant*). — Non, mon petit Pierrot, je t'en prie! (*Pierrot passe de l'autre côté.*)

PIERROT (*le chatouillant*). — Oui!

LE PATISSIER (*se retournant*). — Oh! j'étouffe, Pierrot!

PIERROT (*le tapant*). — Casse-cou! (*Il sort.*)

LE PATISSIER. — Scélérat! Pierrot, je te donnerai tout ce que tu voudras! Pierrot, ne me laisse pas comme ça!

(*Le Gendarme entre; le Pâtissier lui cogne le nez avec le seau.*)

LE GENDARME. — Oh!... Eh bien! polisson, vous attaquez l'autorité?

LE PATISSIER. — Ah! monsieur, ôtez-moi ça! (*Il le cogne de nouveau.*)

LE GENDARME. — Je vous mets au violon, si vous continuez!

(*Il passe de l'autre côté.*)

LE PATISSIER. — Je vous en prie! (*Il le cogne en arrière.*)

LE GENDARME. — Encore? (*Il repasse devant.*) Qu'est-ce qu'il y a dans ce seau?

LE PATISSIER. — C'est moi!

LE GENDARME. — Ce n'est pas vrai!

LE PATISSIER. — Comment, ce n'est pas moi?

LE GENDARME. — C'est quelque filou!

LE PATISSIER. — C'est moi, le pâtissier du coin!

LE GENDARME. — Bien sûr?

LE PATISSIER. — Oui!

LE GENDARME. — Voyons ta figure? (*Il ôte le seau.*) Eh mais oui, c'est toi!

LE PATISSIER. — Je le savais bien, vous pensez.

LE GENDARME. — Qui est-ce qui t'a mis cela sur la tête?

LE PATISSIER. — C'est Pierrot!

LE GENDARME. — Oh! j'ai un compte à régler avec cet animal. Tout le monde s'en plaint!

LE PATISSIER. — Ah! tâchez de nous en délivrer!

LE GENDARME. — Sois tranquille! (*Il sort.*)

LE PATISSIER. — Puisque le Gendarme va nous défendre, il serait prudent d'aller voir ça de ma fenêtre.

(*Il sort. — Le Gendarme rentre avec la potence.*)

LE GENDARME. — Là, ma plus belle potence! Ce sera le logement de Pierrot pour cette nuit. Va-t-il bientôt venir, au moins?

(*Il se couche à l'autre extrémité. — Pierrot entre avec un bâton.*)

PIERROT. — Eh! voilà une belle lanterne, mais le quinquet n'est pas encore allumé! (*Allant au Gendarme, le caressant, puis le tapant.*) Hé! (*Il disparaît.*)

LE GENDARME (*se levant*). — Diable!... Est-ce qu'il pleut?

(*Il se recouche.*)

PIERROT (*revenant et retapant*). Hé!

LE GENDARME. — Hé! vous êtes bien brutal, vous!

PIERROT. — C'était pour vous demander si vous étiez l'allumeur de réverbères?

LE GENDARME. — Oui, mon ami! oui, mon ami! et c'est toi qui vas servir de chandelle! Je vais te pendre, entends-tu?

PIERROT (*lui donnant un coup de pointe*). — Oh! demain!

LE GENDARME (*se relevant*). — Scélérat! tu ne respectes rien! Donne-moi ton bâton tout de suite!

PIERROT (*le tapant*). — Le voilà!

LE GENDARME. — Tu as beau faire, tu seras pendu!

PIERROT. — A Pâques ou à la Trinité?

LE GENDARME (*saisissant le bâton par un bout*). — A la minute! (*Ils tirent tous deux; le bâton reste au Gendarme.*) Veux-tu te laisser pendre? (*Il tape et manque.*)

PIERROT (*reprenant le bâton et tapant le Gendarme*). — Non!

LE GENDARME (*reprenant le bâton et tapant Pierrot*). — Veux-tu te laisser pendre?

PIERROT. — Oui!

LE GENDARME (*le tapant*). — Veux-tu?

PIERROT. — Oui!

LE GENDARME (*le tapant*). — De ton plein gré?

PIERROT. — Oui! oui!

LE GENDARME (*tapant*). — Allons, marche!

PIERROT. — Holà! holà! ne tapez plus, puisque je ne demande pas mieux que d'être pendu!

LE GENDARME. — Allons! (*Il le tape.*)

PIERROT. — Eh! écoute, bon Gendarme! je te fais mon héritier. Quand tu m'auras pendu, tu iras chez moi, tu soulèveras le trentième carreau...

LE GENDARME. — Le trentième carreau...

PIERROT. — De la rangée de droite à gauche de...

LE GENDARME. — De la rangée de droite à gauche... Eh! ça commence à s'embrouiller!

PIERROT. — Non! non! à gauche de la cinquième chaise, qui touche la troisième porte, derrière le lit, à côté de la cuisine.

LE GENDARME. — C'est bien! je connais la géographie!

PIERROT. — Et là tu trouveras mille francs!

LE GENDARME. — Bien sûr?

PIERROT. — Bien sûr!

LE GENDARME. — Mais sais-tu que tu es un brave garçon, Pierrot?

PIERROT. — Parbleu! tout le monde le dit.

LE GENDARME. — Eh bien, pends-toi vite, que j'hérite!

PIERROT. — Attends! Comme je suis sorti sans argent, prête-moi vingt francs pour payer mon passage sur la barque à Caron.

LE GENDARME. — Les mille francs sont bien sous le trentième carreau de la rangée de droite à gauche du...

PIERROT. — Foi de Pierrot!

LE GENDARME. — Eh bien, voilà vingt francs!

PIERROT. — Merci bien! (*Il s'en va.*)

LE GENDARME (*le retenant*). — Hé! hé! où vas-tu donc? La potence n'est pas par là; la voici!

PIERROT. — Ah! c'est ça la potence? Je prenais ça pour un réverbère!

LE GENDARME. — Allons! dépêche-toi de te pendre!

PIERROT. — Mais je ne sais pas comment on s'y prend.

LE GENDARME. — Ce n'est pas difficile : on passe sa tête là dedans.
(*Il lui montre le nœud coulant.*)

PIERROT. — Bon! bon! Voyons! une, deux! (*Il passe à côté.*)

LE GENDARME. — Tu es bien maladroit!... Là dedans, te dis-je!

PIERROT. — Dame, je n'ai jamais été pendu!

LE GENDARME. — Il y a commencement à tout. Allons, vite : tu me fais perdre mon temps.

PIERROT. — Une, deux... (*Il passe à côté.*) Suis-je bête, hein?

LE GENDARME. — Là dedans!

PIERROT. — Cette fois, ça y sera! Une... deux... trois.. Ah! je suis pendu!

LE GENDARME. — Mais non, imbécile, tu as passé à côté.

PIERROT. — Tiens, c'est vrai!

LE GENDARME. — Voyons, regarde-moi faire... On met la tête dans le nœud coulant...

PIERROT. — Et puis on tire la ficelle... (*Il pend le Gendarme.*) Couic! Bonsoir, mon ami, je vais aller boire à ta santé avec tes vingt francs.

(*Entre le Pâtissier avec son sac.*)

LE PATISSIER. — Oh! le Gendarme est pendu!

PIERROT. — Tiens, voilà pour t'apprendre à faire la vraie pâte!

(*Il le tue avec la potence.*)

LE PATISSIER. — Oh! oh!...

PIERROT. — Enfin, j'ai les écus! tra déri déra... Eh! qui est-ce qui vient là? (*Entre l'Apothicaire.*)

L'APOTHICAIRE. — Brigand! tu veux donc tuer tout le monde?

PIERROT. — Parbleu!

(*Il le plaque avec la potence contre le portant.*)

L'APOTHICAIRE. — Je suis mort! (*Il retombe.*)

PIERROT. — Polichinelle sera content de moi; il n'aurait pas fait mieux!

LE MARIAGE DE RAISON

LE
MARIAGE DE RAISON

MISE EN SCÈNE.

Il est peu de titres aussi bien justifiés que celui de la présente pièce ; il est beaucoup mieux justifié que celui de la comédie du célèbre Scribe.

Mme Trifouillon a évidemment raison, plus que raison, de consentir à épouser Pierrot, étant données les graves circonstances où elle se trouve placée.

Cette question, d'ailleurs, des mariages d'inclination, de convenance ou de raison, est fort grosse et occupera éternellement les philosophes. Mais on doit revendiquer la supériorité philosophique pour les mariages de raison. Dès lors, quelqu'un qui se marie pour éviter de grands désastres, pour mettre fin à des déboires sans nombre, pour trouver enfin la tranquillité, est un être éminemment raisonnable.

C'est justement le cas de Mme Trifouillon, laquelle est, par parenthèse, la vivante antithèse de son propre nom. Puisque le refus d'épouser Pierrot lui attire le vol, le pillage, la dévastation et force coups de bâton, elle fait bien de se marier avec un être décidé à tout, et surtout à la prendre pour femme. Personne n'oserait nier que la raison ne nous enseigne à accepter et supporter notre sort avec résignation.

PERSONNAGES:

PIERROT.
Mme TRIFOUILLON.

LE MARIAGE DE RAISON

UNE CHAMBRE.

PIERROT ET Mme TRIFOUILLON.

Mme TRIFOUILLON (*balayant*). — Voilà! moi, j'aime l'ordre et la propreté, un petit ménage bien fait. Que de poussière! mon Dieu! (*Elle tousse et éternue.*) Je suis garçon..... du moins je ne suis point mariée et ne veux pas me marier. Mon voisin Pierrot a juré qu'il m'obligerait à l'épouser..... Ah! ah! ah! il est très drôle ce petit Pierrot! (*Elle fait son lit.*) Là, tout est rangé; est-ce gentil ici! (*Elle serre une serviette dans la commode.*) A présent, je vais me faire mon petit bouillon, un velours pour l'estomac, eh! et cacher ma tirelire. (*Elle s'assied et écume sa marmite.*) Oh! que ça sent bon! Le joli bouillon! Je voudrais savoir comment Pierrot s'y prendrait pour me forcer à l'épouser, car, enfin, on ne peut pas vous forcer à... (*Entre Pierrot qui lui fait sauter des mains l'écumoire.*) Oh! qu'est-ce que c'est que ça?

PIERROT. — Tant que vous ne m'aurez pas promis de m'épouser, vous ne boirez pas de bouillon !

Mme TRIFOUILLON. — Vraiment ! monsieur, vous allez faire le maître chez moi, peut-être ?

PIERROT. — Vous ne goûterez que du bouillon de ma façon. Tenez !

(*Il trempe son bâton dans la marmite et la tape sur le nez.*)

Mme TRIFOUILLON. — Oh ! c'est du bouillon maître. Et c'est ainsi que vous prétendez plaire ? Vous savez que le Commissaire ne demeure pas loin d'ici !

PIERROT. — Parlons sérieusement ! Ainsi, madame Trifouillon, bonne, excellente madame Trifouillon, ma chère amie, vous ne voulez pas m'épouser ?

Mme TRIFOUILLON (*criant*). — Non ! vaurien, non ! Ah ! par exemple !

PIERROT (*passant par derrière, l'embrasse en la renversant dans le fauteuil*). — Oh ! ma bonne petite madame Trifouillon !

Mme TRIFOUILLON. — Scélérat ! veux-tu me lâcher ! tu me chatouilles !

PIERROT. — Marions-nous !

Mme TRIFOUILLON. — Brigand ! Oh ! ah ! (*Il la repousse en avant ; elle tombe le nez sur la marmite.*) Sors d'ici, ivrogne, panier percé, fainéant, singe, bête malfaisante, voleur !

PIERROT. — Oh ! j'ai de grandes qualités, au contraire !

Mme TRIFOUILLON. — Lesquelles donc, vantard ?

PIERROT. — Vous ne les connaîtrez jamais... si vous ne m'épousez pas !

Mme TRIFOUILLON. — Décampe, polisson ! Ton museau de fouine me donne la chair de poule !

PIERROT. — Comment, madame Trifouillon, vous avez la bar-

barie de vouloir me priver de cette belle armoire, de cette belle commode, de ce beau lit, de ce bon fauteuil, qui me conviendraient si bien; je les aimerais plus que vous, soyez tranquille! (*Il s'asseoit.*) On est si bien chez vous, madame Trifouillon!

M*me* TRIFOUILLON (*prenant son balai*). — Quand il y a quelque chose de trop dans ma chambre, je le mets dehors, mon petit Pierrot!

PIERROT. — Vous devez bien avoir aussi quelque petite tirelire?

M*me* TRIFOUILLON (*chantant*) :

> J'ai du bon argent dans ma tirelire,
> J'en ai du fin et du frappé,
> Mais ce ne sera pas pour ton... nez.

PIERROT (*se levant*). — Où la mettez-vous, votre tirelire?

M*me* TRIFOUILLON. — Au bout de mon balai! Attends.

PIERROT (*allant à l'armoire*). — C'est là-dedans qu'est le magot?

M*me* TRIFOUILLON (*le repoussant*). — Ne touchez pas à mes affaires, gueux!

PIERROT (*allant à la commode*). — C'est dans la commode?

M*me* TRIFOUILLON (*le repoussant*). — Drôle, à bas les pattes!

PIERROT (*allant au lit*). — Allons, c'est dans la paillasse!

M*me* TRIFOUILLON (*criant*). — Eh bien! coquin, tu oses fouiller partout. (*Lui donnant un coup de balai.*) Allons, décampe, je te défends de jamais mettre les pieds ici.

PIERROT. — Non, je ne sortirai que lorsque vous m'aurez promis de m'épouser!

M*me* TRIFOUILLON (*le tapant*). — Tu sortiras.

PIERROT. — Non!

M*me* TRIFOUILLON. — Si!

PIERROT. — Non!

(*Il la frappe.*)

Mme TRIFOUILLON. — Si. Oh! oh là! le mal appris, il bat les femmes! (*Pierrot sort.*) Il est singulier, ce moineau-là! plus je le connais, moins j'ai envie de le prendre pour mari.

PIERROT (*apparaissant à une fenêtre et disparaissant*). — Hé! Mme Trifouillon!

Mme TRIFOUILLON (*cherchant partout*). — Eh bien! où est-il donc?

PIERROT (*même jeu à la porte*). — Madame Trifouillon!

Mme TRIFOUILLON. — Ah! ah! attends, attends, mon ami. (*Elle prend son balai et sort, aussitôt Pierrot entre et referme la porte sur elle.*) Hé! hé! coquin, je l'ai vu entrer! Veux-tu m'ouvrir?

(*Elle vient à la fenêtre et essaie de l'atteindre.*)

PIERROT. — Où est le magot?

Mme TRIFOUILLON. — Veux-tu ouvrir tout de suite?

PIERROT. — Dites-moi où est la tirelire.

Mme TRIFOUILLON. — Attends! je vais chercher la garde!

(*Elle disparaît.*)

PIERROT. — Et moi ton magot! (*Regardant à la fenêtre.*) Elle est partie, je vais la déménager gratis! (*Il fouille dans la commode.*) Elle a des serviettes, elle a des draps, elle est riche comme *Crésus*, et il faut que tout cela m'appartienne! ma foi, je la battrai comme plâtre, je lui jouerai des tours jusqu'à ce qu'elle se décide à m'épouser! Je l'entends! Bon, nous allons voir!

(*Il se cache dans l'armoire. — On cogne à la porte.*)

VOIX DE Mme TRIFOUILLON. — Merci bien, monsieur le serrurier! (*Elle passe sa tête.*) Attendez, que je regarde! Non, il n'y est plus. Dieu merci! Ah! quel coquin! (*Entrant.*) Comptons nos écus pour nous assurer qu'il n'en a pas pris.

(*Elle cherche.*)

PIERROT (*dans l'armoire*). Hé! Mme Trifouillon!

Mme **TRIFOUILLON**. — Ah! mon Dieu! d'où vient cette voix? Il est encore par ici!

PIERROT. — Hé! Mme Trifouillon!

(*Elle va à la fenêtre. — Pierrot vient lui donner un coup de bâton et rentre dans l'armoire.*)

Mme **TRIFOUILLON**. — Oh! pour le coup, j'ai vu un éclair! il a tonné.

(*Elle se frotte.*)

PIERROT. — Hé! Mme Trifouillon!

Mme **TRIFOUILLON**. — Mais, jour de Dieu, ce polisson ne me laissera donc pas tranquille. Il m'appelle encore! (*Elle va à l'autre fenêtre. — Pierrot revient la frapper et se cache.*) Mais! mais! il me jette des pierres!

(*Elle se frotte.*)

PIERROT. — Madame Trifouillon, il faut épouser Pierrot, je l'ordonne.

Mme **TRIFOUILLON**. — Insolent. (*Prenant son balai.*) Il est embusqué dans le corridor, je vais lui faire manger du chiendent! (*Elle ouvre doucement la porte et regarde. — Pierrot, qui est sorti, la tape et rentre aussitôt.*) Oh là! oh là! Mais où est-il donc, je ne peux plus vivre comme ça, et recevoir des torgnoles de tous les côtés. Je vais me cacher dans mon armoire! (*Pierrot lui pousse la porte sur le nez.*) Oh! mes meubles m'en veulent aussi, j'ai peur, à la fin! (*Elle revient à l'armoire. — Pierrot la heurte en poussant vivement la porte et vient se cacher dans le coin, à côté de l'armoire.*) Oh! encore, mais c'est donc lui? (*Elle regarde dans l'armoire.*) Non, il n'est pas dans l'armoire! (*Elle va voir du côté où n'est pas Pierrot. — Il passe derrière elle.*) Non! (*Elle va de l'autre côté, même jeu.*) Ni là! (*Même jeu.*) Ni là! (*Même jeu.*) Ni là!

(*Elle entre dans l'armoire.*)

PIERROT. — Madame Trifouillon !

(*Elle passe sa tête et reçoit un coup de bâton.*)

Mme TRIFOUILLON. — Oh! là là! (*Pierrot retourne l'armoire contre le mur.*) Eh! on me chavire! Laissez-moi donc m'en aller! (*Pierrot se cache sous le fauteuil. — L'armoire tombe avec un bruit de vaisselle cassée. — Madame Trifouillon sort.*) Toutes mes pauvres assiettes sont cassées, elles ne sont plus bonnes qu'à faire des castagnettes! J'ai une courbature! C'est un fléau, que ce moineau, que ce Pierrot. Le scélérat! si je le retrouve, je lui jette ma tabatière dans les yeux. Oh! là là! j'ai besoin de me reposer! (*Elle s'asseoit dans le fauteuil qui la secoue.*) Aïe! oh là! On me pince les mollets! (*Le fauteuil la promène autour de la chambre.*) Mon fauteuil marche tout seul! (*Une violente secousse la jette sur le plancher.*) Oh! on veut me faire mourir! c'est affreux de secouer une pauvre femme comme ça. Ce monstre de Pierrot est donc partout? (*Elle prend la seringue.*) Je vais lui briser la tête tandis qu'il ne se doute de rien. (*Elle frappe, mais le fauteuil change de place.*) Oh! brigand, tu es là-dessous, tiens! (*Même jeu. — Le fauteuil se sauve par la porte.*) Hé! hé! il emporte mon fauteuil! (*Regardant par la fenêtre.*) Eh bien! il plante au beau milieu de la rue ma bergère pour que les passants me la prennent.

(*Elle sort, aussitôt Pierrot rentre.*)

PIERROT. — Jusqu'à ce que vous en ayez assez, et que vous consentiez à m'épouser, madame Trifouillon!... Je l'ai mis dans ma tête.

(*Il va au lit et se cache dans la ruelle.*)

Mme TRIFOUILLON (*rapportant son fauteuil*). — Je l'ai retrouvée ma bergère.

PIERROT (*chantant :*)

Il pleut, il pleut bergère,
Rentre tes blancs écus.

Mme TRIFOUILLON. — Il est encore là.

PIERROT. — Oui, c'est par amitié pour vous!

Mme TRIFOUILLON (*à part*). — Dans mon lit! et ma tirelire qui est dans la paillasse! Je suis perdue! (*Prenant sa marmite.*) Eh bien! mon ami Pierrot, sors de ta cachette, je veux te parler gentiment!

PIERROT. — A la bonne heure. (*Elle lui jette le contenu de sa marmite à la tête.*) Oh! pouah, coquine! (*Il éternue.*) Tu m'as aveuglé, je n'y vois plus clair.

Mme TRIFOUILLON (*prenant son balai*). — Je vais te tambouriner à mon tour (*Elle le poursuit. — Pierrot la renverse d'un coup de tête.*) Oh! misérable, tu m'as écrasé mon pauvre camus. Mais qu'est-ce que tu me veux donc à la fin?

PIERROT. — Je veux vous épouser.

Mme TRIFOUILLON. — Jamais! jamais! jamais! scélérat!

PIERROT. — Bientôt! bientôt! bientôt! Je vous adore!

Mme TRIFOUILLON. — J'aime mieux mourir!

PIERROT. — Je ne demande pas mieux que de vous laisser faire.

(*Il prend la commode et la jette par la fenêtre.*)

Mme TRIFOUILLON. — Mais il est fou, fou furieux! Qu'est-ce que tu fais donc là, malheureux?

PIERROT. — Eh bien! je vous débarrasse de votre ménage!

Mme TRIFOUILLON. — Et pourquoi donc, brigand?

PIERROT. — Puisque vous n'en voulez pas.

Mme TRIFOUILLON. — Mais qui est-ce qui t'a dit ça?

PIERROT. — Vous ne voulez pas de ménage, puisque vous ne voulez pas m'épouser.

(*Il jette un matelas par la fenêtre.*)

Mme TRIFOUILLON. — Encore!

PIERROT. — Vous ne mangerez pas, vous ne boirez pas, vous ne dormirez pas, vous ne vous assoierez pas, jusqu'à ce que vous ayez consenti à m'épouser.

Mᵐᵉ TRIFOUILLON. — Mais je t'exècre, scélérat!

PIERROT. — Qu'est-ce que ça me fait. Je n'exècre ni vos meubles, ni vous, bien loin de là!

Mᵐᵉ TRIFOUILLON. — C'est une épouvantable méchanceté que de me contraindre à t'épouser. Eh bien! je ne céderai pas! Je vais chercher le Gendarme.

PIERROT. — Vous n'irez rien chercher du tout.

Mᵐᵉ TRIFOUILLON. — Laissez-moi passer!

(*Prenant son balai.*)

PIERROT. — N'abîmez pas votre balai, j'en aurai besoin quand nous serons mariés.

Mᵐᵉ TRIFOUILLON. — C'est trop d'impudence! (*Ils se battent. — Pierrot lui enlève son bonnet, son chignon se déroule.*) Oh! là là! mon Dieu!

(*Elle pleure, puis sort.*)

PIERROT. — Elle se fatigue, elle cédera! mais où donc est la tirelire? (*Il cherche partout.*) Point de tirelire! Cependant, je l'ai entendue sonner! (*On frappe à la porte.*) Entrez, vous êtes chez nous! (*Le Gendarme entre.*) Tiens, tiens! vous vous êtes déguisée, ma chère madame Trifouillon.

LE GENDARME. — Qu'est-ce que vous dites?

PIERROT. — La mascarade est parfaite, mais ne m'empêchera pas de vous épouser!

LE GENDARME. — Comment? Sachez que je suis marié!

PIERROT. — Oui, oui, cette plaisanterie est drôle et ne me fait pas peur!

LE GENDARME. — Et j'ai sept enfants.

PIERROT. — Cela ne me fait rien, nous nous marierons, ma chère amie!

LE GENDARME. — Vous êtes un étrange personnage! Pourriez-vous, cessant ces badinages, me dire où est un polisson nommé merle..... non... perroquet...... non, c'est un nom d'oiseau..... serin... geai... non... moineau... Ah! je me le rappelle... un drôle qui s'appelle Pierrot.

PIERROT (*le tapant*). — Madame Trifouillon, vous devez bien le connaître.

LE GENDARME. — Cent mille culottes de peau, je ne m'appelle ni Trifouillon, ni ne suis du beau sexe, je suis le Gendarme, particulier que vous êtes!

PIERROT. — Ah bah! un vrai Gendarme?

LE GENDARME. — Un véridique Gendarme, requis pour empoigner le nommé oiseau... je veux dire Pierrot, qui fait du tapage dans le domicile de la nommée Citrouill... Citrouillon...

PIERROT. — Vous vous êtes trompé. Elle demeure à l'autre étage.

LE GENDARME. — Le signalement vous concerne bien, donc je vous empoigne!

PIERROT. — Vous êtes marié!

LE GENDARME. — Oui, eh bien!

PIERROT. — Vous devez comprendre qu'on veuille se marier?

LE GENDARME. — Oui, mais je vous empoigne!

PIERROT. — Vous avez bien le temps! (*Allant à la marmite.*) Prenez un peu de bouillon pour vous donner des forces et vous éclaircir l'esprit.

LE GENDARME. — Mais je suis venu pour vous empoigner!

PIERROT. — Vous avez bien le temps! Connaissez-vous vos proverbes!

LE GENDARME. — Eh! mais, je suis allé en classe. Je connais toutes ces machines-là, les verbes, les pronoms, les promotions, un tas de choses inutiles pour empoigner...

PIERROT (*remuant dans la marmite avec l'écumoire dont il lui donne un coup sur le nez*). — Qu'en pensez-vous?

LE GENDARME. — Ah, çà!... le bouillon est bon, mais la cuiller est impertinente.

PIERROT. — Voici mon proverbe :

Entre l'arbre et l'écorce, il ne faut pas mettre le doigt.

LE GENDARME. — Mais c'est du bouillon que nous avons là !

PIERROT. — Eh bien ! entre la cuiller et le bouillon, il ne faut pas mettre le nez !

LE GENDARME. — Je n'ai appris que ma consigne... où voulez-vous en venir ?

PIERROT. — Je ne veux pas venir avec toi !

LE GENDARME. — Ah! tu me bernes. Allons, polisson, en route!

(*Il le menace.*)

PIERROT (*lui abattant son chapeau d'un coup d'écumoire*). — On ne garde pas son chapeau sur la tête quand on est chez quelqu'un.

LE GENDARME. — Tu veux donc m'insulter ?

PIERROT (*le coiffant avec la marmite*). — Tiens ! il ne sera pas dit que tu t'enrhumeras chez moi !

LE GENDARME. — Au feu, tu m'échaudes !

PIERROT. — Laisse-moi me marier tranquillement !

LE GENDARME. — Ote-moi ce casque.

PIERROT. — Tu t'en iras?

LE GENDARME. — Vous boirez votre bouillon comme vous l'entendrez! Oui, oui!

PIERROT (*le décoiffant et le jetant à la porte d'un coup d'écumoire*). — Ne me fais plus bouillonner de colère. (*Lui jetant son chapeau par la fenêtre.*) Tu oublies tes cornes !

LA VOIX DU GENDARME. — Madame! arrangez-vous! je suis bien fâché, mais votre Pierrot m'a rassasié!

LA VOIX DE Mme TRIFOUILLON. — Ah! mon Dieu! tout le monde m'abandonne!

PIERROT. — Excepté moi!

Mme TRIFOUILLON (*entrant*). — Monstre, scélérat, je te.....

PIERROT. — Si vous faites la méchante, je vous étouffe entre deux matelas. (*Il la jette sur le lit, lui met un matelas sur la tête et trouve la tirelire.*) Ah! j'ai déniché la pie!

Mme TRIFOUILLON (*courant sur lui et lui arrachant la tirelire*). — Tu m'arracheras plutôt la vie!

PIERROT. — Quelle enragée!

Mme TRIFOUILLON. — Mes épargnes!

PIERROT. — Donne donc!

(*Il tire la tirelire à lui.*)

Mme TRIFOUILLON (*la reprenant*). — Je l'ai!

PIERROT. — Mais non! (*Il prend le bâton et tape madame Trifouillon.*) Finissons-en!

Mme TRIFOUILLON (*se cramponnant à lui*). — Je ne te lâche pas, gueux.

PIERROT. — Mais vous m'arrachez les yeux. (*Cris; ils sortent, puis rentrent.*) Mais vous voyez bien que nous sommes si unis que nous ne pouvons plus nous séparer. (*Il l'asseoit sur le fauteuil.*) Restez là.

Mme TRIFOUILLON (*se relevant*). — Non.

PIERROT (*la rasseyant d'un coup de bâton*). — Restez donc là!

Mme TRIFOUILLON (*se relevant*). — Ah! tu crois?...

PIERROT (*même jeu*). — Mais restez-y...

Mme TRIFOUILLON (*se relevant*). — J'enrage! Misérable!

PIERROT (*la rasseyant*). — Mais restez donc tranquille.

Mme TRIFOUILLON. — Oh! oh! Eh bien! je veux bien t'épouser, canaille! gredin!

PIERROT. — A la bonne heure! Un peu de persévérance ne nuit pas en affaires! Maintenant, comme vous devez être enchantée de ce mariage, vous allez chanter.

Mme TRIFOUILLON. — Oui, oui, j'ai le cœur à chanter.

PIERROT. — Voulez-vous chanter?

Mme TRIFOUILLON. — Mais c'est affreux.

PIERROT. — Allons. (*Il la tape à chaque mot.*)

Gai, gai, marions-nous.

Mme TRIFOUILLON :

Mettons-nous dans la misère,
Mettons-nous la corde au cou!

PIERROT. — Non!

Gai, gai, marions-nous!

Pas un mot de plus. (*Il la tape.*) Allons!

Mme TRIFOUILLON (*furieuse*). — Eh bien!

Gai, gai, marions-nous!

Voilà!

PIERROT. — Vous n'êtes pas joyeuse, il faut chanter en dansant.

Mme TRIFOUILLON. — En dansant! scélérat. Je suis brisée des coups que vous m'avez donnés.

PIERROT. — Allons! chantez en dansant. (*Il la tape.*)

Gai, gai,.....

Mme TRIFOUILLON (*criant, furieuse, et dansant*) :

   Gai, gai, marions-nous!
   Mettons-nous dans la misère !

PIERROT. — Non! non! pas les derniers mots. Encore une petite fois!

Mme TRIFOUILLON. — Bourreau! coquin!

  (*Elle chante et danse sous les coups*) :

   Gai, gai, marions-nous!

Si je n'en meurs pas...

PIERROT. — Vous êtes une femme charmante! Allons, pour la troisième et dernière fois!

Mme TRIFOUILLON. — Oh! infâme! Je ne veux plus!

PIERROT (*levant le bâton*). — Vous ne voulez plus?

Mme TRIFOUILLON. — Si! si! mon petit Pierrot; si! (*Plus furieuse*) :

   Gai, gai, marions-nous!

PIERROT. — C'est parfait! Je viens de m'assurer qu'outre la force de l'esprit, vous avez une bonne éducation et toutes les qualités du cœur. Vous ferez une épouse modèle. (*Chantant*) :

   Gai, gai, marions-nous!

Mme TRIFOUILLON. — C'est bien! j'aurai ma revanche un de ces quatre matins, si je peux le faire pendre.

PIERROT. — Que dites-vous?

Mme TRIFOUILLON. — Je dis que vous me plaisez beaucoup.

PIERROT. — Il y a bien de quoi. Mesdames et Messieurs, applaudissez à ce mariage de pure raison.

Gai, gai, marions-nous !

THÉATRE DES MARIONNETTES

LE TONNEAU

LE TONNEAU

MISE EN SCÈNE.

Le tonneau, cette chose hermétiquement close, et qui roule, et qui contient dans ses flancs presque tout ce qu'il y a de plus désirable et de plus nécessaire sur la terre ; le tonneau, dont le gros ventre rebondi renferme de continuels mystères, était appelé à rayonner un jour d'un éclat incomparable. Ce jour, qui est arrivé, a été celui où le Sorcier eut l'idée d'y cacher un Crocodile, emblème des liqueurs funestes qui dévorent l'homme.

Le Sphynx ne fut point si formidable aux Grecs avec ses énigmes et ses rébus que ce tonneau l'est pour Polichinelle et ceux qui l'entourent, avec l'énigmatique Crocodile caché sous sa douve.

Malheur à qui regarde dans le tonneau! Malheur à qui s'associera à Polichinelle, cet autre crocodile! Le Diable l'emporte encore, il est vrai, mais il faut croire qu'il existe, entre Polichinelle et le Diable, quelque pacte où ce dernier trouve son compte. Combien de fois, en effet, n'avons-nous pas vu Polichinelle emporté par l'être cornu! Cependant le Diable le remet toujours en liberté et permet qu'il recommence à se jouer de la destinée, de toutes les persécutions du sort. Il y a là-dessous une autre énigme dont on ne trouvera pas la solution au fond de ce tonneau, quoi qu'on puisse espérer.

PERSONNAGES :

POLICHINELLE.
NIFLANGUILLE.
BAILLENFLÉ.
LE SORCIER.
LE GENDARME.
LE SOLDAT.
LE CROCODILE.

LE TONNEAU

―――――

(*Le théâtre représente une place publique.*)

―――

SCÈNE PREMIÈRE.

POLICHINELLE, NIFLANGUILLE.

POLICHINELLE. — Oh! Niflanguille, j'ai une soif horrible; depuis ma naissance, je n'ai jamais pu me désaltérer; il faut que cela finisse, et que je boive une bonne fois.

NIFLANGUILLE. — Eh bien! Polichinelle, veux-tu une demi-bouteille?

POLICHINELLE (*avec dédain*). — Oh!...

NIFLANGUILLE. — Une bouteille?

POLICHINELLE. — Tu plaisantes!

NIFLANGUILLE. — Un broc?

POLICHINELLE. — Peuh!
NIFLANGUILLE. — Un seau?
POLICHINELLE. — Non.
NIFLANGUILLE. — Un baril, peut-être?
POLICHINELLE. — Allons donc!
NIFLANGUILLE. — Un tonneau! alors?
POLICHINELLE. — Ah! Niflanguille, à la bonne heure; mais où trouverons-nous un tonneau?
NIFLANGUILLE. — Oh! ce ne sera pas long; attends un peu. Eh! compère Baillenflé?

(*Entre Baillenflé.*)

SCÈNE II.

POLICHINELLE, NIFLANGUILLE, BAILLENFLÉ.

BAILLENFLÉ. — Eh bien! qu'est-ce que tu veux?
NIFLANGUILLE. — Polichinelle a soif.
BAILLENFLÉ. — Qu'il boive.
NIFLANGUILLE. — Tu n'aurais pas un tonneau à nous donner?
BAILLENFLÉ. — Si, mais me paiera-t-on?
POLICHINELLE. — Sans doute.
BAILLENFLÉ. — Alors, je vais vous en amener un tout de suite.

(*Il sort.*)

SCÈNE III.

POLICHINELLE, NIFLANGUILLE.

NIFLANGUILLE. — J'espère que tu auras de quoi boire.

POLICHINELLE. — Il me tarde de défoncer la tonne.
NIFLANGUILLE. — Ah ça! reviendra-t-il?
(*Baillenflé revient roulant un tonneau.*)

SCÈNE IV.

POLICHINELLE, NIFLANGUILLE, BAILLENFLÉ.

BAILLENFLÉ. — Me voilà! me voilà! Dieu! que c'est lourd!
POLICHINELLE. — Ah! tant mieux.
(*Baillenflé roule la tonne sur Niflanguille.*)
NIFLANGUILLE. — Holà là! Holà là! Mon bras! ma bedaine! ma tête!
BAILLENFLÉ. — C'est une bonne tonne!
POLICHINELLE. — Qu'est-ce qui miaule donc dans ton tonneau?
NIFLANGUILLE. — Retirez-moi donc de là-dessous!
BAILLENFLÉ. — Ah! mon Dieu! votre ami!
POLICHINELLE. — Mais secoure-le donc!
BAILLENFLÉ. — Oh! le pauvre homme!
NIFLANGUILLE. — Je me trouve mal!
POLICHINELLE (*poussant le tonneau sur Baillenflé*). — Allons! là!
BAILLENFLÉ. — Eh! oh! au secours! au secours! je suis écrasé!
NIFLANGUILLE (*se relevant*). — Ah! ça va mieux.
POLICHINELLE. — Comment, Niflanguille, tu cries encore!
NIFLANGUILLE. — Mais non, c'est cet imbécile!
(*Baillenflé crie toujours. — Polichinelle et Niflanguille lui roulent la tonne sur la tête.*)
BAILLENFLÉ. — Hé! vous m'écrasez la tête!
(*Polichinelle rit.*)

BAILLENFLÉ (*dégagé*). — Coquins! vous avez fait exprès de me rouler ce tonneau sur le dos. Eh bien! je veux de l'argent, vous allez tout de suite me payer.

POLICHINELLE. — Qu'est-ce que tu veux?

BAILLENFLÉ. — De l'argent.

POLICHINELLE. — Tu ne me connais donc pas?

BAILLENFLÉ. — Mais si, je te connais, et c'est justement pour cela que je réclame.

POLICHINELLE. — Eh bien! si tu me connais, tu dois me connaître pour n'en jamais donner.

BAILLENFLÉ. — Ça m'est égal, celui-ci, qui a l'air respectable, va payer pour toi.

NIFLANGUILLE. — Mais je ne suis pas le banquier de Polichinelle.

BAILLENFLÉ. — Ah ça! voulez-vous me payer?

POLICHINELLE. — Non.

BAILLENFLÉ. — Alors, j'emporte mon tonneau.

POLICHINELLE. — Du tout! du tout!

BAILLENFLÉ. — C'est trop fort!

POLICHINELLE. — Mais oui! tiens, voici des arrhes!

(*Il le bat.*)

BAILLENFLÉ. — Eh bien! attends; j'ai été tonnelier, je vais te traiter comme une douve.

(*Il prend un marteau.*)

POLICHINELLE. — C'est ce que nous allons voir!

BAILLENFLÉ (*chantant en le frappant*). — Tra la la, la la la la.

POLICHINELLE (*même jeu*). — Tra la la...

NIFLANGUILLE (*avec un bâton, tape et chante aussi*). — Tra la la...

POLICHINELLE. — Eh! oh! ah! hi! houm! ahic! Bonsoir!

(*Il se sauve.*)

SCÈNE V.

BAILLENFLÉ, NIFLANGUILLE.

BAILLENFLÉ. — Veux-tu bien décamper! (*Faisant sauter le bâton de Niflanguille.*) Pif! paf! pif! Tiens, voilà pour le cousin!

NIFLANGUILLE. — Je ne suis pas son cousin du côté des coups de bâton.

BAILLENFLÉ. — Peu m'importe, je te traite comme une barrique! Pan! pin! pan!

NIFLANGUILLE. — Oh! je suis cerclé!

(*Il se sauve.*)

SCÈNE VI.

BAILLENFLÉ.

BAILLENFLÉ. — Oui, les drôles croyaient se jouer de moi, mais je vais les régaler d'une autre surprise. Hé! hé! mon frère le Sorcier! voulez-vous venir, s'il vous plaît?

(*Le Sorcier entre. Ils se saluent.*)

SCÈNE VII.

BAILLENFLÉ, LE SORCIER.

LE SORCIER. — Qu'y a-t-il pour votre service, mon frère?
BAILLENFLÉ. — Je voudrais que vous ensorcelassiez...
LE SORCIER. — Que j'ensorcelasse?

BAILLENFLÉ. — Oui, que vous ensorcelassiez ce tonneau de façon à ce qu'il procure quelques désagréments à Polichinelle et à Niflanguille, qui m'ont affreusement battu.

LE SORCIER. — Eh bien ! il sera fait comme vous le désirez. Parafini, parafino !

BAILLENFLÉ. — Hein ! qu'est-ce que vous dites là !

LE SORCIER. — Ne troublez pas l'ensorcellement.

(*Il lui donne un coup de sa baguette.*)

BAILLENFLÉ. — Holà là !

LE SORCIER. — Tiribiri, diriboro.

BAILLENFLÉ. — Cela doit bien ensorceler ?

LE SORCIER (*lui redonnant un autre coup*). — Chut !

BAILLENFLÉ. — Diable ! je ne bouge plus.

LE SORCIER. — Rontontontinoto ! C'est fait.

BAILLENFLÉ. — Qu'est-ce que vous avez mis là-dedans ?

LE SORCIER. — Ne regardez pas, vous seriez perdu.

BAILLENFLÉ. — Ah ! bah !

LE SORCIER. — C'est tout ce que vous vouliez ?

BAILLENFLÉ. — Puisque vous me garantissez que mon tonneau est ensorcelé, c'est tout ce que je vous demande.

LE SORCIER. — Vous pouvez le leur donner. Après un tel cadeau, ils ne passeront plus par le même chemin que vous. Au revoir !

BAILLENFLÉ. — Merci. Au revoir !

(*Ils se saluent. — En sortant, le Sorcier tape Baillenflé.*)

SCÈNE VIII.

BAILLENFLÉ.

BAILLENFLÉ — Allons, bon ! est-il maladroit avec sa grande

gaule! Enfin! il m'a ensorcelé mon tonneau, je suis content. Nous allons rire maintenant. (*Appelant.*) Hé! Polichinelle!

POLICHINELLE (*à la cantonade*). — Hé! compère Baillenflé!

BAILLENFLÉ. — Hé! Niflanguille!

NIFLANGUILLE (*à la cantonade*). — Hé! Baillenflé!

BAILLENFLÉ. — Venez donc vite! venez donc vite! mes amis.

(*Entrent Polichinelle et Niflanguille.*)

SCÈNE IX.

BAILLENFLÉ, POLICHINELLE, NIFLANGUILLE.

POLICHINELLE. — Comment! ses amis?

BAILLENFLÉ. — Oui, mes amis! j'ai réfléchi. Je ne veux pas vivre en mauvaise intelligence avec vous; je vous donne mon tonneau.

NIFLANGUILLE. — Ce n'est pas clair.

POLICHINELLE. — Tu nous donnes ta tonne? Cela m'étonne.

BAILLENFLÉ. — Je vous en fais cadeau, est-ce clair?

POLICHINELLE. — C'est parce qu'elle est vide.

BAILLENFLÉ. — Oh! par exemple! je vous garantis qu'elle est pleine!

NIFLANGUILLE. — Nous allons bien le voir.

POLICHINELLE. — Oui, défonçons-la

BAILLENFLÉ. — Buvez à ma santé, n'est-ce pas! (*S'en allant, il se cogne.*) Oh! j'ai glissé!

(*Il regarde attentivement à terre.*)

POLICHINELLE. — Va-t'en donc!

(*Il le tape et le renvoie.*)

SCENE X.

POLICHINELLE, BAILLENFLÉ.

POLICHINELLE. — Oh! oh! ça ne se défonce guère. (*Le Crocodile sort et lui happe le nez.*) Oh! oh! mon nez! Diable! qu'est-ce que c'est que ça? un poisson? C'est donc de l'eau, et non du vin?

NIFLANGUILLE. — Mais non, c'est un Crocodile; nous sommes perdus!

POLICHINELLE. — Ah! bah! elle est gentille cette petite bête. (*Le Crocodile lui saute après.*) Holà là! elle a peut-être faim; veux-tu manger? (*Il lui tend le bâton, le Crocodile l'emporte.— Polichinelle lui en donne d'autres.*) Tiens! voilà des arêtes, étrangle-toi. (*Le Crocodile reparaît, la gueule ouverte.*) Comment, encore? Eh bien! tiens, voilà le balai de Mme Cassandre, la casserole de Mme Cababuche, le chapeau de M. Grippandouille, un matelas de M. Berlingue, deux matelas, trois, quatre, cinq, six matelas. (*Le Crocodile emporte tout dans le tonneau.*) Oh! tu dois être rassasié maintenant.

(*Le Crocodile attrape la perruque de Niflanguille.*)

NIFLANGUILLE. — Holà là!

POLICHINELLE. — Ah! c'est Niflanguille que tu veux! Tiens! le voilà.

NIFLANGUILLE. — Mais non! mais non! Polichinelle! Holà là! Holà là!

(*Le Crocodile l'emporte.*)

SCÈNE XI.

POLICHINELLE.

POLICHINELLE (*rit et s'approche du tonneau, le Crocodile sort la tête.*) — Holà! hé! moi aussi. Oh non! par exemple. (*Il ferme la tonne.*) Tiens, reste là-dedans. (*Il s'asseoit sur la douve.*) Oh! il me fait danser. (*Il saute.*) Eh bien! attends! (*Le Crocodile le lance en l'air.* — *Criant:*) A la garde! au voleur! Hé! messieurs les gendarmes.

(*Entre le Gendarme.*)

SCÈNE XII.

POLICHINELLE, LE GENDARME.

LE GENDARME. — Qui est-ce qui a crié à la garde? Comment, c'est toi, Polichinelle?

POLICHINELLE. — C'est pour la première fois de ma vie, mais le cas est grave.

LE GENDARME. — Qu'est-ce qu'il y a donc?

POLICHINELLE. — Il y a dans ce tonneau un affreux criminel.

LE GENDARME. — Est-ce un gaillard solide?

POLICHINELLE. — Je crois bien, il a déjà dévoré un homme.

LE GENDARME. — Ah! diable! C'est donc un anthropophage!

POLICHINELLE. — Non, c'est un crocophage.

LE GENDARME. — Je ne connais pas. Hé! criminel! sors de là-dedans, que je t'empoigne!

POLICHINELLE (*le parodiant*). — Hé! criminel, sors de là-dedans, qu'il l'empoigne!

LE GENDARME. — Il est inutile de se cacher, je suis le Gendarme.

POLICHINELLE. — Il est inutile de se cacher, il est le Gendarme!

LE GENDARME. — Hé! criminel! sors de là-dedans. Oh! mille diables, il commence à y mettre de la mauvaise volonté! (*Secouant le tonneau.*) M'entends-tu? (*Le Crocodile le saisit et l'entraîne dans le tonneau.*) Au secours! à moi! holà! là! holà!

SCÈNE XIII.

POLICHINELLE.

POLICHINELLE. — Oui, quand le Croco n'aura plus faim! Arrête-le donc, puisque c'est ton affaire! (*Le Crocodile sort du tonneau.*) Tiens, il va faire sa petite promenade. (*Il le caresse.*) Oh! qu'il est gentil! Petit, petit, petit! (*Le Crocodile l'attrape par le nez.*) Oh! oh! mon nez! (*Il se dégage. — Le Crocodile le ressaisit par derrière. — Polichinelle crie en tournant autour du théâtre.*) Aïe, tu me pinces!

(*Il sort, et revient avec un soldat qui porte un canon.*)

SCÈNE XIV.

POLICHINELLE, LE SOLDAT.

POLICHINELLE. — Posez là votre canon! là! très bien! Restez là, pendant que je vais le charger.

LE SOLDAT. — Mais cet animal va me dévorer!

POLICHINELLE. — Il n'y a pas de danger, seulement, prenez garde à ce qu'il ne nous échappe pas.

LE SOLDAT. — Oui, dépêchez-vous de mettre le feu à la mèche.

POLICHINELLE. — Ne bougez pas. Allons, en joue, feu !

(*Le coup part et tue le Soldat.*)

LE SOLDAT (*tombant*). — Oh! je suis mort.

(*Le Crocodile l'emporte.*)

SCENE XV.

POLICHINELLE.

POLICHINELLE. — Oh! le pauvre homme, est-il bon de s'être laissé tuer ! (*Il va prendre le canon et se brûle.*) C'est trop chaud ! (*Il le jette.*) Tiens! le croco qui est parti! Si je pouvais en être débarrassé! Voyons donc s'il reste du vin ! (*Le Crocodile le reprend par derrière.*) Ah! mon Dieu! lâche-moi donc !

(*Ils tournent autour du théâtre; arrivé vers le tonneau, Polichinelle y entre par-dessous et fait voir sa tête. — Il chante :*)

Dans mon beau château,
Ma tantirelirelire.

(*Le Crocodile saute vers lui. — Polichinelle cache sa tête et reparaît, le Crocodile s'étant éloigné.*)

Dans mon beau château,
Mon ami le croco,
Tu as l'air d'un sot.

(*Même jeu.— Puis le Crocodile entre dans le tonneau. — Cris de Polichinelle qui se sauve. — Le Crocodile le poursuit et sort.*)

POLICHINELLE. — Ah! mon Dieu! il est entré chez moi, il va dévorer ma femme et mes enfants; ils sont perdus! Au secours! au secours!

(*Entre le Sorcier.*)

SCÈNE XVI.

POLICHINELLE, LE SORCIER.

POLICHINELLE. — Hein! encore un Croco! ah! non, c'est le Sorcier! le frère du marchand de vin. Je comprends tout maintenant. C'est toi qui a mis ce croco dans le tonneau?

LE SORCIER. — Je l'y avais mis pour qu'il te mangeât.

POLICHINELLE. — Eh bien! il a dévoré tout le monde, excepté moi!

LE SORCIER. — Ah! mon Dieu! je me serai trompé dans mes calculs!

POLICHINELLE. — Et si tu ne veux pas qu'il t'arrive de plus grands malheurs, pêche-le avec ton filet.

LE SORCIER. — Oui, mais où est-il?

POLICHINELLE (*lui montrant le Crocodile qui entre, un jambon aux dents*). — Tiens, le voilà, il mange encore!

LE SORCIER (*le manquant*). — Tiribiri, diriboro, rontontontinoto. (*Il attrape Polichinelle qui crie. — Le Crocodile le mord. — Le Sorcier délivre Polichinelle et capture le Crocodile.*) Oh! je le tiens, cette fois.

POLICHINELLE. — Eh bien! attends, je vais chercher une potence, nous allons le pendre!

(*Il sort.*)

LE SORCIER. — C'est cela, dépêche-toi!

POLICHINELLE (*avec la potence*). — Pendons-le vite.

(*Il se sauve.*)

LE SORCIER. — Voilà comme tu viens m'aider!

POLICHINELLE. — Oh! il a bâillé, gare!

(*Il se cache derrière le tonneau.*)

LE SORCIER. — Mais je ne pourrai jamais seul en venir à bout.

POLICHINELLE. — Est-ce fait?

LE SORCIER. — Pas encore.

POLICHINELLE. — Tu es bien long!

LE SORCIER. — Ah! l'affaire est faite!

POLICHINELLE (*armé d'un bâton*). — Infâme Croco, tu voulais me manger! Te voilà pendu, maintenant!

(*Il veut le taper et tape sur le Sorcier.*)

LE SORCIER. — Fais donc attention, diable de poltron!

POLICHINELLE. — Vous en parlez à votre aise!

LE SORCIER. — Tu peux boire, maintenant!

POLICHINELLE. — Eh! qu'est-ce qui m'en empêcherait donc?

LE SORCIER. — Oh! ce n'est pas moi!

(*Il fait tourner le Crocodile autour de la potence en s'en allant.*)

SCÈNE XVII.

POLICHINELLE.

POLICHINELLE. — Ah! je vais me régaler!

(*On entend le sifflet du Diable qui paraît armé de sa fourche.*)

SCÈNE XVIII.

POLICHINELLE, LE DIABLE.

POLICHINELLE. — Oh! le vilain Croco!

(*Cris du Diable. — Evolutions. — Combat. — Le Diable met Polichinelle dans le tonneau et l'emporte.*)

LE DIABLE. — Voilà pour les voleurs et les ivrognes.

THÉATRE DES MARIONNETTES

LES DOMESTIQUES

CASSANDRE
ET
SES DOMESTIQUES

MISE EN SCÈNE

Cassandre, quelques jours avant le moment où il dut prendre la grande détermination qui fait l'objet du dénoûment de cette pièce, avait eu un rêve où il vit défiler devant ses yeux pétrifiés les caricatures de l'Anglais

Cruikshank contre les domestiques, et où une voix lut à son oreille frémissante le livre de Swift contre les mêmes personnages. Cassandre négligea l'avertissement, mais il conserva vaguement la pensée que l'esclavage était une situation excellente pour l'esclave, et le service une chose parfaite pour le serviteur. Ses propres mésaventures étant venues le confirmer dans sa croyance, il est tout simple qu'il ait mis tant d'empressement à changer son sort avec ses domestiques. Quant à sa déconvenue dans son expérimentation, on ne saurait trop reprocher à Cassandre son manque de patience, et puisque ses gens avaient la maladresse de lui enseigner l'art de les mener à la baguette, Cassandre est fort blâmable de n'avoir point réfléchi davantage. Il a agi comme un véritable imbécile. Il reste à savoir cependant si, avec l'ardeur que ces domestiques mettaient à le faire travailler et à le former, ils ne l'auraient point surmené et rendu à jamais incapable, non-seulement d'épousseter un fauteuil ou de servir un dîner, mais même de s'asseoir et de manger. La pièce ne résout point cette question, qui s'ajoute au grand nombre de questions déjà laissées en suspens précédemment.

PERSONNAGES :

CASSANDRE.
MORICAUD.
JEANNETTE.

CASSANDRE

ET

SES DOMESTIQUES

UNE CHAMBRE.

CASSANDRE, JEANNETTE, MORICAUD.

CASSANDRE (*entrant*). — Eh bien! eh bien! les coquins n'ont pas encore fait la chambre!... Jeannette!... Jeannette!... Moricaud!... Moricaud!... Moricaud!!!.... Oh! les scélérats!... (*Il secoue violemment sa sonnette et se cogne.*) Oh!... maudits domestiques. (*Appelant partout.*) Jeannet-e-ette!! Moricau-au-aud!! (*Appelant très vite.*) Jeannette! Jeannette! Jeannette! Jeannette! (*Jeannette entre et lui fourre son plumeau dans le nez.*) Allons! bon, voilà... (*éternuant entre chaque mot.*) que... vous... commencez!...

JEANNETTE. — Dame! monsieur est toujours si vif.

CASSANDRE. — C'est bon! il y a énormément d'ouvrage à faire! Allons! vite, voyons, ne restez pas là à bayer aux corneilles. (*Il la pousse par les épaules tout autour de la chambre et la fait épousseter à tort et à travers.*) Allons, faites cuire mes bottes, cirez mon lit, époussetez mon déjeuner, frottez mon habit, brossez, cirez, secouez, époussetez, que diable !

JEANNETTE (*se dégageant, continue à épousseter à tort et à travers, et lui nettoie la figure avec son plumeau*). — Mais, monsieur, je ne peux pas tout faire, je ne sais plus où j'en suis !

CASSANDRE (*éternuant*). — Que le... diable... vous.. emporte !

JEANNETTE (*s'asseyant*). — Ah!! ouff!!

CASSANDRE. — Eh bien !... c'est ainsi que vous travaillez ?

JEANNETTE (*d'une voix pleurarde*). — Ah ! le service est si dur chez monsieur ! Monsieur pense bien que je ne puis faire tout l'ouvrage moi seule ! (*Elle se dirige vers la porte.*)

CASSANDRE. — Eh ! où allez-vous donc ?

JEANNETTE. — Je vais dire au nègre de venir travailler à ma place, parce que j'ai rendez-vous avec mon cousin le Gendarme pour nous promener au Jardin-des-Plantes, et que je ne veux pas y manquer. (*Lui donnant le plumeau.*) En attendant Moricaud, monsieur pourrait toujours commencer à faire la chambre !

CASSANDRE. — Ah! bah! (*Jeannette sort.*) Il n'y a pas de doute! Parbleu, ce serait comique ! (*Il va à son lit, en ôte les matelas, les apporte, les jette avec fureur sur le fauteuil, tout tombe.*) Moricau-au-aud ! (*Il relève le tout, qui retombe.*) Mais qu'est-ce que je vais devenir ?... Moricau-au-au-aud ! (*Luttant contre le tas de matelas.*) On m'attend à la noce !... higne donc !... Je n'ai pas déjeuné... Boum !... Rien n'est prêt... Mam'zelle Jeannette va se promener... paf !... (*Moricaud entre avec une bougie allumée. — Cassandre lâche tout, prend le plumeau et se précipite vers le nègre.*) Te voilà, drôle ! ramoneur ! d'où viens-tu ? je m'enroue à t'appeler ! Et, en outre, tu brûles ma chandelle par les deux bouts !!.... Veux-tu bien l'éteindre ! (*Dès qu'il veut l'éteindre* d'un coup de plumeau, Moricaud se détourne; ce n'est qu'à la troisième fois que Cassandre réussit.) Tu vas vivement te mettre à l'œuvre! (*Moricaud relève le fauteuil.*) Ah! bravo! (*Moricaud s'asseoit.*) Eh bien!... fainéant!

MORICAUD. — Ah! pti nègue bien fatigué, pti nègue mouri à la peine! pti nègue n'en pouvoi' plus!

CASSANDRE. — Que dis-tu, gredin?

MORICAUD. — Pti nègue pas assez manger! mal nourri par bon maître! Avoi besoin poulet et gigot tous les jours, suque et bon vin! pti thé, pti café! confitures, pâté! bon maître donner trop d'ouvage.

CASSANDRE (*prenant un bâton*). — Ecoute-moi bien, Moricaud! toi et Jeannette, vous allez cirer mes bottes et brosser mon bel habit; ensuite, vous ferez la chambre. Si tout n'est pas terminé dans cinq minutes, je vous paie vos gages à coups de bâton, puis je vous chasse!

MORICAUD. — Oh! moi servi' bon maîte, pou' ête su' testament à li! moi bosser habit tout site!

CASSANDRE. — Ah! à la bonne heure!

(*Moricaud prend l'habit dans la commode.*)

MORICAUD (*revient avec l'habit et danse en chantant*). — Moi bosser habit! toujou comme ça. (*Parlant.*) Bon maîte! vous teni habit, moi batte li!

CASSANDRE (*prenant l'habit*). — Bien! dépêche-toi!

MORICAUD (*lui tape sur les doigts en chantant*). — Moi li batte habit!

CASSANDRE. — Ahie! satané maladroit.

MORICAUD. — Vous pas esprit! mette habit su le dos, moi bien batte! (*Il lui met l'habit sur la tête et tape à tour de bras, en chantant.*) Moi qu'a bien battu!

CASSANDRE. — Eh! eh! arrête, coquin!

MORICAUD. — Habit bien battu, bien propre!

CASSANDRE (*se frottant la tête*). — Serpent, imbécile, idiot, jocrisse que tu es!

MORICAUD (*au public*). — Li content!

CASSANDRE. — Entends-tu bien? toi et Jeannette, exécutez mes ordres ou gare à vous! Dans cinq minutes, je reviens. (*Il sort.*)

MORICAUD (*danse en chantant*). — Quand chat n'y est pas, pti souris danser! (*Entre Jeannette.*) Mam'zelle Zannette, nous bosser habit, cier bottes, faire lit! Pti nègue, bonne idée! nous plus avoir rien à faire! jeter meubles pa la fenête, nous fende bottes, déchirer habit. Quand Cassande plus rien avoir, nous plus rien à faire! Vous teni habit! (*Ils prennent l'habit chacun par un bout.*) Vous secouer! (*L'habit se déchire en deux; ils vont se cogner la tête.*) Oh! quelqu'un taper moi la tête dans le dos! ça pas bien! Nous mette bottes dans mamite pou faire bonne soupe à papa Cassande. (*Ils y mettent les bottes.*)

JEANNETTE. — Et l'habit! (*Ils y mettent l'habit.*)

MORICAUD. — A présent, fanquer commode pa la fenête. (*Comme ils s'y disposent, on entend la voix de Cassandre :* Eh bien! est-ce fini?) Nous, pincés!

LA VOIX DE CASSANDRE. — Jeannet-e-ette! Moricau-au-aud!

JEANNETTE. — Cachons-nous! (*Ils courent partout. — Jeannette entre dans l'armoire et chasse Moricaud, qui veut y entrer aussi.*) Non, non, va-t'en ailleurs.

MORICAUD. — Ah! où fourrer moi! Oh! moi avoir bonne idée.

(*Il se couche à terre. — Cassandre entre.*)

CASSANDRE. — Comment! tout est dans le même état! Oh! oh! Hé là! drôle, que fais-tu par terre? Tu ne réponds pas? je vais t'ouvrir les oreilles! (*Il prend un bâton, mais quand il veut frapper, Moricaud se roule et le fait tomber.*) Aïe! animal!!!

(*Il se relève.*)

MORICAUD. — Oh! moi mort; oh! moi colique; bon maîte avoir écrasé pauve nègue! Oh! moi colique!

CASSANDRE. — Dieu! que ce nègre est bête! Tu es donc malade?

MORICAUD. — Oh! colique! bon maîte coucher moi, bon maîte sauver pti nègue!

CASSANDRE. — Que la peste t'étouffe!

MORICAUD. — Maîte pas bien servi pour traiter mal pauve domestique, bon pti domestique qui mouri pou maîte.

CASSANDRE. — Eh! bon Dieu! attends, je vais faire le lit. Il est écrit que je serai le domestique de mes domestiques. (*Il arrange le lit; à chacun de ses voyages et dès qu'il tourne le dos, Moricaud vient gambader derrière lui. Quand Cassandre regarde derrière, Moricaud se rejette à terre, en criant*: Colique!) Allons, viens te coucher!

MORICAUD. — Oh! moi pas pouvoi bouger! falloir porter moi!

CASSANDRE. — Sapristi! quel embarras! Allons, je vais te porter! (*Il le prend; Moricaud le fait danser malgré lui et chante:* Oh! moi qu'a colique!) Eh bien! tu as l'audace de danser et de chanter?

MORICAUD. — Moi pas pouvoi marcher, colique faire danser moi!

CASSANDRE (*le jetant dans le lit*). — Ouf! vas-tu rester tranquille?

MORICAUD. — Moi soif! moi soif!

CASSANDRE. — Toi soif? toi soif? que le diable t'enlève! (*Il sort.*)

MORICAUD. — Mam'zelle Zannette, li parti! vous sorti! vite! vite!

JEANNETTE (*sortant avec effort et portant le sac*). — J'ai le magot, heureusement.

MORICAUD (*riant*). — Magot! pti magot! Nous partager tout à l'heure. Vous décamper!

LA VOIX DE CASSANDRE. — As-tu toujours soif ?

JEANNETTE. — Oh! je me sauve, tu me rejoindras au grenier pour compter les écus ! (*Elle sort.*)

MORICAUD (*tombant*). — Oh! moi tomber dans ruelle! Oh! pauve nègue : pas de chance. Mam'zelle Zannette! bon maîte! moi déguingoler dans ruelle! moi pas à mon aise!

CASSANDRE (*entrant avec la seringue*). — As-tu toujours soif ? Eh bien ! où es-tu donc ?

MORICAUD. — Oh! moi patapouf!

CASSANDRE. — Comment, toi patapouf? Où diable es-tu passé?

MORICAUD. — Colique faire culbute à moi. Pauve domestique, étouffer dans pti coin!

CASSANDRE. — Qu'est-ce qu'il rabâche ? (*Se penchant sur le lit.*) Dieu! que ce nègre est bête! Que fais-tu là, bêta?

MORICAUD. — Caboche avoir entraîné moi! Bon maîte relever pti nègue!

CASSANDRE (*le tirant*). — Maroufle, tu pèses un quintal! Eh! tu m'entraînes!

MORICAUD (*retombant*). — Oh! moi bosse à la caboche. Bon maîte pas se donner de peine pour pauve domestique!

CASSANDRE. — Non, merci! (*Il le tire plusieurs fois, l'autre l'entraîne toujours.*) Saperlotte, tu crois peut-être que tu me donnes de l'agrément. (*Enfin il le ramène sur le lit.*)

MORICAUD. — Oh ! moi malade! moi faim!

CASSANDRE (*apportant la seringue*). — Voilà ton affaire!

MORICAUD. — Non, pas bouillon pointu, pas bouillon pointu!

CASSANDRE. — C'est pour ton bien, animal!

MORICAUD (*descendant*). — Non, non, non! moi faim.

CASSANDRE (*le poursuivant*). — Je ne veux pas qu'il soit perdu!

(*Ils tournent autour du lit.*)

MORICAUD. — Vous faire mouri moi! (*Lui arrachant la serin-*

gue.) Ça pas beau! moi cacher ça! (*Il met la seringue dans le lit.*) Bouillon pointu dormir! chut!

CASSANDRE. — Dieu! que ce nègre est bête! Tu ne veux donc pas le guérir?

MORICAUD. — Si, moi vouloir pâté pour emplâtre sur l'estomac!

CASSANDRE. — Malheureux! bois plutôt un vrai bouillon! La marmite est là justement.

MORICAUD (*à part*). — Oh! moi pincé! li trouver bottes (*tirant Cassandre.*) Moi guéri!

CASSANDRE (*avançant*). — Mais laisse-moi donc!

MORICAUD (*même jeu*). — Moi guéri.

CASSANDRE (*id.*) — Saperlotte, tu m'arraches ma redingote!

MORICAUD (*id.*) — Moi guéri.

CASSANDRE (*id.*) — Mais tu me fais aller comme une écrevisse!

MORICAUD (*le repoussant*). — Moi guéri. Vous aller promener! P'ti Zannette et moi faire tout en deux minutes!

CASSANDRE (*échappant*). — Je ne veux pas que tu m'accuses d'avoir le cœur dur, tu prendras un peu de bouillon. (*Se penchant sur la marmite.*) Oh! voilà un singulier pot-au-feu! (*Tirant ses bottes.*) Ma botte... mes bottes!!! Approche, coquin! Comment se fait-il...

MORICAUD. — O histoire étonnante! bottes entrer toutes seules dans marmite!

CASSANDRE. — Tu veux me faire croire que mes bottes sont entrées toutes seules dans la marmite?

MORICAUD. — Moi avoir voulu empêcher! bottes avoir tapé moi, derrière! moi peur! les laisser entrer!

CASSANDRE (*tirant son habit*). — Oh! et mon habit aussi... mon bel habit de noces! (*Prenant un bâton.*) Ah! bandit, tu vas m'avouer la vérité!

MORICAUD (*insolemment*). — Si maîte pas content, payer compte à moi et moi partir.

CASSANDRE (*allant à l'armoire*). — C'est juste, tu es plus fort sur tes droits que sur tes devoirs... Eh! mon sac n'y est plus! Moricaud, où est mon sac d'argent?

MORICAUD. — Oui, vous faire farces à pauvre domestique!

CASSANDRE. — Mais je crois que c'est toi qui m'en fais... de terribles farces!

MORICAUD. — Vous sans le sou! vous faire semblant perdre argent pour pas payer, vous menteur, vous voler gage à moi, vous voler sueur à pauvre nègue, vous coquin, filou, canaille, moi faire pendre vous!

CASSANDRE. — Veux-tu te taire!... Eh bien, il arrange joliment les affaires. Est-il bête?

MORICAUD. — Vous pas riche, vous gueux comme rat, vous pas grand chose, vous rien du tout. Moi donner bouillon pointu à vous!

CASSANDRE. — Oh! par exemple.

MORICAUD. — Moi dire aux voisins vous tirer diable par la queue!

CASSANDRE. — Oh! le scélérat, il détruirait ma réputation dans le quartier! (*A part.*) Je n'ose pas le taper, il me prendrait mon bâton et me rosserait.

MORICAUD. — Moi flanquer pile à bon maître!

CASSANDRE (*à part*). — Qu'est-ce que je disais! Mon petit Moricaud, ne dis rien, ne te fâche pas, je double tes gages.

MORICAUD. — Li gentil, li faire tout ce que bon domestique vouloir! (*Il le fait danser en chantant.*) Li doubler mes gages.. toujou, toujou comme ça.

CASSANDRE. — Bon, bon. Seulement, je pense qu'en reconnaissance, tu me serviras mieux.

MORICAUD. — Oh! moi toujours excellent domestique. Vous doubler gages aussi à pti Zannette!

CASSANDRE — Hou!

MORICAUD. — Ah! mais si!

CASSANDRE (*effrayé*). — Oui, oui! dis-lui de venir.

MORICAUD. — Tout site! (*Il sort.*)

CASSANDRE. — Il en coûte cher pour se faire servir (*Allant à l'armoire.*) Houm! il en coûte fort cher. Mais il est si dangereux d'être en guerre avec ses domestiques... ils connaissent tellement les secrets de la maison! (*Entre Jeannette.*)

JEANNETTE. — Monsieur me fait demander?

CASSANDRE. — Oui, c'est pour vous annoncer que je double vos gages!

JEANNETTE. — La belle penette!

CASSANDRE. — Hein? la belle... quoi?

JEANNETTE. — La belle avance!

CASSANDRE. — C'est au moins un avancement. Vous n'êtes pas contente?

JEANNETTE — On est toujours malheureux de servir les autres!

CASSANDRE (*à part*). — Que la peste te travaille les os!

JEANNETTE. — Je ne veux pas qu'on me dise d'insolences.

CASSANDRE. — Ah çà, vous êtes folle!

JEANNETTE. — Je veux qu'on soit poli avec moi (*Le souffletant.*) entendez-vous?

CASSANDRE. — Oh!!! Comment, scélérate...

JEANNETTE. — Vous recommencez!! v'li et v'lan! (*Elle le bat.*)

CASSANDRE. — Oh là! mais coquine tu vas me tuer. Laisse-moi, je triple tes gages!

JEANNETTE. — Je veux être bien traitée. Puisque vous m'avez battue...

CASSANDRE. — Moi.... je croyais que c'était le contraire....

JEANNETTE. — Ramasssez mon bonnet et remettez-le moi sur la tête!

CASSANDRE. — Voilà, Jeannette, voilà. La paix est-elle faite? (*Jeannette s'évanouit.*) Allons, bon! (*Désolé.*) Oh! je serai donc toujours garde-malade! Mon Dieu! mon Dieu! que je lui fasse respirer quelques sels, quelque chose! (*Il prend la seringue et la lui met au nez.*) Cela ne l'émeut pas!... il faut que je coure chez le pharmacien. (*Il sort.*)

JEANNETTE. — Voilà comme on finit par améliorer sa position. Mille écus gagnés! les gages triplés et se faire servir par son maître!!! (*Rentre Cassandre.*)

CASSANDRE. — Ah! vous voilà rétablie! Eh bien! ma bonne Jeannette, je vous en prie, faites-moi, ainsi que Moricaud, l'honneur de vouloir bien ranger la chambre. C'est votre très humble et très obéissant maître qui vous en supplie. (*Sortant, puis rentrant.*) Non, je crois avoir trouvé une meilleure combinaison! (*Au public.*) Puisque mes domestiques ne travaillent pas, mais se font soigner et énormément payer par moi, je changerai de rôle avec eux! ils seront les maîtres, je serai le serviteur. Ils me nourriront, me payeront bien, me soigneront et travailleront. Bonne idée! (*Il chantonne.*)

JEANNETTE. — Qu'avez-vous donc?

CASSANDRE. — Ecoute : désormais, Moricaud et toi serez maîtres, et moi je serai votre domestique.

JEANNETTE. — Ah! je veux bien.

CASSANDRE. — Alors, va vite prévenir Moricaud.

JEANNETTE. — Oh! il ne sera pas long à venir! (*Elle sort.*)

CASSANDRE. — Oui, oui, j'ai pris le bon parti! Il me tarde d'avoir le gilet rouge et le plumeau! (*Entre Moricaud.*)

MORICAUD. — Oh! moi savoir gande nouvelle. Moi deveni massa, et massa deveni nègue.

CASSANDRE. — Puisque cela te convient, commençons à l'instant. Donne-moi ton gilet rouge et prend ma lévite orange. Attends, je vais me déshabiller.

(*Il sort.*)

MORICAUD. — Li pas savoir mener domestique. Moi rende li nègue parfait, avec bon bâton! Si li faire farces, gare!

(*Cassandre rentre en déshabillé.*)

CASSANDRE. — Allons, cours mettre ma lévite! (*Moricaud sort.*) Plus de soucis, plus de tracas (*Dansant en chantant.*) Dansez, pèr' Cassand', dansez... (*Moricaud rentre habillé.*) Bravo! je vais mettre ton gilet. (*Il sort.*)

MORICAUD. — Moi beau comme pti amour! Li bêta. Moi taper li solide! (*Cassandre rentre et prend le plumeau.*) Vous bien nègue! mais falloir chapeau à moi, moi prendre bonnet de coton. Allons, toi, nègue! donner à moi bonnet de coton et marcher vite.

CASSANDRE (*à part*). — Je vais faire comme lui! (*S'asseyant.*) Oh! je suis fatigué!

MORICAUD. — D'ôle, moi faire obéir toi! (*Prenant le bâton.*) Toi pas assis!

CASSANDRE. — Eh! eh! doucement.

MORICAUD (*le tapant*). — Toi donner à moi bonnet de coton.

CASSANDRE. — Eh! eh! (*Il se lève.*)

MORICAUD (*tapant*). — Vite! toi servir mieux! nègue fainéant.

CASSANDRE (*courant et prenant le bonnet*). — Eh! mais ce n'est pas comme çà que je faisais avec toi, Moricaud!

MORICAUD (*tapant*). — Toi pas appeler moi Moricaud, appeler moi bon maître! Moi appeler toi drôle!

CASSANDRE. — Bon maître, voici le bonnet de coton! (*A part.*) Ah çà! mais ça ne me réussit pas comme à lui. Comment donc s'y prenait-il? Ah! oui... la colique!!

MORICAUD. — Allons, mauvais nègue, toi cirer bottes, toi travailler comme cheval ! pas rester là à rien faire !

CASSANDRE (*tombant à terre*). — Oh là ! j'ai la colique !

MORICAUD (*à part*). — Oh ! li singe ! (*Haut.*) Moi guérir toi avec lavement de bois.

CASSANDRE. — Oh ! j'ai soif ! la colique !

MORICAUD (*tapant*). — Moi apprendre toi mentir.

CASSANDRE. — Aïe ! aïe ! assez.

MORICAUD. — Toi oser avoir encore colique !

CASSANDRE. — Non, non !

MORICAUD. — Allons, drôle, toi cirer et mettre bottes à moi.

CASSANDRE. — J'ai donc mal compris les choses ? Quand il était domestique, le métier ne me semblait pas si rude.

(*Il prend la botte.*)

MORICAUD (*étendant son pied*). — Allez, vilain nègue !

(*Cassandre met la botte et en reçoit un coup sur le nez.*)

CASSANDRE. — Aïe ! Oh ! oh ! mais de mon temps ça ne se passait pas comme ça. Je m'étais figuré que mes domestiques n'avaient que du plaisir.

MORICAUD. — Toi cirer bottes, hardi !

CASSANDRE. — Mais c'est que j'ai faim ! et réellement je n'ai pas mangé depuis ce matin.

MORICAUD. — Quand domestique beaucoup manger, li être lourd et paresseux. Quand domestique avoir ventre creux, li léger et vif. Allons, toi cirer, gand fainéant. (*Il le tape.*)

CASSANDRE. — Voilà, voilà ! (*Il cire la botte.*)

MORICAUD (*lui donnant un coup de pied au derrière*). — Toi cirer moi figure pour moi être beau comme botte.

CASSANDRE. — Oh ! voilà, voilà !

(*Il lui brosse la joue.*)

MORICAUD. — Toi écorcher moi, maraud !

CASSANDRE. — Ah! ah!!! le service est décidément fort pénible. (*Il apporte la pipe.*)

MORICAUD. — Toi bourrer, coquin! (*Cassandre bourre.*) Toi allumer, maroufle! (*Cassandre allume.*) Toi faire chambre, vif et ferme, allons! (*Il le bat.*)

CASSANDRE. — Oh! oh! tout le dos me fait mal! J'en ai assez.

MORICAUD (*tapant*). — Va! (*Cassandre fait la chambre en sautant avec vivacité.*) Fauteuil pas bien épousseté, toi recommencer.

CASSANDRE (*recommence*). — Voilà!

MORICAUD. — Stupide! toi épousseter encore, diable!

CASSANDRE (*recommence et s'épuise*). — Oh! oh! quand j'étais maître, je ne me rendais pas compte des choses, moi qui accusais les domestiques de fainéantise.

MORICAUD. — Allons, toi, respect! toi saluer moi!

(*Il le tape. — Cassandre salue profondément. — Moricaud sort.*)

CASSANDRE. — Aff! ouff! je croyais me reposer, être nourri, payé, servi et soigné! et... ah! voici Jeannette, je retrouverai avec elle les avantages de ma combinaison. (*Entre Jeannette.*) Ah! Jeannette!...

JEANNETTE. — Eh bien! laquais!... tâchez un peu de parler à la troisième personne et d'obéir... Sachez que madame veut manger.

CASSANDRE (*à part*). — Elle s'est évanouie... bon! (*Haut.*) Ah! c'est bien triste de servir les autres, quand soi-même on n'a pas mangé. (*Il feint de s'évanouir.*)

JEANNETTE. — Cet insolent s'imagine que les fauteuils sont faits pour lui. (*Elle prend un bâton.*) Hé! là! pas de faiblesses, coquin!

(*Elle le bat.*)

CASSANDRE. — Eh! oh! ah! Peste! quand je veux les imiter, je ne réussis jamais.

JEANNETTE. — Allons, qu'on me serve !

(*Cassandre apporte la table servie.*)

CASSANDRE. — Un petit morceau de pain ne me ferait pas de mal ! (*Il essaie de prendre sur la table.*)

JEANNETTE (*le tapant*). — Drôle! vous mangerez quand vous saurez votre métier.

CASSANDRE. — Oh! oh! bonsoir! Je vois que les deux métiers de maître et de domestique sont pires l'un que l'autre. Je ne veux être ni l'un ni l'autre. Je quitte tout, je vais dans un autre quartier. Je suis tellement dégoûté que je vous laisse la maison, arrangez-vous ! (*Il sort.*)

JEANNETTE. — Moricaud! Moricaud!

MORICAUD (*entrant avec le sac*). — Mam'zelle Zannette, li s'en aller, laisser sac à nous, moi épouser vous !

JEANNETTE. — Tope là !

(*Ils dansent en chantant :* Nous trouver des maîtes... toujours, toujours comme ça !)

THÉATRE DES MARIONNETTES.

LES BOUDINS DE GRIPANDOUILLE.

LES BOUDINS

DE

GRIPANDOUILLE

MISE EN SCÈNE.

Voilà ce que c'est que de ne pas savoir résister à ses désirs, prononce le Gendarme quand la tragédie est consommée.

C'est aussi ce que dit Mᵐᵉ la Mort, costumée en cavalier et soigneusement masquée, qui nous montre la catastrophe de Phaéton. Gripandouille est le Phaéton des boudins. La philosophie nous enseigne d'ailleurs que tous les objets de nos désirs, quelque grands qu'ils paraissent, ne sont guère plus que des boudins.

Et l'on voit bien, par la persévérance, l'acharnement, la violence que déploie Gripandouille dans la poursuite des boudins, que nul désir, nulle passion n'a jamais surpassé en force l'amour effréné que cet être sensible porte spécialement aux petits rouleaux noirs.

C'est encore ici une autre démonstration philosophique, qu'une petite cause amène de grands effets. Personne ne se fût douté que Gripandouille, sortant de chez lui avec le simple désir de manger un boudin, allait remuer la terre et l'enfer, massacrer toute une population, lutter avec le Diable, voir ressusciter ses victimes et périr finalement sous leurs coups. Voilà ce que c'est que de ne pas savoir résister à ses désirs.

PERSONNAGES:

GRIPANDOUILLE.
LE CHARCUTIER.
LA VIEILLE FEMME.
L'ÉLÉGANT.
LE GENDARME.
LE DIABLE.
LE COCHON.
LE CHIEN.

LES BOUDINS

DE

GRIPANDOUILLE

UNE PLACE PUBLIQUE.

(*La boutique d'un charcutier. — Un grand panier.*)

SCÈNE PREMIÈRE.

GRIPANDOUILLE, LE CHARCUTIER.

GRIPANDOUILLE (*gesticulant et courant*). — J'ai faim ! j'ai faim ! Je veux manger du boudin ! Du boudin ! du boudin ! Holà ! monsieur le Charcutier. (*Le Charcutier sort si vite qu'ils se cognent le nez tous deux, crient, puis se frottent la tête au coin du théâtre.*) Avez-vous du boudin ? J'en veux à l'instant même.

LE CHARCUTIER. — J'ai des saucisses !

GRIPANDOUILLE. — Non, du boudin!

LE CHARCUTIER. — J'ai du jambon!

GRIPANDOUILLE (*avec colère*). — Non, du boudin!

LE CHARCUTIER. — J'ai des andouilles!

GRIPANDOUILLE (*furieux*). — Non... du boudin!!!

LE CHARCUTIER. — J'ai du petit salé!

GRIPANDOUILLE (*exaspéré*). — Du boudin, coquin! du boudin!

LE CHARCUTIER. — J'ai du saucisson... de la langue... du...

GRIPANDOUILLE. — Mais tu as juré de me faire mourir de faim! je n'aime que le boudin!

LE CHARCUTIER. — Je n'en ai pas!

GRIPANDOUILLE. — Ah! tu n'en as pas! Pourquoi mets-tu donc sur ton enseigne que tu es charcutier?

LE CHARCUTIER. — Parce que cela me plaît!

GRIPANDOUILLE (*s'avançant vers la porte de la boutique*). — Attends un peu, que je fasse une belle capilotade avec tes andouilles, tes pâtés... (*Il veut entrer.*)

LE CHARCUTIER (*barrant le passage*). — Tu n'entreras pas!

GRIPANDOUILLE. — J'entrerai.

LE CHARCUTIER (*le faisant tourner*). — Non!

GRIPANDOUILLE (*lui rendant la pareille*). — Si! (*Lutte violente, à la suite de laquelle le Charcutier est culbuté. — Gripandouille pénètre dans la boutique et la saccage.*) Ah! brigand! Ah! empoisonneur! (*Se baissant.*) Eh! eh! mais voici l'escalier de la cave. (*Il dégringole avec fracas.*) Oh! aïe! mes reins m'ont servi de traîneau!

LE CHARCUTIER (*allant voir*). — Quelle torgnole j'ai reçue!! Ah ça, il brise tout dans mon laboratoire. Où est-il? dans quelque terrine? Eh! le niais, il s'est laissé choir, il s'est gratté le dos sur les marches de mon escalier. (*Riant.*) Ah! ah! ah! cela va lui adoucir les idées.

LA VOIX DE GRIPANDOUILLE. — Hé! l'ami! remonte-moi, je tiens quelque chose; je crois que c'est un boudin!

LE CHARCUTIER (*se penchant*). — Attends! allons, là, houp! (*Il ramène Gripandouille, qui tient le Cochon.*)

GRIPANDOUILLE. — Je crois que j'ai trouvé ton premier clerc!

LE CHARCUTIER. — Comment, tu me dévalises jusqu'aux os!

GRIPANDOUILLE. — Tu vas me faire un boudin avec ton premier clerc.

LE CHARCUTIER. — Jamais! c'est mon meilleur ami!

> (*Ils tiraillent l'animal, l'un par la tête, l'autre par la queue. — Gripandouille ayant lâché, l'homme et la bête tombent et disparaissent. — Le Charcutier revient aussitôt.*)

GRIPANDOUILLE. — Je vais te punir de tes vices!

> (*Il prend un bâton.*)

LE CHARCUTIER. — Hé! hé! c'est ce que nous allons voir, M. Gripandouille!

> (*Il se sauve, Gripandouille le poursuit; ils tournent de tous côtés; le Charcutier échappe en se cachant derrière le grand panier.*)

GRIPANDOUILLE (*tapant partout*). — Oui, je t'apprendrai ton métier! (*Le Charcutier rentre à pas de loup dans sa boutique.*) Où est-il? Attends, attends! Il se sera mis dans le panier. (*Il donne un grand coup de bâton sur le panier, puis regarde attentivement. — Le Charcutier sort armé d'un bâton également et l'en frappe sur la tête, puis se cache rapidement derrière sa boutique.*) Oh! oh! voici une prune, une belle prune d'au moins cent livres qui vient de me tomber sur la tête. Laisse-moi faire, je te rendrai une tuile. (*Il se met devant le panier, le Charcutier sort tout doucement de sa cachette, le frappe de nouveau et retourne vite à son poste.*) Ah! trente-six pestes! je me suis rudement cogné, ou bien, cette fois, ce ne sont plus des prunes qui tombent, mais des cheminées! (*Il s'embusque dans la boutique.*) Ton tour viendra, mon bon ami! (*Le Charcutier s'avance encore, le croyant toujours à la même place, mais quand il arrive vers le panier, Gripandouille le frappe.*) Passe cela à ton voisin!

LE CHARCUTIER (*bondissant*). — Ouïe! ça m'a piqué. (*Il se sauve vers sa cachette. — Au bout d'un instant, il se décide à revenir avec précaution. — Au moment où il allonge lentement la tête pour examiner, il se trouve nez à nez avec Gripandouille, qui en faisait autant. — Ils se frottent le nez l'un contre l'autre, puis Gripandouille éternue et donne un violent coup de tête au Charcutier.*) Oh! le mal élevé!

GRIPANDOUILLE (*le tapant*). — Mouche-toi donc!

LE CHARCUTIER. — Par la mort...

GRIPANDOUILLE (*le tapant*). — Mais passe donc ça à ton voisin!

LE CHARCUTIER (*ripostant*). — Voilà!

GRIPANDOUILLE. — Ah! coquin! je vais te frotter un peu ton lard! (*Ils aiguisent tous deux leurs bâtons.*)

LE CHARCUTIER. — Je te mettrai dans un pâté. (*Ils se battent; à la fin le Charcutier tombe.*) Holà! (*Il relève la tête.*)

GRIPANDOUILLE (*le renversant d'un coup*). — Compte ton argent!

LE CHARCUTIER (*relevant la tête*). — A moi, au sec...

GRIPANDOUILLE (*le renversant*). — Compte ton argent!

LE CHARCUTIER (*relevant la tête*). — Ah! le band...

GRIPANDOUILLE (*le renversant*). — Compte ton argent!

LE CHARCUTIER (*relevant la tête*) — Je suis mort... youiiiip!

GRIPANDOUILLE (*le renversant*). — Oui! (*Le traînant.*) Allons, allons, au panier! (*Trébuchant et laissant pendre la tête du Charcutier, qui heurte contre terre.*) Oh! qu'il est lourd! Il a au moins deux cents jambons dans le ventre, le goinfre! Oui, oui, cogne, cogne, on va t'ouvrir la porte, sois tranquille! (*Il jette le Charcu-*

tier dans le panier. — *Avec componction :*) Voilà que je me laisse toujours aller à mes vivacités! (*S'asseyant sur le panier*). Mais c'est que mon petit estomac ne s'accommode pas de tant d'exercice! (*Se frottant le ventre.*) Patience, patience, mon ami, nous finirons bien par avoir un boudin! (*Entre une vieille femme qui tient un boudin.*) Justement, voici notre affaire! Hé! madame!

SCÈNE II.

LA VIEILLE, GRIPANDOUILLE.

LA VIEILLE (*d'un ton rogue*). — Eh bien?

GRIPANDOUILLE (*grommelant*). — Eh bien! Elle a l'air aimable comme une porte de prison! (*La saluant et touchant le boudin.*) Vous tenez là quelque chose qui a un parfum exquis!...

LA VIEILLE. — Cela ne vous regarde pas. Passez votre chemin!

GRIPANDOUILLE (*saluant profondément*). — C'est un boudin!

LA VIEILLE. — Eh bien!

GRIPANDOUILLE. — Eh bien! c'est un boudin!!!

LA VIEILLE. — Ne mettez point votre nez là-dedans. Je ne veux pas qu'on me parle dans la rue.

GRIPANDOUILLE (*saisissant le boudin par un bout*). — Voulez-vous me donner votre boudin, madame?

LA VIEILLE (*tirant violemment le boudin*). — Non!!!

GRIPANDOUILLE. — Comment! non.

LA VIEILLE. — Je vous dis de passer votre chemin! (*Elle lui donne un coup de boudin.*) Insolent! (*Elle lui donne un second coup.*) Imbécile! (*Troisième coup.*)

GRIPANDOUILLE (*avec colère*). — Ah! la vieille chafouine, elle m'échauffe le nez! (*Se radoucissant brusquement.*) Voyons, voulez-vous me le vendre, l'échanger contre ce qu'il y a dans ce panier?

LA VIEILLE. — Qu'est-ce qu'il y a dans ce panier?

GRIPANDOUILLE. — Un gigot de pré-salé!

LA VIEILLE. — Ah! je veux bien! (*Elle se prépare à regarder dans le panier, Gripandouille lui donne un coup de bâton.*) Oh! là! là! (*Elle se frotte la tête, puis retourne au panier.* — *Gripandouille la tape.*) Ah! mon Dieu! (*Elle revient et regarde Gripandouille avec défiance.*)

GRIPANDOUILLE. — Quoi donc? (*Levant la tête en l'air.*) Je crois qu'il pleut!

LA VIEILLE. — Vous croyez? Je vais aller chercher un parapluie, car j'ai senti de la grêle!

GRIPANDOUILLE. — Bon, allez, allez! Donnez-moi le boudin d'abord...

LA VIEILLE. — Et je reviens prendre le panier. (*Elle lui donne le boudin.* — *Aussitôt qu'elle se tourne pour partir, il la frappe.*) Aïe! voilà la grêle qui recommence plus fort. (*Elle se sauve.*)

SCÈNE III.

GRIPANDOUILLE, LE CHIEN.

GRIPANDOUILLE (*riant*). — Ah! ah! ah! Le voici donc ce boudin! ce cher boudin! (*Il le caresse.*) qui va aller réjouir le ventre de Gripandouille. Oh! oh! je voudrais pouvoir le remanger après l'avoir mangé. (*Se frottant le nez dessus.*) Oh! comme il embaume! (*Entre le Chien.*)

LE CHIEN. — Ouah! ouah!

GRIPANDOUILLE (*reculant*). — Oh! oh! quel est celui-ci? Il a senti l'odeur de mon fricot, le drôle! Veux-tu bien t'en aller!

LE CHIEN — Ouah! ouah!

GRIPANDOUILLE. — Ouah! ouah! tant que tu voudras! Va-t'en, il n'y en a pas pour deux. Je n'aime pas les camarades quand je mange.

LE CHIEN. — Ouah! ouah!

GRIPANDOUILLE (*prenant son bâton*). — Ah! tu t'obstines à ne pas m'écouter! (*Le Chien happe le boudin.*) Hé! hé! là! coquin! (*Il poursuit le Chien tout autour de la scène. — Chaque fois qu'il croit le saisir, le Chien échappe.*) Hé! mon boudin, rends-moi mon boudin, voleur! (*Il attrape la queue du Chien et l'arrache. — L'animal se sauve.*) Ah! je l'ai... mais non... Qu'est-ce que c'est que ceci?... une queue de mouton... Ah! le fripon... Encore s'il m'avait dit à quelle sauce je pouvais la mettre!...

(*La Vieille rentre.*)

SCÈNE IV.

GRIPANDOUILLE, LA VIEILLE.

LA VIEILLE. — On m'a dit que j'étais folle, qu'il ne pleuvait ni ne grêlait. Je viens chercher mon panier.

(*Elle regarde dans le panier.*)

GRIPANDOUILLE. — Ah! vieille scélérate!...

LA VIEILLE. — Ah! mon Dieu! mon Dieu! quelle horreur!

(*Elle se précipite vers Gripandouille.*)

GRIPANDOUILLE. — Tu m'as abominablement trompé. Tu avais dressé ton chien à me reprendre le boudin.

LA VIEILLE. — Que dis-tu? Quel chien, meurtrier?

GRIPANDOUILLE. — Tu m'en diras des nouvelles!

LA VIEILLE. — Je vais aller te dénoncer. Il y a dans le panier un homme que tu as tué.

GRIPANDOUILLE. — Non! (*Il tape à terre avec son bâton.*)

LA VIEILLE. — Si! si! il y est. Je vais te faire pendre!

GRIPANDOUILLE. — Non, tu ne me feras pas pendre!

(*Il tape à terre avec son bâton.*)

LA VIEILLE. — Si!

GRIPANDOUILLE. — Non! (*Même jeu.*)

LA VIEILLE. — Si! tu gigoteras à la potence, avec ton gigot de pré salé.

GRIPANDOUILLE (*la frappant avec fureur*). — Non, non, non, non, non!

LA VIEILLE (*tombant*). — Ah! je suis morte!

GRIPANDOUILLE (*la chatouillant avec la queue du Chien*). — Tu vois bien, ma chère amie, que tu radotais. (*La prenant.*) Voyons son poids! (*La faisant tournoyer en dehors du théâtre.*) Oh, oh, celle-ci, c'est une plume! je devais bien me douter qu'elle était légère! (*La mettant dans le panier.*) Au panier, ma mie! Eh! voilà une bourriche qui commence à se garnir. Il n'en est pas de même de mon pauvre estomac, il n'a guère de chance : les boudins aussitôt arrivés, s'en vont. C'est très triste! (*Entre un Elégant portant un boudin.*) Comment, comment, tout le monde a du boudin, excepté moi. C'est trop fort! Monsieur, hé! monsieur!

SCÈNE V.

GRIPANDOUILLE, L'ÉLÉGANT.

L'ÉLÉGANT. — Que voulez-vous, mon brave?

GRIPANDOUILLE. — Vous proposer d'échanger votre boudin contre une superbe bourriche d'huîtres.

L'ÉLÉGANT. — Sont-elles fraîches?

GRIPANDOUILLE. — Elles ne sont tuées que d'aujourd'hui.

L'ÉLÉGANT. — Comment tuées? On ne tue pas les huîtres, mon ami.

GRIPANDOUILLE. — La langue m'a fourché. Elles viennent de naître presque à l'instant même.

L'ÉLÉGANT. — Alors elles ne sont pas encore mangeables.

GRIPANDOUILLE (*impatienté*). — Ah! que vous êtes disputeur! Remettez-moi le boudin...

L'ÉLÉGANT. — Laissez-moi sentir...

GRIPANDOUILLE (*furieux*). — Vous n'avez donc pas confiance en mes paroles? Je suis donc un menteur?

L'ÉLÉGANT. — Ne vous fâchez pas, mon brave. C'est pour savoir de quelle espèce elles sont.

GRIPANDOUILLE. — Mâle et femelle.

L'ÉLÉGANT (*sentant le panier*). — Hum! elles ne sont guère fraîches. C'est égal, je les ferai frire! Attendez-moi là. Je vais chercher un commissionnaire pour emporter ce panier.

GRIPANDOUILLE. — Laissez-moi le boudin en gage. (*L'Elégant sort.*) Enfin, je me régalerai cette fois. (*Caressant son boudin.*) Je le crois plus fin, plus délicat que l'autre, et je l'arroserai d'un petit vin blanc qui en doublera l'agrément. (*Entre un Chien.*)

SCENE VI.

LE CHIEN, GRIPANDOUILLE.

GRIPANDOUILLE. — Ah bah! ton ami l'autre Chien t'a enseigné le bon endroit aux boudins.

LE CHIEN. — Ouah! ouah!

GRIPANDOUILLE (*prenant son bâton*). — Attends, voilà le vrai boudin!

LE CHIEN. — Ouah! ouah!

GRIPANDOUILLE. — Goûte la première bouchée! (*Il veut frapper le Chien qui esquive le coup, happe le boudin et s'enfuit.*) Au voleur! au voleur! au secours! Si tous les chiens savent ça, je suis condamné à ne plus manger de ma vie! Ah! quelle affreuse destinée! (*Tapant partout avec colère.*) Saperlotte! saperlotte! saperlotte! (*L'Elégant rentre, Gripandouille le frappe.*) Saperlotte!

SCÈNE VII.

L'ÉLÉGANT, GRIPANDOUILLE.

L'ÉLÉGANT. — Prenez donc garde, mon brave! Je n'ai point trouvé de commissionnaire, j'emporterai mes huîtres petit à petit. (*Il regarde dans le panier.*) Oh! oh! ceci est louche!

GRIPANDOUILLE. — Si tu louches, c'est que tu as regardé dans le panier, et comme tu m'as joué un tour horrible en m'envoyant un chien, tu vas aussi être changé en huître! (*Il le frappe.*)

L'ÉLÉGANT. — A la garde! à la garde! je suis mort!

GRIPANDOUILLE. — N'aie pas peur! tu te reposeras. Tu seras bien logé, va! (*Le prenant et le balançant.*) Une, deux, trois! (*Le jetant dans le panier.*) Bravo! j'ai mis dans la cible! C'est comme une malle à présent, c'est plein de chiffons. Mais je ne mangerai donc pas de boudin! (*Entre un Gendarme tenant un boudin.*) Oh! oh! en voici un autre. Oh! je le croquerai, celui-là!

SCÈNE VIII.

LE GENDARME, GRIPANDOUILLE.

LE GENDARME. — On m'a troublé pendant mon dîner. Qui est-ce qui a crié à la garde, que je l'empoigne?

GRIPANDOUILLE. — Je n'ai rien entendu.

LE GENDARME. — Vous êtes peut-être sourd ?

GRIPANDOUILLE. — Vous avez peut-être quatre oreilles, vous ?

LE GENDARME. — Je mangeais tranquillement ce morceau...

GRIPANDOUILLE. — Ah! quel beau boudin!

LE GENDARME. — Oui! je m'y connais! ah ça, mais je cause, et on a crié à la garde! Il faut que je l'arrête...

GRIPANDOUILLE. — Qui?

LE GENDARME. — Celui qui a crié.

GRIPANDOUILLE. — Il est mort!

LE GENDARME. — Il est mort? où est-il? Qu'est-ce qu'il y a dans ce panier?

GRIPANDOUILLE. — Vous êtes bien curieux!

LE GENDARME. — Je t'empoigne, si tu fais le méchant.

(*Il le prend au collet.*)

GRIPANDOUILLE. — Lâchez-moi, je suis un honnête homme. Regardez dans le panier si vous voulez. Vous y verrez de drôles de choses!

LE GENDARME. — Bien sûr?

GRIPANDOUILLE. — Bien sûr.

LE GENDARME. — Mais ça ne m'apprend pas qui est-ce qui a crié à la garde!

GRIPANDOUILLE. — Allez toujours, qui sait?

LE GENDARME. — C'est le panier qui a crié?

GRIPANDOUILLE. — Vous verrez!

LE GENDARME. — C'est qu'il faut que je sois informé promptement. J'ai une faim!... et ce boudin est comme un miel!

(*Il se dirige vers le panier.*)

GRIPANDOUILLE. — Attendez, donnez-moi votre boudin, vous regarderez plus commodément.

(*Le Gendarme lui donne son boudin. — Au moment où il veut regarder, Gripandouille le tire par les pans de son habit.*)

LE GENDARME. — Eh bien! laissez-moi donc! (*Il s'arrache des mains de Gripandouille et examine le contenu du panier.*) Oh! mais!... oh! mais!! il y a du monde là-dedans. Une dame! des messieurs!! Tu les as tués, brigand!

GRIPANDOUILLE (*étranglant le Gendarme entre le bord et le couvercle du panier*). — Oui, oui, et je t'invite à prendre le thé avec toute cette société!

LE GENDARME (*étouffant*). — Ah! lah, rrrah!!

GRIPANDOUILLE (*le mettant dans le panier*). — Je puis ouvrir un magasin de friperie maintenant. Et là-dessus, au boudin! Nous l'avons bien gagné! (*Le Diable entre armé de sa fourche.*)

SCÈNE IX.

GRIPANDOUILLE, LE DIABLE.

LE DIABLE. — Crrrrr! crrrr!

GRIPANDOUILLE. — Est-ce qu'il veut aussi regarder dans le panier, celui-là? Eh non! il m'apporte une fourchette pour que je ne mange pas avec mes doigts.

LE DIABLE. — Crrrr, crrr!

(*Il lui enlève le boudin du bout de sa fourche.*)

GRIPANDOUILLE. — Oh! saperlotte, ce n'est pas bien de ta part! J'avais eu tant de peine à me le procurer!!

LE DIABLE (*le menaçant*). — Crrrr, crrrr!

GRIPANDOUILLE (*reculant et se cognant la tête*). — Aïe!... Eh! ne m'embroche pas!

LE DIABLE (*allant au panier et frappant le couvercle de sa fourche*). — Crrrr, crrrr!!! (*Il disparaît.*)

GRIPANDOUILLE. — Allons, c'est un bon diable; mais il aime le boudin lui aussi! (*Entre le Charcutier avec un bâton.*)

SCÈNE X.

GRIPANDOUILLE, LE CHARCUTIER.

LE CHARCUTIER (*tombant sur Gripandouille à grands coups de bâtons*). — Nous allons t'en faire manger ! régale, régale-toi !

GRIPANDOUILLE (*suppliant*). — Non, non, non, je n'ai plus faim, assez, assez !

(*Le Charcutier sort, la vieille entre et se jette sur Gripandouille qu'elle bat de toute sa force.*)

SCÈNE XI.

GRIPANDOUILLE, LA VIEILLE.

LA VIEILLE. — Trouves-tu qu'il pleut, coquin !

GRIPANDOUILLE. — Grâce ! grâce ! je ne le ferai plus ! (*Elle sort.*) Je suis en marmelade, en fricassée, en compote !

(*Entre l'Elégant avec un bâton.*)

SCÈNE XII.

GRIPANDOUILLE, L'ÉLÉGANT.

L'ÉLÉGANT (*le battant à outrance*). — Voici des huîtres très fraîches, mon ami ! On te sert un dîner complet.

GRIPANDOUILLE. — Ah ! je suis en morceaux ! (*L'Elégant sort. — Gripandouille va à droite et à gauche en trébuchant.*) Ils me gris n ! ils me donnent une indigestion !

(*Le Gendarme entre avec un bâton.*)

SCÈNE XIII.

LE GENDARME, GRIPANDOUILLE.

GRIPANDOUILLE. — Ah! monsieur le Gendarme, arrêtez-les!
LE GENDARME (*le rossant*). — Je t'apporte ton dessert, scélérat.
GRIPANDOUILLE (*tombant*). — Aïe, aïe! je suis mort!
LE GENDARME. Voilà ce que c'est que de ne pas savoir résister à ses désirs.

LE SAC DE CHARBON

LE

SAC DE CHARBON

MISE EN SCÈNE

On voit quelquefois une même destinée rapprocher, envelopper et frapper des êtres fort différents, fort éloignés l'un de l'autre par la position sociale.

Un cas tout fortuit est l'agent de cette réunion en apparence impossible, et qu'exploitent les auteurs dramatiques avec une si singulière persévérance. Dans le Sac de charbon s'agitent cependant des questions et des motifs dramatiques fort nombreux. Certes, le riche seigneur Niflanguille eût prévu difficilement qu'acheter un sac de charbon à un Charbonnier trompeur allait être pour lui la source de méprises, d'illusions et de malheurs sans nombre. Pourtant, avec un esprit plus défiant, plus sagace, il aurait regardé dans le sac, il y aurait trouvé Pierrot et il aurait évité son sort.

L'exemple du seigneur Niflanguille indiquera donc combien il est nécessaire d'apporter une sage analyse dans les affaires les plus simples de la vie. Ne point acheter chat en poche était un conseil déjà donné par les âges précédents ; ne point acheter Pierrot en sac s'y adjoindra. Soyons prudents, mais surtout, comme le dit le sage Commissaire, soyons toujours vertueux.

PERSONNAGES :

PIERROT.
NIFLANGUILLE.
LE CHARBONNIER.
LE DOMESTIQUE.
LE GENDARME.
LE COMMISSAIRE.

LE SAC DE CHARBON

PREMIÈRE PARTIE

PLACE PUBLIQUE.

PIERROT, NIFLANGUILLE.

PIERROT (*saluant*). — Seigneur Niflanguille !

NIFLANGUILLE (*tournant le dos*). — Passe ton chemin ; tu es trop maigre !

PIERROT (*repassant devant, saluant et parlant plus haut*). — Seigneur Niflanguille !

NIFLANGUILLE (*tournant le dos*). — Laisse-moi en repos ! ta mine me déplaît !

PIERROT (*même jeu et criant*). — Seigneur Niflanguille !

NIFLANGUILLE (*impatienté et criant de même*). — Eh bien ! que veux-tu ?

PIERROT. — Je suis très pauvre.

NIFLANGUILLE. — C'est un vilain métier que tu as là : je te conseille d'en changer.

PIERROT. — Hélas! voilà deux jours que je n'ai mangé. Un petit morceau de pain, s'il vous plaît!

NIFLANGUILLE. — Je ne suis pas boulanger, drôle! Ta face blême trouble ma digestion, coquin. Tu me fais horreur!

PIERROT. — Je suis pâle, parce que j'ai faim! Je vous en prie... un peu de nourriture!

NIFLANGUILLE. — Comment, misérable, tu n'as pas mangé? mais tu manques à ton devoir, qui est la conservation de l'homme. Cours vite chez le restaurateur : ne sais-tu pas que la faim pousse au crime? Ne m'approche pas avec ta figure de pendu!

PIERROT. — Mais je n'ai pas d'argent pour aller chez le restaurateur.

NIFLANGUILLE. — Tu as tort, grand tort, coquin! Cela pourrait te donner envie de prendre ma bourse. Va-t'en, va-t'en, va-t'en!

PIERROT. — Ainsi, vous refusez?

NIFLANGUILLE. — Serre-toi le ventre, car, j'y pense, ne mange jamais, tu n'auras pas la goutte.

PIERROT. — Vous re-fu-sez?

NIFLANGUILLE. — Coquin! jette-toi plutôt à la rivière. Tu boiras, si tu ne manges pas.

PIERROT (*prenant un bâton*). — Laisse-moi voir si tu as le ventre aussi dur que le cœur. (*Il tape.*)

NIFLANGUILLE. — Oh!!! bandit, quand je te disais que la faim rend l'homme méchant.

PIERROT (*le frappant*). — Ah! tu n'aimes pas les gens maigres!

NIFLANGUILLE. — Oh!!! Et après de tels procédés, tu veux que je me charge de t'engraisser? Non, non, non! (*Il s'en va.*)

PIERROT. — Ah! seigneur Niflanguille, vous me le payerez! Je m'attache à vos trousses, et il faudra bien que vous me nourrissiez! (*Niflanguille rentre.*) Eh! eh! que va-t-il faire chez le Charbonnier? Examinons! (*Il se cache.*)

NIFLANGUILLE (*appelant*). — Charbonnier, je viens faire ma provision de chauffage pour l'hiver! Hé! Charbonnier! Hé! hé!

(*Le Charbonnier entre.*)

LE CHARBONNIER. — Voulez-vous un beau sac de charbon?

NIFLANGUILLE. — Certainement, un sac à la hauteur de ma position.

LE CHARBONNIER. — C'est bien! (*Il sort et revient avec le sac.*) Voilà un sac digne du seigneur Niflanguille; il pèse cent quintaux!

NIFLANGUILLE. — Dans l'instant, je suis ici. (*Il sort.*)

LE CHARBONNIER. — Il sera bien servi, le seigneur Niflanguille! S'il n'y a pas les trois quarts de faux poids là-dedans, je veux que le loup me croque! (*Il sort. — Pierrot entre.*)

PIERROT. — Ah! ceci est bien, en effet; je ne suis pas le seul coquin en ce monde : le Charbonnier vend à faux poids, et ce seigneur Niflanguille, ce jaune usurier est sans entrailles! Attendez, les amis! Pierrot va intervenir dans vos affaires. (*Il vide le sac.*) Moi au moins je pèserai le juste poids! (*Il entre dans le sac et passe la tête en riant.*) Hi! hi! hi! Oh! le Charbonnier.

(*Il se cache dans le sac.*)

LE CHARBONNIER. — Est-ce que le seigneur Niflanguille veut que je reste toute la journée en faction à côté du sac? (*Il marche.*) Ce sac gêne le passage ici. (*Il le change de place.*) On pourrait faire un somme là-dessus en attendant. (*Au moment où il se couche, le sac passe de l'autre côté. — Le Charbonnier se cogne.*) Oh!... eh bien! où a-t-il passé? Diable! il a furieusement glissé, il n'était pas calé. (*Il le prend et le rapporte.*) Ne bouge pas! (*Même jeu.*) Oh! il y a donc du verglas! (*Il le rapporte, le sac retourne. — Le Charbonnier courant après.*) Hé là! hé là! (*Même jeu trois fois de* *suite, de plus en plus vite.*) Hé là! hé là! hé là! il court la poste! Depuis que je suis dans le commerce, je n'ai pas encore vu de charbon si remuant. (*Le sac saute.*) Ah! ah! ah! il danse à présent! Il est enchanté d'aller dans la cheminée du seigneur Niflanguille! (*Le sac lui donne un coup de bâton.*) Eh! je t'ai vendu un bon prix, tu n'as pas à te plaindre. (*Nouveau coup de bâton.*) Ah! mais, charbon, mon ami! (*Volée de coups.*) Eh! oh! aïe! c'est le diable; au secours!

(*Il se sauve. — Le sac danse. — Entre Niflanguille.*)

NIFLANGUILLE. — Quel est ce tapage? Mon charbon est-il prêt? Ah! oui, le voilà! (*Il le traîne. — Entre le Charbonnier.*) C'est bien! je trouve mon charbon tout prêt.

LE CHARBONNIER — Oui, mais...

NIFLANGUILLE. — Mais quoi?

LE CHARBONNIER. — C'est du charbon si on veut... mais qui se conduit comme du bois vert...

NIFLANGUILLE. — Que signifie ce galimatias?

LE CHARBONNIER. — Oui, oui, ça tape, ça tape, sapristi! Il est tout feu, tout flamme, ça vous pétille sur les épaules, ça chauffe ferme!

NIFLANGUILLE. — Eh bien! tant mieux, il est de bonne qualité.

LE CHARBONNIER. — Oh! de bonne qualité! c'est vous qui l'avez dit, et il a une rude poigne!

NIFLANGUILLE. — Qui ça, imbécile?

LE CHARBONNIER. — Le charbon, parbleu!

NIFLANGUILLE. — Le charbon a une bonne poigne? Est-ce que tu deviens fou?

LE CHARBONNIER. — Venez toujours avec moi chercher deux bonnes triques!

NIFLANGUILLE. — Pourquoi faire? Qu'est-ce que tu me chantes?

LE CHARBONNIER. — Venez toujours, j'ai mes raisons pour ça. Je vous montrerai à quel charbon vous avez affaire. (*Ils sortent.*)

PIERROT (*montrant sa tête*). — Hi! hi! hi! (*Il sort du sac.*) Ce Charbonnier est plein de malice avec sa trique... Je reviendrai tout à l'heure.

(*Il s'en va. — Le Charbonnier et Niflanguille reparaissent avec des bâtons.*)

LE CHARBONNIER (*montrant le sac*). — Allez, tapez ferme! vous verrez du nouveau.

NIFLANGUILLE (*tapant*). — Je ne vois rien.

LE CHARBONNIER (*tapant*). — Un peu de patience.

NIFLANGUILLE (*tapant*). — Je ne vois rien.

(*Il se baisse pour regarder.*)

LE CHARBONNIER (*tapant sur Niflanguille*). — C'est bizarre!

NIFLANGUILLE. — Oh! coquin!

LE CHARBONNIER. — Mille pardons, seigneur Niflanguille, je suis si étonné.....

NIFLANGUILLE (*se frottant*). — Tu iras droit aux petites maisons.

LE CHARBONNIER. — Voyons! Je n'ai pas rêvé, cependant.

NIFLANGUILLE. — Peu importe, je vais l'envoyer chercher par mon domestique, avec ma voiture. (*Il sort.*)

LE CHARBONNIER. — Il vaut mieux que ma femme fasse le marché à ma place, puisque j'y vois trouble. (*Il sort, après avoir menacé le sac.*) Brigand de sac!

(*Pierrot rentre.*)

PIERROT (*se mettant dans le sac*). — Le moment est bon!

(*Le Charbonnier revient.*)

LE CHARBONNIER. — Ma femme est sortie! (*Regardant le sac.*) Le voilà bien tranquille. (*Le sac saute.*) Je ne dors pas cependant. (*Le sac lui donne des coups de bâton.*) Non, je ne dors pas; je sens bien les coups de bâton sur mon dos! (*Autres coups.*) Aïe! eh!

oh! ah! que le seigneur Niflanguille en essaie, puisqu'il me traite de fou.

(*Il sort. — Entrent Niflanguille et le domestique en cabriolet.*)

NIFLANGUILLE. — Allons, Barbandu, chargez ce sac sur mon carrosse.

BARBANDU (*manquant l'affaire et se cognant*). — Si monsieur voulait essayer; moi, je ne puis y parvenir!

NIFLANGUILLE. — Comment! drôle, il faut que je me serve moi-même?

BARBANDU. — Grand fainéant!

NIFLANGUILLE. — Que dis-tu?

BARBANDU. — Je me gronde!

NIFLANGUILLE. — Allons, qu'on se hâte!

BARBANDU. — Vieille bête!

NIFLANGUILLE. — Qu'est-ce que c'est?

BARBANDU. — Je m'insulte (*Il charge le sac, le cabriolet bascule en arrière.*) Oh!!! le tape-cul de monsieur est si. .

NIFLANGUILLE. — Maladroit, quel nom oses-tu donner à mon carrosse?

BARBANDU. — Dans mon pays, le carrosse de monsieur s'appellerait un tape-cul.

NIFLANGUILLE (*furieux*). — Taisez-vous, insolent! et faites attention aux lois de l'équilibre!... oh!... oh!!!

BARBANDU. — Quoi donc?

NIFLANGUILLE. — Mon coursier qui est suspendu! Tu ne l'as donc pas vu, imbécile?

BARBANDU. — Ah! je vais remettre le sac plus en avant sur le tape... le carrosse de monsieur, et la rossinan... le coursier de monsieur redescendra.

(*Il dérange le sac, le cabriolet bascule en avant.*)

NIFLANGUILLE. — Bélître! balourd! emplâtre!

BARBANDU. — Si monsieur veut monter dans son tape... carrosse, monsieur servira à faire contre-poids.

NIFLANGUILLE. — Eh! oui, rustre, faquin! (*Ils tombent en montant, le sac ayant sauté à terre. — Puis le sac remonte derrière.*) Le sac se charge tout seul!

BARBANDU. — Si monsieur m'en croit, il fera bien de laisser là ce sac qui nous rendra la vie dure.

NIFLANGUILLE. — Eh! non, je l'ai payé! hue, hue donc!

(*La voiture part secouée fortement.*)

NIFLANGUILLE ET BARBANDU. — Hé! là, oh! ah!

(*Pierrot montre sa tête hors du sac.*)

SECONDE PARTIE

UN SALON.

NIFLANGUILLE *et* BARBANDU *apportent le sac et le dressent.*

NIFLANGUILLE. — Ouf! quelle corvée! Ce sac est entêté. Il nous a forcés à l'apporter dans le salon. Il n'a voulu rester ni à la cave, ni à la cuisine! (*Le sac danse. — Les autres, effrayés, courent partout en criant :*) Oh! eh! ah! (*Le sac donne des coups de bâton à Niflanguille.*) Ah! ah! ça ne peut pas se passer comme ça! je vais chercher mon sabre et j'éventrerai le sac. Toi, lourdaud, veille bien là-dessus par la même occasion.

BARBANDU. — Oh! monsieur, si monsieur restait plutôt... j'aimerais mieux aller chercher le sabre, car je sais bien, moi, ce qu'il y a dans le sac.

NIFLANGUILLE. — Vraiment! apprends-le-moi donc vite.

BARBANDU. — Ce n'est pas difficile à deviner.

NIFLANGUILLE. — Eh bien! dis-le tout de suite.

BARBANDU. — Il y a des coups de bâton.

NIFLANGUILLE. — Idiot! reste là et n'aie pas peur! (*Il sort.*)

BARBANDU. — Oh! monsieur le sac, gardez vos coups de bâton pour mon maître, moi, je ne suis qu'un pauvre domestique. Attendez que le seigneur Niflanguille soit rentré pour vous fâcher. (*Pierrot remue pour sortir du sac.*) Oh! non, ne remuez pas! (*Pierrot sort.*) Oh! le charbon qui est tout blanc!

PIERROT (*avec le bâton.*) — Coquin, entre vite là, à ma place.

BARBANDU. — Mais, monsieur le charbon, mon maître est allé chercher son sabre pour percer le sac. Si j'entre là-dedans, je serai tué! (*Il pleure.*)

PIERROT (*le rossant*). — Je suis pressé!

BARBANDU (*entre dans le sac en pleurant*). — Oh! bon Dieu, bon Dieu!

PIERROT (*tapant sur le sac*). — Reste tranquille! A présent, sac pour sac! (*Il prend le sac d'écus de Niflanguille.*) Seulement, le mien est le sac à la malice. Je commence à être vengé. (*Tapant le sac.*) Reste donc tranquille, toi!

NIFLANGUILLE (*du dehors*). — Surtout ne bouge pas, Barbandu.

BARBANDU. — Non, monsieur, je ne le peux pas! (*Pierrot sort. — Niflanguille entre et se jette sur le sac qu'il traverse avec son sabre.*) Aïe, je suis mort. (*Pierrot apparaît à une fenêtre.*)

NIFLANGUILLE. — On va bien voir ce qu'il contient, ce maudit sac! Tout juste! une tête! j'étais sûr que ce scélérat de Charbonnier... (*Pierrot disparaît en jetant un éclat de rire :*) Hi! hi! hi! (*Niflanguille se retourne.*) Hein! qu'y a-t-il? Les oreilles m'ont tinté. (*Revenant au sac.*) Recommenceras-tu, drôle! Eh! eh! oh! mais c'est ce pauvre sot de Barbandu que j'ai tué! mon fidèle et stupide domestique! Oh! et on m'a pris mon sac d'écus! Mais de quel abominable complot suis-je donc victime! Ah! défiez-vous, défiez-vous des charbonniers. (*Pierrot entre avec un Gendarme.*)

PIERROT. — Vous voyez, monsieur le Gendarme, que je vous avais dit la vérité. Il vient de tuer son domestique. Son sabre est encore dans le corps du malheureux.

LE GENDARME. — Il n'y a pas moyen de dire le contraire.

NIFLANGUILLE. — Mais c'est par maladresse que...

LE GENDARME. — Incorrigible criminel, vous voulez me faire croire que je suis une bête et que je ne vois pas clair.

NIFLANGUILLE. — Je vous dis que je me suis trompé.

LE GENDARME. — Eh bien! quand tu seras pendu, tu verras que je ne me trompe pas, moi!

NIFLANGUILLE. — Eh bien! et vous n'arrêtez pas Pierrot, qui m'a volé mon argent?

LE GENDARME. — Mais si, mais si, je l'arrête!

PIERROT. — Il ment horriblement. Il n'a pas de preuves! Je ne l'ai pas, son sac.

LE GENDARME (*à Niflanguille*). — Ah! en effet, les preuves manquent; ainsi, tu n'auras pas de compagnon de potence.

NIFLANGUILLE. — Je ne veux pas être pendu tout seul. Arrêtez le Charbonnier. Il m'a vendu son sac à faux poids. Il y a des preuves cette fois, puisque au lieu de charbon il y avait mon domestique dans le sac.

LE GENDARME. — Ah! c'est péremptoire, légitime et judicieux! Nous pendrons donc le Charbonnier.

PIERROT. — Très bien, monsieur le Gendarme! très bien!

LE GENDARME. — Où est-il, le Charbonnier?

(*Le Charbonnier entre.*)

LE CHARBONNIER. — Eh bien! êtes-vous content du charbon?

LE GENDARME. — Je t'arrête!

LE CHARBONNIER. — Pourquoi?

LE GENDARME. — Tu as vendu à faux poids.

LE CHARBONNIER. — Mais non, j'ai vendu du charbon qui saute. Cela vaut plus que le charbon ordinaire. On ne s'y retirerait pas sans cela.

LE GENDARME. — Il a peut-être raison !

NIFLANGUILLE (*emmenant le Gendarme à l'écart*). — Écoutez, monsieur le Gendarme, si vous voulez me laisser échapper, je vous donne tout le vin de ma cave.

LE GENDARME. — Ah ! je veux bien boire un coup.

NIFLANGUILLE (*présentant la bouteille*). — Tenez, goûtez un peu ce petit muscat.

LE GENDARME. — Oh ! parfait, c'est à se lécher les moustaches ! Allons, vaquons à nos affaires, tas de pendus !

NIFLANGUILLE. — C'est cela ! je m'en vais, n'est-ce pas ?

LE GENDARME. — Reste là, scélérat !

NIFLANGUILLE. — Je te donne un champ de navets.

LE GENDARME. — De la corruption !... Tu seras pendu et rependu !

NIFLANGUILLE. — Pourquoi as-tu bu mon vin, alors ?

LE GENDARME. — Parce que j'avais soif.

NIFLANGUILLE. — Si j'avais su, il ne t'aurait guère mouillé le gosier.

LE GENDARME. — Ces deux autres coquins sentent la corde. Je vais vous interroger définitivement. Répondez clairement. Qu'avez-vous à dire pour votre défense ?

LE CHARBONNIER (*vite*). — Mon charbon sautait, ça ne me regarde pas !

NIFLANGUILLE (*id.*) — Mon domestique était dans le sac, ça ne me regarde pas non plus ! Mais Pierrot m'a volé mon argent, et ça me regarde !

PIERROT (*vite*). — Niflanguille m'aurait poussé au vol par sa dureté, si je n'étais un parfait honnête homme.

LE GENDARME. — Eh! eh! plus lentement, les amis.

NIFLANGUILLE (*plus vite*). — C'est le Charbonnier qui est la cause du malheur!

LE CHARBONNIER (*id.*) — C'est Pierrot!

PIERROT (*id.*) — C'est Niflanguille!

NIFLANGUILLE (*id.*) — C'est le Charbonnier!

LE CHARBONNIER (*id.*) — C'est Pierrot!

PIERROT (*id.*) — C'est Niflanguille!

LE GENDARME. — Silence! triples criminels, vous vous accusez tous trois! Je vais dénouer la difficulté en nouant la corde autour de vos cous!

PIERROT. — A la fin, il est inconvenant qu'un honnête homme comme moi soit confondu avec ces coquins! (*Il prend un bâton.*) Je veux mourir en brave! (*Il bat les trois autres.*)

NIFLANGUILLE (*prenant un bâton*). — Ils me rendront fou! (*Ils battent les deux autres.*)

LE CHARBONNIER (*s'armant*). — Puisque c'est comme ça qu'on cause ici, je me mêle à la conversation. (*Tous trois battent le Gendarme.*)

LE GENDARME (*s'armant*). — Je vais vous séparer, drôles! (*Bataille à quatre.*) Attendez! attendez! puisqu'on ne peut pas vous calmer!

(*Il sort.*)

PIERROT. — Eh! si nous décampions!

NIFLANGUILLE ET LE CHARBONNIER. — Décampons!

(*Quand ils veulent sortir, le Gendarme les rejette en dedans. — Il apporte la potence et les balances avec un poids.*)

NIFLANGUILLE. — La potence dans mon salon!

LE GENDARME. — C'est pour ne pas vous laisser languir!

PIERROT. — Et ces balances?

LE GENDARME. — Ce sont les balances de la justice. Tu les essayeras le premier !

(*Il le jette dans un des plateaux, qui baisse fortement.*)

LE CHARBONNIER ET NIFLANGUILLE. — Oh ! comme il est lourd !

LE GENDARME. — Fouillez-le !

PIERROT (*se débattant*). — Non ! non ! non !

(*On lui prend le sac d'argent sous sa robe.*)

NIFLANGUILLE. — Mon sac ! mon sac !

LE GENDARME. — Pas tant de précipitation ! Voilà donc l'explication de son poids ! Maintenant, passons au second criminel. (*Il met le sac de charbon sur le plateau, qui s'élève très haut.*) Oh ! qu'il est léger : la frrraude est évidente ! Jugeons : Considérant que le Charbonnier a vendu à faux poids..... le condamne à mort !

LE CHARBONNIER. — Que le diable t'étrangle ! Je ne suis pas encore retiré du commerce !

LE GENDARME. — Considérant que le seigneur Niflanguille est dur envers les maigres et les pauvres, le condamne à mort ! Quant au chef de l'homicide, l'acquitte.

NIFLANGUILLE. — Grand merci, gredin !

LE GENDARME. — Silence ! Considérant que Pierrot a volé l'argent du seigneur Niflanguille, le condamne à mort !

PIERROT. — Et voici l'exécution !

(*Il bat le Gendarme, qui crie, le met dans le sac, le tue et le jette par-dessus le théâtre.*)

LE CHARBONNIER ET NIFLANGUILLE. — Ah ! brave Pierrot ! excellent Pierrot !

PIERROT. — Maintenant, Charbonnier, si tu m'en crois, nous utiliserons la potence...

LE CHARBONNIER. — Oui, on en ferait de bon bois pour chauffer.

PIERROT. — Non, Niflanguille nous en veut. Pendons-le et nous partagerons ses écus !

LE CHARBONNIER. — Ah ! ah ! ah ! à l'instant même !

NIFLANGUILLE. — Laissez-moi, misérables ! laissez-moi ! (*Ils le poursuivent; il leur échappe.*) J'aime mieux me jeter par la fenêtre. (*Il se jette.*)

LE CHARBONNIER. — Courons après !

PIERROT (*prenant le sac*). — Mais n'oublions pas les écus

TROISIÈME PARTIE

PLACE PUBLIQUE.

PIERROT, LE CHARBONNIER.

LE CHARBONNIER. — Voilà assez longtemps que tu me fais courir ; nous allons partager !

PIERROT. — Oui, mon cher ami.

LE CHARBONNIER. — Oh ! bon apôtre ! tu ne te presses guère.

PIERROT. — Allons ! compte toi-même l'argent ! (*Il sort.*)

LE CHARBONNIER (*remuant le sac*). — Le nœud est diablement serré !

PIERROT (*lui donnant un coup de bâton*). Voilà ta part !

(*Il le frappe.*)

LE CHARBONNIER. — Oh ! je suis mort !

PIERROT. — Cela t'apprendra à faire la différence du blanc au noir. A moi les écus ! et à boire ! Ces exercices violents altèrent. Hé ! marchand de vin, as-tu un tonneau de Bourgogne ?

LE MARCHAND DE VIN (*amenant le tonneau*). — Celui-ci vous convient-il ?

PIERROT. — Parfaitement! (*Le frappant.*) Merci, adieu!

LE MARCHAND DE VIN. — C'est ainsi que vous payez?

PIERROT (*le battant*). — Oui, et largement.

LE MARCHAND DE VIN (*se sauvant*). — Sacripant! tu auras ton tour!

PIERROT. — Quelle bonne journée! Des farces, de l'argent et du vin : Oh! que l'existence est douce!

(*Niflanguille et le Commissaire arrivent en voiture avec la potence.*)

LE COMMISSAIRE. — Mon bon ami, tu peux dire adieu à cette douce existence.

PIERROT. — Monsieur le Commissaire, de quoi vous mêlez-vous?

NIFLANGUILLE. — Allons! allons! monsieur le Commissaire, ne nous amusons pas! il s'échapperait.

PIERROT. — Oh! quelle a-bo-mi-na-tion!

LE COMMISSAIRE. — Allez! tirez la corde!

(*On le pend la tête en bas.*)

NIFLANGUILLE. — Il voulait boire, qu'il boive! (*On lui trempe la tête deux ou trois fois dans le tonneau.*) — A présent, je reprends mes écus!

LE COMMISSAIRE. — Non! monsieur, je les confisque! A chacun selon son mérite, s'il vous plaît, Allez-vous-en!

(*Un coup de bâton.*)

NIFLANGUILLE. — Il fallait que je fusse volé! (*Il part.*)

LE COMMISSAIRE. — Le Charbonnier a été tué par son camarade de vol; Pierrot a été pendu, et ce mauvais riche perd son argent : donc soyons toujours vertueux!

THEATRE DES MARIONNETTES.

LA GRAND-MAIN

LA GRAND'MAIN

MISE EN SCÈNE

Une main ferme est nécessaire pour diriger les hommes. Avoir la main ferme est la plus grande qualité ici-bas, dans tous les métiers.

La Grand'Main est aussi leste que ferme ; elle apparaîtra aux enfants dans leurs rêves, cette bonne et terrible Main, qui frappe, caresse, mène, débarbouille et donne.

Quant à Polichinelle, elle s'est chargée de lui donner une leçon qui ne lui profitera point. Polichinelle représente l'homme par tous les côtés qui rapprochent le plus celui-ci de l'animal. Seulement, il faut désespérer d'apprivoiser jamais Polichinelle.

La Grand'Main l'a vaincu, mais non dompté. Il ne comprend rien. Le plus grand effort qu'il ait jamais fait sur lui-même, c'est sa résistance à la séduction d'un pâté qui lui est offert par cette même Grand'Main. Mais quelle résistance incomplète! et comme le raisonnement, chez lui, bat vite en retraite devant la passion.

Perfectionner Polichinelle, le rendre meilleur, tentative attrayante mais impossible, qu'il ne faut point abandonner cependant, et qui ne doit cesser d'être poursuivie par le bâton, par la fourche, par la casserole et par le sabre de bois. Néanmoins, il est bien permis de déclarer que c'est une tâche épuisante. Cela est bien permis à celui qui l'a entreprise.

PERSONNAGES :

POLICHINELLE.
LE SORCIER.
UNE VIEILLE FEMME.
LA MAIN.

LA GRAND'MAIN

MAISONS ET ARBRES.

LE SORCIER. — Par ce beau temps, au lieu de manger dans ma maison, je déjeunerai sur l'herbe, en humant un peu le bon air du matin. Excellente idée ! (*Il sort en chantant :*)

> Macami, macamo !
> Parafagui, parafaguo !
> Une tranche de jambon !
> Voilà la sorcellerie,
> Un peu de vin de Mâcon,
> Voilà la sorcellerie !

POLICHINELLE (*entre*). — Qu'est-ce qu'il chante là, le chapeau pointu ? une tranche de jambon, beaucoup de vin de Mâcon ! Oh ! oh ! le nez m'en gonfle. Quoique chapeau pointu ne m'ait pas invité, je déjeunerai avec lui. (*Il sort en chantonnant :*)

> Une tranche de jambon !
> Beaucoup de vin de Mâcon !

(*Le Sorcier rentre avec une bouteille qu'il dépose.*)

LE SORCIER (*chantant :*)

La bonne aventure, ô gai !
La bonne aventure !

(*Parlant.*) Vin de velours, viande de satin ! table d'émeraude ! estomac de diamant ! Quel est l'homme qui puisse déjeuner aussi bien qu'un Sorcier ? Allons chercher le jambon. (*Il sort en chantant :*)

Que le jambon est bon !

POLICHINELLE (*entrant de l'autre côté. — Chantant et prenant la bouteille :*)

La bonne aventure, ô gai !
La bonne aventure !

(*Il sort. — Le Sorcier rentre, apportant un jambon.*)

LE SORCIER (*posant son jambon*). — Je vais faire une de mes plus sûres prédictions : je prédis que je déjeunerai d'une façon magique ! (*Chantant.*) Un bon petit vin, très fin !... (*Se retournant.*) Eh !... eh mais !... ah !... oh !!! n'avais-je pas mis là ce petit vin, très fin ? (*Il regarde partout.*) Est-ce qu'un Sorcier plus sorcier que moi... enfin, la chose est singulière ! y verrais-je déjà trouble... Cependant, ceci est une affaire de raisonnement pur : si j'avais mis cette bouteille là, elle y serait ; puisqu'elle n'y est pas, c'est que je me suis trompé et ne l'ai point apportée. Il faut retourner à la cave, par conséquent.

(*Il sort. — Polichinelle rentre.*)

POLICHINELLE. — Voilà chapeau pointu qui ne chante plus. Ah! Sorcier, il ne faut jamais dire : Je déjeunerai sans Polichinelle.

(*Prenant le jambon. — Il sort en dansant et en chantant :*)

Chapeau pointu n'est pas content, tra la la!

LE SORCIER (*rentrant avec un petit pain*). — C'était ma dernière bouteille, et puisqu'elle n'est pas à la cave, elle devrait être ici. Mais, bah! sorcellerie et philosophie s'accordent. C'est quelque pie voleuse qui a emporté ma bouteille luisante. Je me contenterai de ce bon jambon, de ce jambon exquis, de ce jambon merveilleux, qui embaume! (*Se retournant, il jette un cri.*) Oh!... eh bien!... il a disparu aussi? (*Il cherche partout et revient tomber désolé.*) O malice fieffée! ô pauvre moi! pauvre Sorcier ensorcelé que je suis! me faut-il donc déjeuner avec du pain sec? serait-ce le diable qui me mettrait en pénitence! O mon jambon satiné! ô mon vin de velours! (*Se redressant furieux.*) Du pain! du pain sec!... (*Il rejette le pain dans un coin du théâtre*) comme un moineau! Oh! que celui qui m'a pris mon vin et mon jambon ait la colique à perpétuité, qu'il soit pendu lui et ses arrière-petits-enfants! qu'il perde toutes ses dents, qu'il ait toujours faim et n'ait jamais rien à manger, qu'il meure de soif, et que le diable l'emporte!

POLICHINELLE (*entrant avec son bâton*). — As-tu bien déjeuné, Jacquot?

LE SORCIER (*à part*). — Je saurai si c'est lui, (*Haut.*) Que dis-tu, coquin?... Mais oui, très bien ; je viens de faire un véritable festin!

POLICHINELLE. — Ah bah !

LE SORCIER. — Cela t'étonne ?

POLICHINELLE. — Et qu'est-ce que tu as mangé ?

LE SORCIER. — D'excellent jambon !

POLICHINELLE. — Du jambon ???

LE SORCIER. — Eh bien ! oui.

POLICHINELLE. — Tu en avais donc un autre ?

LE SORCIER (*à part*). — O triple brigand ! (*Haut.*) Comment, un autre ?

POLICHINELLE (*à part*). — Ah ! si j'avais su ! j'ai encore faim (*Haut.*) Oui, un autre que celui qui était là tout à l'heure !

LE SORCIER (*à part*). — O légion de scélérats sous deux bosses ! (*Haut.*) Tu l'as donc vu, celui qui était là tout à l'heure ?

POLICHINELLE. — Mais non ! mais non ! mais non ! Et qu'est-ce que tu as bu ?

LE SORCIER. — Du vin de Mâcon.

POLICHINELLE. — Tu en avais donc une seconde bouteille ? (*A part.*) Et moi qui ai encore soif.

LE SORCIER. — Ah ! bandit, c'est toi qui as bu la première, tu viens de l'avouer.

POLICHINELLE. — Mais non ! mais non ! mais non !

LE SORCIER. — Tu viens de l'avouer, voleur maladroit!

POLICHINELLE. — Qu'est-ce que ça te fait, puisque tu en avais deux?

LE SORCIER. — Mais non, abominable gourmand, je n'ai rien mangé, moi. Ainsi, tu m'as volé mon vin et mon jambon?

POLICHINELLE. — Mais non! mais non! mais non! je les ai trouvés : j'ai cru que tu les avais mis là pour moi : Que la main du diable me serre le nez si je mens!

LE SORCIER. — Eh bien! il sera fait comme tu le désires. (*Il prend sa baguette et commence les incantations.*) Parafini! parafino!

POLICHINELLE. — Finaud plus que tu ne penses! Quoique tu n'aies pas mangé, je vais te faire faire ta digestion. (*Il le frappe.*)

LE SORCIER. — Holà, mille cornes du diable! tu oses me toucher?

POLICHINELLE. — Mais non! mais non! mais non!

LE SORCIER. — Tarabustus, jibigui, nibido!

POLICHINELLE (*le tapant*). — Sur le dos!

LE SORCIER. — Oh! mille fourches! je ne me laisserai point marcher sur le pied, monsieur Polichinelle!

POLICHINELLE. — Tarabusto, sur le dos! monsieur le Sorcier; veux-tu que je te dise ta bonne aventure : tu seras rossé!

E SORCIER. — Et toi, pendu!

POLICHINELLE (*le bat en le poursuivant tout autour du théâtre et en riant à chaque coup. Le Sorcier crie avec détresse:* Parafini, parafino, *et finit par sortir.*)— Je ne déjeunerai plus chez toi, mauvais Sorcier ; tu n'es pas aimable pour tes convives. (*Il se promène en chantant ; une grande Main rouge sort derrière lui et lui gratte sa bosse. Il s'arrête.*) Tiens ! (*Il regarde à droite et à gauche, en l'air, la Main cesse. Il se remet à marcher, a Main recommence. Il s'arrête brusquement en riant malgré lui, la Main cesse. Il regarde de nouveau partout, excepté derrière lui.*) Tiens! tiens! mais c'est drôle ! (*Il recommence, même jeu. Parlant au public :*) Mais oui, c'est très drôle ! je me gratte et ça ne me démange pas. (*Il se remet à rire en se tortillant en tous sens ; la Main recommençant.*) Oh ! mais, il y a quelqu'un derrière moi ! Qui est-ce qui est là ? (*La Main frappe trois fois sur la bosse.*) Qui est-ce qui frappe à la porte ? Entrez ! Attends, attends, si je me retourne, polisson ! (*Il se retourne vivement et donne un grand coup de bâton, mais la Main a tourné en même temps que lui. Il regarde partout, espérant avoir tapé sur quelque chose.*) Je crois que j'ai tué une puce ! (*Il se retourne cinq qu six fois de plus en plus vite pour tâcher d'attraper ce qui est derrière lui ; mais la Grand'Main tourne aussi vite que lui et il tape toujours dans le vide.*) Oh ! oh ! oh !... oh !!! (*La Main le pousse en avant, il se rejette en arrière, il s'ensuit un balancement de quelques instants pendant lequel Polichinelle répète en cadence :*) Tic, tac, tic, tac ! Me voilà changé en balancier de coucou ! Celui qui me joue ce tour le payera cher ! (*La Main lui fait la fourche sur la nuque avec deux doigts. Effrayé, Polichinelle s'écrie :*) Ah ! mon Dieu ! ma collerette qui s'empèse. (*Il se débat, se retourne, se retrouve avec la fourche par devant, jette un grand cri, fait un bond, la Main disparaît. Il tousse, éternue, tremble.*) C'est un homard ! ô Polichinelle ! malheureux Polichinelle ! que t'arrive-t-il là ? (*Croyant sentir quelque chose :*) Eh !... encore ?...

(*Il tourne sur lui-même très rapidement, puis fait volte-face aux quatre points cardinaux.*) Je bats la mesure à quatre temps! Il ou elle... la chose... est partie... ouh! la vilaine chose!... (*La Main reparaît et s'ouvre au-dessus de la tête de Polichinelle comme pour la saisir. Il recule jusqu'au coin du théâtre.*) Non! non! non! (*Quand il est acculé. la Main le prend par le nez et le ramène à l'autre coin.*) Oh! oh! on va croire que je n'ai pas de mouchoir. (*La Main lui cogne la tête contre le mur puis le lâche et va à l'autre bout.*) Coquine! (*Un grand Nez se lève et la Main fait un pied de nez à Polichinelle.*) Oh!... oh!... oh!... quelle humiliation! (*Il se cache la figure, puis regarde.*) Encore?... oh!... (*Il se met à pleurer, puis tout à coup s'élance furieusement contre le Nez et la Main, qui échappent à son bâton et reparaissent de l'autre côté. Après trois ou quatre essais infructueux, Polichinelle, épuisé, souffle et se repose. Le Nez et la Main disparaissent.*) Je n'en peux plus! Oh! mes bosses et mon chapeau pour une idée! O glorieux Polichinelle! te voilà le jouet d'une main irrespectueuse! La voilà partie, cependant. Oh! j'ai besoin de me refaire le cœur : le Sorcier a laissé son pain. (*Il prend le pain.*) Mange, Polichinelle, la nourriture donne des forces. (*La Main lui enlève le pain.*) Mort, diable, cornes, fourche, ventre, canon, tonnerre, massacre! (*La Main revient et fait la menace de donner des soufflets à Polichinelle.*) Tu n'as pas honte de ta conduite, madame la Grand'-Main? (*La Main lui décoche une chiquenaude.*) Saperleuffle! je te trancherai en petits morceaux! (*La Main disparaît. — Polichinelle frappe à une porte.*) — Ouvrez, ouvrez-moi! pour l'amour de Dieu!

LA VIEILLE (*apparaissant à une fenêtre*). — Qu'est-ce que ce vacarme? Que voulez-vous?

POLICHINELLE. — Ma bonne dame, laissez-moi me cacher chez vous!

LA VIEILLE. — Je n'ouvre pas à ceux que je ne connais pas!

(*Elle referme sa fenêtre.*)

POLICHINELLE. — La Main va revenir; elle est par là, je n'ose m'en aller! Si je pouvais entrer chez cette vieille impitoyable!

(*Il frappe de nouveau.*)

LA VIEILLE (*reparaissant à la fenêtre.*) — Si vous continuez à faire du tapage à ma porte, je vous jette un pot d'eau sur la tête!

POLICHINELLE. — Mais, cruelle créature, vous ne savez pas ce qu'il m'arrive! (*La Vieille referme sa fenêtre.*) Ah! l'enragée! elle m'ouvrira! Le pot d'eau m'est égal, j'enfoncerai la porte!

(*Il frappe de toutes ses forces.*)

LA VIEILLE (*reparaissant et lui vidant le contenu d'une casserole sur la tête*). — Vous l'avez voulu, tapageur!

(*Elle referme la fenêtre.*)

POLICHINELLE. — Aïe! je suis échaudé! Je te torderai le cou, affreuse Vieille! Quant à la Main, je vais la tuer! (*Il prend son fusil, le charge, couche en joue. — La Main reparaît avec un sac de papier gonflé.*) Tiens, tiens, tiens! qu'est-ce que c'est que ça? C'est bon à manger, hein? (*Il écoute.*) Oui, oui! donne-le-moi. (*Il cherche à ouvrir les doigts de la Main, qui les referme toujours.*) Aucune complaisance! Attends! (*Il prend son fusil et tape sur la Main; la Main lui crève le sac sur la tête avec un bruit terrible; il tombe, se roule en criant:*) Je suis mort, je suis mort!

(*Il fait des cabrioles, puis reste immobile. — Le Sorcier entre.*)

LE SORCIER. — Ah! ah! Polichinelle, tu es donc mort, enfin.

POLICHINELLE. — Oui.

LE SORCIER. — Hein! tu parles?

POLICHINELLE. — Polichinelle vit encore!

(*Il lui donne un grand coup de crosse de fusil.*)

LE SORCIER. — Oh! le traître! (*Il se sauve.*)

POLICHINELLE. — Quant à ta Main, méchant drôle, elle ne rira pas toujours, et la Vieille pourra payer cher son inhospitalité!

(*Il se recouche à terre.*)

LA VIEILLE (*sortant avec précaution*). — Il est mort, ce mauvais sujet? J'ai entendu un bruit si épouvantable qu'il faut que je sache ce que c'est. Mais oui, le voilà mort! (*Elle s'approche de Polichinelle, le tourne et le retourne.*) Tu es mort?

POLICHINELLE. — Oui!

(*Il se relève et lui donne un grand coup de crosse de fusil.*)

LA VIEILLE (*tombant*). — Oh! le coquin!

POLICHINELLE (*entrant dans la maison*). — Je suis à l'abri! Qu'elle s'arrange avec la Main! (*La Main revient.*)

LA VIEILLE (*se relevant*). — Ah! grand Dieu! qu'est-ce que ceci, encore? Madame la Main, ne me faites pas de mal! Polichinelle est chez moi.

(*La Main disparaît. — La Vieille frappe à sa propre porte.*)

POLICHINELLE (*apparaissant à la fenêtre*). — Qu'est-ce que ce vacarme ? Que voulez-vous ?

LA VIEILLE. — Mon petit Polichinelle, pour l'amour de Dieu, ouvrez-moi la porte ?

POLICHINELLE (*singeant la voix et les discours de la Vieille*). — Je n'ouvre pas à ceux que je ne connais pas.

LA VIEILLE. — Mon bon Polichinelle, laissez-moi rentrer !

POLICHINELLE (*continuant à se moquer*). — Si vous faites du tapage à ma porte, je vous jetterai un pot d'eau sur la tête !

(*Il referme la fenêtre.*)

LA VIEILLE. — Je ne veux point rester près de cette grande Main rouge. Si elle allait me donner des soufflets ! (*Frappant à la porte :*) — Polichinelle ! Polichinelle ! je t'en prie !

POLICHINELLE (*reparaissant et lui jetant de l'eau avec une casserole*). — Vous l'avez voulu, tapageuse ! (*Il referme la fenêtre.*)

LA VIEILLE. — Oh ! quelle maudite idée que j'ai eue de sortir de chez moi pour venir voir ce qui se passait dans la rue ! (*La Main reparaît, pose un pâté à terre et fait signe à la Vieille de s'éloigner.*) — Oui, oui, je comprends ; c'est pour attirer ce méchant garçon ! (*Elle se cache. — La Main frappe à la porte.*)

POLICHINELLE (*ouvrant la fenêtre*). — Ah ! ah ! tu n'en as pas assez !... Ah ! la Main est encore là ! (*La Main lui désigne le pâté et disparaît.*) Je vois bien, c'est un pâté ! Il sent bon, mais il y a quelque comédie là-dessous. Oui, oui, c'est pour m'attraper ! Il est beau, ce pâté, mais je n'irai pas! Oh! bah! je puis bien descendre jusque sur le seuil de la porte. Je le sentirai de plus près. On ne pourra pas me surprendre. (*Il disparaît.*)

LA VIEILLE (*montrant sa tête*). — Il y viendra, le beau sire!

(*Polichinelle ouvre la porte. — La Vieille se cache.*)

POLICHINELLE. — Oui, oui, je vois bien le piége! C'est pour me tenter, mais je ne me laisserai pas tenter. Il embaume, ce pâté! S'il était plus près de la porte, en m'étendant de tout mon long, je l'atteindrais. Parbleu, je peux bien faire deux pas, trois pas seulement; si j'aperçois quelque chose de suspect, j'aurai bien le temps de rentrer dans la maison. (*Il s'avance un peu avec précaution, puis recule vivement.*) Ce ne peut être qu'un piége! Et il a si bonne mine! Avec un peu d'adresse, je leur enlève leur pâté, et qui sera penaud? ce ne sera pas moi! (*Il avance de nouveau tout doucement.*) Là, là, encore un peu plus près, j'approche; il est vraiment superbe, ce pâté! Encore deux pas, je le tiens! (*Il avance, et, en étendant le bras, il touche au pâté. Il se retourne.*) Hein? Ah! je croyais avoir entendu quelque chose! Eh bien! ce n'est pas si difficile de s'approcher d'un pâté (*Il s'approche.*) et de le prendre!... (*Au moment où il va s'en emparer, la Main surgit, le renverse d'un grand soufflet, et fait disparaître le pâté. — En même temps, la Vieille rentre dans la maison. — Polichinelle se relève.*) Holà! holà! (*Il court à la porte, mais la trouve fermée.*) Je me suis laissé pincer! (*Il frappe à la porte.*)

LA VIEILLE (*sortant et lui donnant un grand coup de balai.*) — C'est un pâté à surprise!

POLICHINELLE (*reculant sous le coup*). — Ah! maudite Vieille!

(*La Main le renverse d'un coup de poing vers la Vieille.*)

LA VIEILLE (*le tapant violemment.*) — A l'assassin!

POLICHINELLE. — Oh!... comment! c'est moi qu'on assomme et on crie à l'assassin! (*La Vieille rentre dans la maison et la Main disparaît.*) On s'en va et on croit que je me laisserai faire! Polichinelle est battu par une vieille femme, Polichinelle est trompé, houspillé, humilié! Polichinelle se relèvera!

(*Il prend un énorme tranchoir et l'affile.— Pendant qu'il est bien occupé, la Main lui passe un bonnet d'âne par-dessus son chapeau. Il ne s'en aperçoit pas et chantonne :*)

Tu verras, tra ri ra,
Ce qui arrivera !

(*La Main revient et lui présente un miroir.*) Tiens, tiens, tiens! voilà un drôle de monsieur! Bonjour, bonjour! Dieu! que tu es laid, mon ami! Ah! tu es bien coiffé! je te conseille de faire l'aimable. (*Il rit.*) Voyons, as-tu bientôt fini? Je ne veux pas que tu frétilles comme ça. Attends, je vais t'aller retrouver. (*Il passe derrière la glace*) Eh bien! où est-il passé, ce farceur? (*Il revient par devant.*) Comment! il s'est en allé sans me dire adieu! Eh non, le voilà revenu... Ah ça, mais! il a pris mes bosses, mon nez, mon habit, mais ce n'est pas mon chapeau! (*Il secoue la tête et fait tomber le bonnet d'âne.*) Brrr, on veut me faire tourner en bourrique! (*La Main reprend le bonnet et veut le lui remettre, mais il l'évite trois fois, court à son tranchoir, refoule la Main dans le coin du théâtre et la coupe en poussant des cris féroces*) Eh! hardi donc! On ne fera jamais la barbe à Polichinelle! (*Une autre Main revient et avec un bâton tape trois coups sur la tête de Polichinelle. — Furieux.*) Entrez! vous n'avez pas besoin de frapper. (*La Main apporte une savonnette et une serviette.*) Eh bien! eh bien! voilà la Main gauche à présent! Qu'est-ce que tu veux faire de tout ça? tu m'apportes ta vaisselle? (*La Main lui présente la serviette.*) Tu veux me faire la barbe? Mais non, mais non, mais non! (*La Main lui donne des coups de bâton.*) C'est ta manière de faire la conversation, toi aussi! Allons, mets la serviette! (*La Main lui met la serviette. — Polichinelle soupire.*) Quelle honte! quelle abomination! (*La Main lui barbouille la figure.*) Eh! eh! mais tu m'en mets dans les yeux! (*La Main prend le tranchoir.*) C'est ça ton rasoir? tu me prends donc pour un jambon? (*La Main se prépare à le raser; il éternue, baisse la tête et le rasoir passe pardessus.*) C'est bien la Main gauche. (*Il veut se sauver, la Main le rattrape par la serviette.*) Saperlotte! c'est trop fort! (*Il s'asseoit sur la Main.*) Je vais l'étouffer! (*Jetant un cri et sautant.*) Oh! elle m'a pincé!... (*Il se frotte.*) Perruquière!... couic!...

(*Il disparaît. — La Main le montre de loin et fait signe qu'elle continuera à lui rendre la vie dure. — On entend dans la coulisse des voix.*)

LA VOIX DE POLICHINELLE. — Je t'en prie, Sorcier, délivre-moi de cette horrible Main!

LA VOIX DU SORCIER. — Polichinelle, es-tu corrigé?

LA VOIX DE POLICHINELLE. — Oui, oui!

LA VOIX DU SORCIER. — Me voleras-tu encore mon déjeuner

LA VOIX DE POLICHINELLE. — Non, non!

LA VOIX DU SORCIER. — Eh bien, je vais te délivrer de cette Main que j'ai fait venir pour te punir.

(*Entre le Sorcier avec sa baguette.*)

LE SORCIER (*avec sa baguette fait des signes en divers sens, auxquels la Main obéit, puis elle disparaît.*) — Parafini, parafino, mano, mano, man i! (*Polichinelle entre.*)

POLICHINELLE. — Brrr! il y a quelque plaisir à être un peu tranquille!

LE SORCIER. — Que ceci te serve de leçon!

POLICHINELLE. — Écoute, Sorcier : toi, tu es malin comme un singe, je suis sûr que tu ne dis pas les vrais mots pour faire obéir ton affreuse patte.

LE SORCIER. — Comment! tu prétends que je ne sais pas mon métier?

POLICHINELLE. — Je te parie que tu en oublies; répète les mots un peu, que je voie!

LE SORCIER. — Parafini, parafino, mano, mano, mano!

POLICHINELLE (*à part*). — Bon; je les sais à présent! (*Haut!*) c'est vrai, tu n'en as pas oublié! (*Prenant son bâton,*) Vois-tu, brigand de Sorcier, moi je n'oublie rien non plus, et ton chapeau pointu va m'en dire des nouvelles (*il le bat et le tue*) : turlututu, ça y est! A présent, avec le secret, je vais employer la Main à mon service! je l'enverrai chatouiller Pierrot. (*Il rit; faisant des signes magiques.*) Parais, Finette! — oui, c'est bien ça! — Parais Finette! manchot, manchot! (*Regardant.*) Elle ne vient pas vite! est-elle entêtée! C'est une main de femme! (*Avec colère.*) Parais, Finette! manchot! manchot. (*La Main apparaît avec une fourche.*) Ah! la voilà! Va-t'en chatouiller Pierrot, vite, ma mignonne. (*La Main le menace avec la fourche.*) Eh! eh!

(*Courte lutte, Polichinelle est entraîné.*)

THÉATRE DES MARIONNETTES

LA COMÈTE DU ROI MIRAMBOLE

LA COMÈTE
DU
ROI MIRAMBOLE

MISE EN SCÈNE.

Le roi Mirambole, s'il n'était entouré de flatteurs, serait le meilleur des hommes. Les flatteurs l'ont rendu inconstant, égoïste, cruel et vaniteux. A la fin, ils en portent la peine. Le roi Mirambole, auprès de qui ils se trahissent et se desservent mutuellement, auquel ils suggèrent les idées les plus extravagantes, finit par faire un carnage complet de tous ces courtisans et donne sa faveur à Pierrot qui en profite pour faire élever à de grands honneurs tous ses parents.

Le Médecin, l'Astrologue, l'Orfévre, qui voulaient se perdre réciproquement, sont satisfaits tous trois. Donc la pièce finit bien, puisque chacun obtient ce qu'il désirait.

Ce roi Mirambole est un véritable enfant qui casse ses jouets, tyrannise ses camarades, se laisse mener par le bout du nez, et n'a aucune notion exacte des choses. Fénelon n'eût jamais pensé au roi Mirambole, et cependant *les Aventures de Télémaque* ne contiennent peut-être pas des enseignements aussi profonds que *la Comète du roi Mirambole*.

PERSONNAGES:

LE ROI MIRAMBOLE.
L'ASTROLOGUE
LE MÉDECIN } GRANDS DU ROYAUME.
L'ORFÉVRE
LE BOURREAU.
PIERROT, VALET.
LE CABARETIER.
BALIBUBUTTE.
LE HÉRAUT.

LA COMETE

DU

ROI MIRAMBOLE

PREMIÈRE PARTIE

SALLE DU PALAIS.

PIERROT (*balayant la salle*). — Quelle chose singulière que le sort ! Je suis réduit à l'état de simple valet, tandis que tout le monde parvient autour de moi. O Pierrot ! Pierrot ! fasse naître le ciel une occasion, et tu seras grand-visir !!! Bien, quel est ce bruit ? Les grands personnages se disputent ! Hi ! hi ! hi !

(*L'Astrologue et le Médecin entrent avec fracas en se gourmant. — Pierrot sort.*)

L'ASTROLOGUE. — Vous ne ruinerez pas mon crédit auprès du Roi... Je lui promettrai la lune et le soleil ; sa prospérité m'appartient.

LE MÉDECIN. — C'est à moi qu'il appartient, le Roi ! Je possède sa santé, je le purgerai, je le mettrai à la diète, je le narcotiserai. Il ne boit et ne mange que ce qu'il me plaît et ce que je veux.

L'ASTROLOGUE. — Oui, et comme il veut se marier, vous lui avez dit que ma fille, que je lui proposais, avait une fièvre quarte, qu'elle était étique, paralytique et poussive... Je le sais...

LE MÉDECIN. — Et vous, vous avez dit au Roi que ma nièce était née sous un mauvais astre, sous le signe du Capricorne, le signe redoutable aux mariages... Je le sais, moi aussi... et l'Orfévre...

L'ASTROLOGUE. — L'Orfévre! je vous réponds que le Roi n'épousera pas sa cousine, non plus.

LE MÉDECIN. — Je droguerai si bien le Roi, qu'il épousera ma nièce.

L'ASTROLOGUE. — Par la lune! je lui mettrai des lunettes qui lui feront voir ma fille en beau!

LE MÉDECIN. — Je lui donnerai la colique, à votre fille.

L'ASTROLOGUE. — Je te forcerai à la lui ôter!

LE MÉDECIN. — Je vous ferai perdre l'appétit et le goût du pain.

L'ASTROLOGUE. — Vil charlatan! je te brûlerai avec un verre grossissant.

LE MÉDECIN. — Misérable! tu vas mourir!

(*Il empoigne sa seringue.*)

L'ASTROLOGUE. — C'est un duel à mort, soit!

(*Il brandit son télescope. — Ils se battent. — Les mots: faussaire, imposteur, courtisan, drôle, coquin, accompagnent les coups. — L'Astrologue s'enfuit. — Le Roi entre. — Le Héraut sonne de la trompe et annonce: Le Roi!*)

LE MÉDECIN. — Oh!

LE ROI. — Notre ventre royal n'est point libre aujourd'hui, et la fièvre insolente s'attaque à notre auguste personne. Tâtez-nous le pouls.

LE MÉDECIN. — Oh! fort grave... fort grave...

LE ROI. — Quoi? comment? parle, cher médecin, parle, mon ami. Suis-je en danger? sauve ton ami! Tâte-moi le ventre! misères! Ecoute, je t'ordonne de m'empêcher d'être malade à l'avenir! Grand Dieu! Un roi ne peut être soumis à la colique comme le dernier de ses sujets.

LE MÉDECIN. — Mon Roi! mon Roi! point de transports, ils aggraveraient le mal.

LE ROI. — C'est cette question de mariage qui a troublé notre royale santé. Nos désirs ont été renversés : la fille de l'Astrologue ayant la fièvre quarte, la fille de l'Orfévre étant née sous un signe bien repoussant, ainsi que la vôtre...

LE MÉDECIN. — O Roi! voilà le sujet dont je voulais vous entretenir. Or, je soupçonne l'Astrologue de vouloir vous trahir. O mon Roi! mettez seulement le dévouement de l'Astrologue à l'épreuve. Pour guérir le mal royal, il me faut mêler à mes cordiaux un peu d'essence de comète. Il faut pour un remède royal des substances divines...

LE ROI (*satisfait.*) — Cela est de pure évidence.

LE MÉDECIN. — L'Astrologue pourrait, s'il le voulait, procurer une comète au Roi. Indépendamment des avantages thérapeutiques, cette comète, attachée en guise de brillant au sommet de la couronne de mon Roi...

LE ROI. — Une comète étincelant sur notre couronne, c'est, par notre foi! une belle idée... une fort belle idée que nous avons là!...

LE MÉDECIN. — Daigne le Roi se rappeler que cette idée a été entrevue par son Médecin.

LE ROI. — Drôle, prétendriez-vous nous souffler nos inspirations?... Cette outrecuidance est inimaginable!... Qu'on aille chercher le Bourreau!

LE MÉDECIN. — Roi, et votre fièvre? et votre colique? et votre comète?

LE ROI. — C'est bien, nous le faisons grâce.

LE MÉDECIN. — Avec cette comète au front, mon souverain aurait une prééminence marquée, céleste sur les autres princes.

LE ROI. — Par notre barbe! il nous la faut sur-le-champ cette comète. Où est l'Astrologue? qu'on appelle l'Astrologue. Ce joyau divin ornera notre tiare dès ce soir. Nous le mandons et l'ordonnons!

LE MÉDECIN. — Roi! que ma gratitude monte vers vous! (*Il s'éloigne, parlant à part.*) — S'il pouvait faire couper le cou à l'Astrologue. Je te vous le droguerai d'importance pour la peine!

(*Il sort.*)

LE ROI. — Que ces gens sont heureux de nous approcher, de nous contempler, de nous écouter!... Ah! voici l'Astrologue.

L'ASTROLOGUE. — Que désire le Roi, favori des astres?

LE ROI. — Nous vous ordonnons de nous procurer une comète pour ce soir, une comète pour orner notre couronne. Vous entendez? exécutez nos ordres... allez!

L'ASTROLOGUE. — Une comète?.. mais... comment... je ne comprends pas...

LE ROI. — Une rébellion!... qu'on aille chercher le Bourreau!

L'ASTROLOGUE. — O Roi! je conçois parfaitement... vous désirez une comète! (*A part.* Satanée idée, par les cinq cents diables! il se figure qu'on a des comètes comme des petits pâtés.)

LE ROI. — Cela rentre dans vos fonctions... Il nous la faut ce soir... Nous n'attendons jamais.

L'ASTROLOGUE. — O Roi!... il y a comète et comète... on ne peut jamais savoir si on a une bonne ou une mauvaise...

LE ROI. — Nous avions des soupçons sur votre fidélité... ils se confirment : Holà! qu'on aille chercher le Bourr...

L'ASTROLOGUE. — Mais, Sire, je craindrais de vous faire un présent... dangereux... embarrassant au moins... Où la mettre, le soir, cette comète? Il me semble que l'Orfévre remplirait mieux les désirs du Roi.

LE ROI. — Ah !!!

L'ASTROLOGUE. — Qu'il fasse une comète en argent... il a assez volé... ce serait une restitution... puis une réserve précieuse... l'argent est d'ailleurs un métal qui a la couleur des astres... J'exposerai la comète aux rayons des planètes, et elle en prendra l'éclat et les qualités... avec l'avantage de pouvoir se vendre ou se mettre en gage...

LE ROI. — Oh! notre esprit royal est fertile aujourd'hui !... Que vous semble de notre pensée d'une comète en argent, Astrologue?

L'ASTROLOGUE. — Sublime, mon Roi! Si l'Orfévre refuse, c'est un traître.

LE ROI. — Cette comète en argent!... Qu'on aille chercher l'Orfévre !

L'ASTROLOGUE. — Le Médecin est mort, l'Orfévre dans de vilains draps ! (*Haut.*) L'horoscope du Roi annonce que cette comète amènera un brillant et heureux mariage.

LE ROI. — Il est fâcheux que votre fille ait la fièvre quarte !... Mais ce n'est point étonnant, vous êtes toujours dans les cartes. (*Il rit.*) Ah ! ah ! ah !

L'ASTROLOGUE (*vexé*). — Charmante plaisanterie !

LE ROI. — Vous ne riez point suffisamment... je vous ferai donner la bastonnade... quand nous daignons plaisanter pour vous récompenser...

L'ASTROLOGUE (*riant*). — Ah! ah! ah! ah!

LE ROI. — De quoi riez-vous, sot? vous osez léser notre majesté quand elle se livre à de sérieuses pensées... Qu'on lui donne un grand coup de bâton ! (*Le Héraut exécute l'ordre*).

L'ASTROLOGUE. — Aïe, aïe! (*S'en allant.*) Quel être quinteux et insupportable! (*Avec enthousiasme*) O grand Roi!

LE ROI. — Les hommes sont étranges! Ils ne savent ce qu'ils veulent. (*Entre l'Orfèvre.*) — Orfèvre, approchez. Nous avons résolu de vous octroyer une haute faveur.

L'ORFÈVRE (*à part*). — Il va épouser ma cousine. (*Haut.*) Mon Roi, je suis foudroyé de bonheur.

LE ROI. — Vous nous fabriquerez pour ce soir une comète en argent, qui sera notre ornement royal désormais. Vous la fabriquerez avec votre argent... le tout sous peine de mort. Marchez!

L'ORFÈVRE. — Mais je suis réellement foudroyé! Quelqu'un m'a joué un mauvais tour : comète... c'est l'Astrologue... Sire... Roi... mon Roi...

LE ROI. — Eh bien... ?

L'ORFÈVRE. — Une vraie comète...

LE ROI. — Quoi ?

L'ORFÈVRE. — Vaudrait mieux... et ce serait surtout l'affaire l'Astrologue !

LE ROI. — Je l'avais deviné... cet homme est un traître... qu'on lui coupe le cou !

L'ORFÈVRE. — O Roi! mais une pauvre comète d'argent... tout le monde peut en avoir une, tandis qu'une véritable comète... oh! comme cela est royal !

LE ROI. — C'est notre pensée, nous aurons deux comètes, une en argent pour tous les jours et une en lumière pour les fêtes! Vous fournirez l'une et l'Astrologue ira chercher l'autre.

L'ORFÈVRE. — O roi! une seule grâce : je ne fabriquerai la mienne que lorsque mon cher ami l'Astrologue aura apporté la sienne qui me servira de modèle.

LE ROI. — Vous n'avez point besoin de nous indiquer ce que nous voulons faire... sujet irrespectueux.

L'ORFÉVRE. — Non Roi... et comme l'Astrologue pourrait tomber malade, mon autre ami le Médecin l'accompagnera pour le soigner...

LE ROI. — Qu'on lui donne un grand coup de bâton... il connaît tous nos projets d'avance et cela montre de la déloyauté.

(*Le Héraut frappe l'Orfévre*).

L'ORFÉVRE. — Aïe, aïe! (*A part.*) Ça m'est égal, me voilà tiré d'affaire et les deux autres sont perdus! (*Il sort.*)

LE ROI (*se regardant dans la glace*). — Fort grand air, en vérité; nous sommes très beau, très beau, très beau! très grand, très grand, très grand! le soleil ne nous surpasse pas, nous rayonnons mieux que lui... (*On frappe à la porte.*) Entrez! oh! nous nous sommes conduit en homme. Le misérable qui nous a entraîné à cette faiblesse nous la payera. (*Pierrot entre.*) Ah! c'est donc toi! vermisseau, méprisable insecte... Qu'on le jette par la fenêtre!

PIERROT. — Roi, vous avez raison, mais laissez-moi vous contempler durant quelques secondes... puis je mourrai content.

LE ROI. — Cet insecte est ébloui!... qu'il vive encore quelques secondes!

PIERROT. — J'ai appris que le Roi voulait une comète, j'en ai une à ma disposition, je n'ai qu'à l'aller chercher.

LE ROI. — Que siffle ce vermisseau?

PIERROT. — L'Orfévre, le Médecin et l'Astrologue sont trois vieux podagres incapables d'une pareille entreprise et qui ne songent qu'à se débarrasser l'un de l'autre, chacun voulant rester seul à jouir du bonheur de voir le Roi!

LE ROI. — Fourmi téméraire!

PIERROT. — Je suis jeune, actif, adroit, vigoureux, j'aime sincèrement mon Roi : qu'il commande, il aura sa comète ce soir!

LE ROI. — Nous savons et prévoyons tout. Nous savions tes

desseins, nous connaissions le mauvais esprit qui anime nos grands.

PIERROT (*à part*). — Eh bien, il ne manque pas d'amour-propre! (*Haut.*) Alors, je pars!

LE ROI. — La comète ou la vie! sache-le bien, ver de terre!

PIERROT. — Il ne me faut qu'un peu d'argent pour les frais de route.

LE ROI. — Ce garçon me plaît comme me plaisaient les autres, il y a vingt ans! Oh! mouvement trop humain et non royal! Eh bien! pars, moucheron! Qu'on lui donne de l'argent.

(*Le Héraut donne un sac à Pierrot.*)

PIERROT (*faisant sauter le sac*). — Vive le Roi!

LE ROI. — Quel effet nous produisons! Nous les réchauffons plus que le soleil! Va! (*Pierrot part.*)

DEUXIÈME PARTIE

UN CABARET.

LE CABARETIER, PIERROT.

LE CABARETIER. — Ainsi, mon frère, tu arrives de chez le Roi?

PIERROT. — Oui, notre bon Roi!

LE CABARETIER. — Et qu'est-ce que tu fais chez le Roi?

PIERROT. — Je balaye les escaliers.

LE CABARETIER. — Tu es bien heureux!

PIERROT. — Je le serai encore davantage. Mais il s'agit d'une autre affaire : as-tu du vin de la comète?

LE CABARETIER. — Oui, mais tu n'en auras pas!

PIERROT. — Ah bah!

LE CABARETIER. — Je ne le donne pas...

PIERROT (*montrant son sac*). — Donc, j'en aurai !

LE CABARETIER. — Oh !!! qu'il est beau, qu'il est gros !

PIERROT. — Royal !!! Fais-moi goûter ton vin !

LE CABARETIER. — Voilà !

PIERROT. — Exquis ! exquis ! Maintenant, tu vas me prêter ta fille, ma nièce Balibubutte, pour quelques jours.

LE CABARETIER. — Comment, te prêter...

PIERROT. — Je veux la mener chez le Roi.

LE CABARETIER. — Pourquoi faire ?

PIERROT. — Pour la marier avec le Roi.

LE CABARETIER. — Tu deviens fou !

PIERROT. — Elle sera reine, je serai grand-vizir et tu seras grand-échanson.

LE CABARETIER. — Oui ! chanson !

PIERROT. — Confie-moi ta fille et une bouteille de ton vin, et notre fortune est faite J'ai appris le moyen de parvenir ! couic !

LE CABARETIER. — Ah bah ! qui ne risque rien n'a rien. (*Il sort.*)

PIERROT. — Astrologue, Apothicaire, Orfèvre, unis, quelle force ! Aussi, si j'arrive, mon premier soin sera de les envoyer *ad patres*. (*Entre Balibubutte.*) Bonjour, ma jolie nièce, *as-tu toujours de l'esprit ?*

BALIBUBUTTE. — Tant que vous en voudrez, mon oncle !

PIERROT. — Sais-tu ce que c'est qu'une comète ?

BALIBUBUTTE. — Une étoile avec des cheveux !

PIERROT. — C'est tout à fait ton portrait. Veux-tu devenir reine ?

BALIBUBUTTE. — Sérieusement ?... Je veux bien !

PIERROT. — Le Roi m'a chargé de lui rapporter une comète, et c'est toi que je lui rapporterai. Je me charge de lui faire un bon conte. Seulement, une fois que tu seras reine, il faudra que tu lui dises que tu as eu un songe qui t'a montré clair comme le jour qu'il fallait faire pendre l'Astrologue, le Médecin, l'Orfévre, et me nommer grand-vizir !

BALIBUBUTTE. — Rien de plus facile. On pendra tous ceux qui vous déplairont.

PIERROT. — Le Roi est un bonhomme au fond.

BALIBUBUTTE. — Partons-nous ?

PIERROT. — Partons.

TROISIÈME PARTIE

LE PALAIS.

LE ROI (*dans son lit*). — Ainsi, mon bon Médecin, mon bon ami, hélas !

LE MÉDECIN (*avec une tasse, brusquement*). — Buvez ! buvez ! buvez ! Allons, que diable ! les rois meurent comme les autres. Il n'y a que le mariage avec ma fille qui puisse vous sauver !... elle connaît des simples...

LE ROI. — C'est un cruel remède !

LE MÉDECIN. — Alors, buvez ! (*A part.*) Il faudra bien que tu cèdes !

LE ROI (*dolent*). — Ah ! que c'est mauvais !... et ce petit scélérat ne me rapportera point cette comète !

LE MÉDECIN. — Vous n'avez pas voulu exiger que l'Astrologue aille la chercher. Il trouble vos esprits et vous tourne la bile avec ses idées ridicules ! Allons, buvez ce chiendent... ce n'est pas fort commode de disputer votre peau à la mort... Si ma fille était reine !...

LE ROI. — Tu ne m'appelles plus Roi ?

LE MÉDECIN. — Ah ! il n'est plus temps de faire des façons !

LE ROI. — C'est bien ! laisse-moi seul un instant.

LE MÉDECIN (*à part*). — Il a une peur horrible... Je le tiens!

(*Il sort.*)

LE ROI. — Est-il possible que j'aie besoin de ces êtres secondaires... Oh! cela est bien amer, bien amer! (*Entre l'Astrologue.*) Ah! vous voilà, mon bon ami! Eh bien! ne me retirera-t-on pas de ce mauvais pas?

L'ASTROLOGUE. — Cet infâme Médecin vous circonvient...

LE ROI. — Que disent les astres?

L'ASTROLOGUE. — Ils disent que vous mourrez si vous n'épousez ma fille! Vous êtes toujours dans les bras de ce Médecin... Il vous empoisonne, tout simplement!

LE ROI. — Et ma comète?

L'ASTROLOGUE. — Votre comète! votre comète! Dépêchez-vous, la mauvaise conjonction de Mars avec Pluton se fait aujourd'hui..... je ne réponds plus de rien. Il n'y a que ma fille..... qui...

LE ROI. — C'est bien! c'est bien!...

L'ASTROLOGUE. — Tant pis pour vous!

(*Il sort.*)

LE ROI. — Si je prends l'une plutôt que l'autre... je meurs... si je ne prends ni l'une ni l'autre, je meurs... (*Entre l'Orfévre.*) Ah! mon cher ami, que sert l'argent quand on est dans ma position?

L'ORFÉVRE. — Eh bien! il y a qu'il n'y a plus un sou dans le Trésor. Il n'y a plus moyen de payer une tisane, ni quoi que ce soit... nous faisons banqueroute... on saisit tout... et vous coucherez cette nuit à la belle étoile... Pour un amateur d'astrologie, ce serait fort agréable, mais pour un malade, c'est mortel.

LE ROI. — Mais que faire... que faire...

L'ORFÉVRE. — Épousez ma fille... elle a sa dot de côté, avec laquelle vous aurez de bien meilleurs médecins et meilleurs astrologues que ces deux drôles qui se moquent de vous.

LE ROI. — Je suis perdu!... Mais si j'abdiquais, est-ce que je ne pourrais pas sauver ma vie?...

L'ORFÈVRE. — Non! non! non! vous la perdriez plus vite...

> (*On entend la voix de Pierrot :*) J'entrerai! (*Une autre voix :*) Vous n'entrerez pas! (*Bruit violent. — Pierrot entre. — Il se précipite avec un bâton sur l'Orfèvre.*)

PIERROT. — Hors d'ici, malandrin, traître! (*Il le bat et le chasse.*)

LE ROI. — Ah! mon Dieu!... un voleur!

PIERROT. — Point du tout, c'est votre ami Pierrot, mon Roi, qui vous rapporte votre comète.

LE ROI. — Serait-il possible! Où est-elle? Je me sens déjà mieux!

PIERROT (*allant à la porte et faisant entrer Balibubutte*). — La voici!

LE ROI. — Comment! je vois une ravissante jeune fille, mais la comète?

PIERROT. — C'est elle-même! Qu'est-ce qu'une comète? une étoile avec une chevelure. Or, n'est-ce point là une véritable étoile de beauté avec les plus magnifiques cheveux de la terre?

LE ROI. — Je n'en disconviens pas... cependant...

BALIBUBUTTE. — Roi, voici l'exacte vérité : je suis réellement une comète, et je naviguais dans les espaces célestes quand je rencontrai notre ami Pierrot qui m'exposa vos désirs et de vous marier et de posséder une comète. Je pensai donc aussitôt qu'en prenant la forme d'une femme je comblerais vos vœux, puisque vous pourriez m'épouser, et qu'en même temps je formerais le plus beau fleuron de votre couronne... sans me vanter outre mesure.

LE ROI. — Hélas! si je n'épouse point les filles de mes grands, je dois mourir.

PIERROT. — Balivernes! Nous allons vous guérir! (*Il casse les fioles et les pots.*) A bas toute cette pharmacie! Nous vous apportons une liqueur souveraine à la perfection de laquelle a présidé la charmante comète que voici. On l'appelle naturellement vin de la comète. Veuillez en goûter un doigt, ô mon Roi!

LE ROI (*buvant*). — Oh! excellent! divin!

PIERROT ET BALIBUBUTTE. — Le Roi boit! le Roi boit! vive le Roi!

LE ROI (*se levant*). — Oui, par mon sceptre, le Roi vit! Je suis guéri. Cette liqueur est céleste : donnez-m'en encore. (*Le Roi boit la bouteille.*) Eh! de par ma couronne, comète, veux-tu être reine? tu me parais encore plus éclatante!

BALIBUBUTTE. — Je suis venue pour cela même.

LE ROI. — Eh bien! c'est affaire convenue. Héraut, annoncez le mariage du Roi avec la Comète... Quel nom, astre étincelant?

BALIBUBUTTE. — Balibubutte, Roi.

LE HÉRAUT (*à la fenêtre*). — Peuples, on vous annonce le mariage du Roi Mirambole avec la comète Balibubutte, réjouissez-vous!

BALIBUBUTTE. — Mon Roi, j'ai fait un songe qui me tourmente. J'ai rêvé qu'un Astrologue...

LE ROI. — C'est étrange!

BALIBUBUTTE. — Un Médecin et un Orfévre...

LE ROI. — Ce songe dit vrai.

BALIBUBUTTE. — Trahissaient un grand prince et le rendaient malade pour le forcer chacun à épouser son laideron de fille...

LE ROI. — Ce songe est une prophétie.

BALIBUBUTTE. — Ce grand Roi découvrait leur crime. Il faisait jeter l'Astrologue dans un puits pour aller y prendre la lune ; il donnait à manger de l'arsenic au Médecin, et ordonnait d'étrangler l'Orfévre avec les lacets des sacs d'or volés par celui-ci.

LE ROI. — Ce rêve est la justice même. Je vais commander sur-le-champ qu'on en exécute les prescriptions...

BALIBUBUTTE. — Enfin ce grand monarque nommait grand-vizir un jeune homme obscur, mais dévoué.

LE ROI. — Mais c'est de Pierrot qu'il s'agit !... Ce rêve a tout prévu. Pierrot, vous êtes grand-vizir.

PIERROT. — Vive le Roi!

LE ROI. — Qu'on fasse venir le Bourreau (*Le Bourreau entre.*) Aiguise ton sabre! (*Le Bourreau obéit.*) Nous ferons couper le cou à ces misérables pour aller plus vite en besogne!

(*Entre l'Orfévre.*)

L'ORFÉVRE. — Que dit-on? un petit intrigant a guéri le Roi!

LE ROI. — Coupez le cou à cet homme!

(*Le Bourreau massacre l'Orfévre.*)

PIERROT. — Vive le Roi!

(*Entre l'Astrologue.*)

L'ASTROLOGUE. — Quelle est cette nouvelle? le Roi se marie... malgré les astres... Cela ne se passera pas ainsi!

LE ROI. — Allez, Bourreau, qu'on se hâte!

(*Le Bourreau tue l'Astrologue.*)

PIERROT. — Vive le Roi!

(*Le Médecin entre.*)

LE MÉDECIN (*avec sa seringue*). — Je ne le souffrirai pas... le Roi a quelque transport au cerveau, il faut qu'il se purge.

LE ROI. — Bourreau, coupez la parole à cet insolent!

(*Le Bourreau tue le Médecin.*)

PIERROT. — Vive le Roi!

LES PLAIDEURS MALGRÉ EUX

LES
PLAIDEURS
MALGRÉ EUX.

MISE EN SCÈNE.

Les Avocats, les Commissaires, les Gendarmes, les Médecins ou les Apothicaires, en général toute profession qui ne se rattache pas au *plaisir*, ont été voués de tout temps à l'exécration de la comédie, et surtout de la comédie des mimes et des marionnettes.

Aussi, existe-t-il dans ce dernier monde des marionnettes une pyramide curieuse. A la base, écrasés et à plat-ventre, s'étalent (juste punition) les Cassandres, les Pierrots, les Arlequins, les Niflanguilles, les Vieilles, sur ceux-ci les pauvres Gendarmes, épuisés eux-mêmes par le faix, appuient leurs talons. Les terribles Avocats s'étagent au-dessus, trop occupés de gesticuler et parler pour ressentir aucun ennui de la charge qu'ils supportent. Enfin, tout en haut resplendit le bon et triomphant Commissaire, qui s'écrie de toute la sonorité de son gros nez et de ses grosses joues : Pendez, pendez, pendez !

Tout autour, noyée dans une perspective indécise et pleine de vapeurs, se rangent d'innombrables potences auxquelles sont attachés Commissaires, Avocats et Gendarmes. Ce fond du tableau n'est autre que le rêve des gens de la base, les Pierrots, les Arlequins, rêve que leur malice réalise souvent.

PERSONNAGES :

PREMIER AVOCAT.
DEUXIÈME AVOCAT.
PIERROT.
Mme BÉGRICHE.
LE COMMISSAIRE.
LE PERROQUET.
LE CHAT.

LES PLAIDEURS

MALGRÉ EUX.

PREMIÈRE PARTIE

UNE PLACE PUBLIQUE.

PREMIER AVOCAT. — Pas de cause, nulle cause, *quid juris?* Pas de cause, pas de chausses, peu de chose et pas de chance! *quod demonstrandum?* Pas de client! *Quomodo!* je crois que je vois poindre un être vivant là-bas : de par Dieu! de gré ou de force j'en fais un client. Je suis las d'être affamé, mes entrailles hurlent. (*Il prend un bâton. — Entre le deuxième Avocat.*) — Quid? quid? mais c'est vous, mon confrère? Je ne vous reconnaissais pas : pardon! *Errare humanum est!* Ah!...

DEUXIÈME AVOCAT. — Ah! diable de métier! Combien avez-vous eu de clients depuis que vous êtes dans la partie, *amicus?*

PREMIER AVOCAT. — Pas un seul à me mettre sous la dent. Et vous?

DEUXIÈME AVOCAT. — Oh! moi, j'en ai eu beaucoup... en songe.

PREMIER AVOCAT. — Aussi, nous sommes efflanqués comme des chats maigres.

DEUXIÈME AVOCAT. — Ma robe flotte non sur un corps, mais sur une asperge.

PREMIER AVOCAT. — Oh! ne parlez point d'asperge à un homme dont l'estomac est vide comme une maison dévalisée.

DEUXIÈME AVOCAT. — Par le pétitoire, le possessoire, le décisoire, le résolutoire et le dilatoire! j'aurai un client!

PREMIER AVOCAT, — Par le sinciput et le préciput, l'antichrèse et la rescision, le synallagmatique et le bilatéral, la potestative et l'alternative, le récognitif et le confirmatif, nous en aurons chacun un! Et même il me vient une idée.

DEUXIÈME AVOCAT. — Je prends hypothèque.

PREMIER AVOCAT. — Permettez : les causes n'existant point, il en faut créer. Voyez, le ciel nous entend, j'aperçois Pierrot... Je vais l'inviter à plaider.

DEUXIÈME AVOCAT. — En attendant, j'irai à la recherche de quelque affaire. Que Dieu vous aide! (*Il sort. — Entre Pierrot.*)

PIERROT. — Je n'aime point ces animaux-là. Qu'a-t-il à me flairer, celui-ci? Est-ce que je sens le papier timbré et la paperasse?

PREMIER AVOCAT. — Eh! mon cher Pierrot!

PIERROT. — Eh! monsieur de la paperasse!

PREMIER AVOCAT. — Eh! Pierrot, *vale amice!* Tu ne serais point de Normandie?

PIERROT. — Eh non! je suis de mon pays.

PREMIER AVOCAT — *Bene responsum!*

PIERROT. — Benêt vous-même et redponsom avec.

PREMIER AVOCAT. — Tu n'as point d'ennemis?

PIERROT. — Oh! que si!

PREMIER AVOCAT. — Ah! ah! bonne affaire; il te faut leur faire un petit procès.

PIERROT. — Mes ennemis sont la colique, la mauvaise chance.

PREMIER AVOCAT. — Euh! euh! difficiles à assigner; cependant... ils feraient défaut, on gagnerait tout de même...

PIERROT. — Qu'est-ce qu'on gagnerait?

PREMIER AVOCAT. — Sa cause, mon ami; avec quelques cents francs d'honoraires que tu me donnerais, je te ferais gagner.

PIERROT. — Gagner de l'argent?

PREMIER AVOCAT. — Oui, nous demandons des dommages-intérêts.

PIERROT. — A la colique et à la mauvaise chance?...

PREMIER AVOCAT. — Mais non, je parle de notre adversaire. Ne m'as-tu pas dit que tu vivais mal avec ton voisin?

PIERROT. — Mais non! Je n'ai pas de logement ni de voisin.

PREMIER AVOCAT. — On ne t'a pas battu? on ne t'a pas injurié, diffamé, trompé, escroqué, molesté?

PIERROT. — Oh! que si.

PREMIER AVOCAT. — Eh donc! nous irons au civil, au criminel et au commercial.

PIERROT. — Mais je ne me rappelle plus qui sont ceux qui m'ont fait tout ça.

PREMIER AVOCAT. — Tu ne voudrais pas faire pendre quelqu'un?

PIERROT. — Ah! pardine, non! à moins que ce ne soit toi.

PREMIER AVOCAT. — Tu as la cervelle bien dure!... Tu ne veux pas plaider?

PIERROT. — Au diable! je suis mal avec le Commissaire.

PREMIER AVOCAT. — Tu as tort.

PIERROT. — Laisse-moi tranquille.

PREMIER AVOCAT. — Tu ne veux pas plaider, coquin?

PIERROT. — Non.

PREMIER AVOCAT. — Ah! scélérat!

(*Il le bat.*)

PIERROT. — Ah! le dos te démange...

(*Il prend un bâton, que l'Avocat saisit par l'autre bout.*)

PREMIER AVOCAT. — Coups et blessures, homicide volontaire avec préméditation.

PIERROT — Saute! Avocat.

PREMIER AVOCAT. — Crimes contre les particuliers, menaces, calomnies.... Oh! la belle affaire!

PIERROT (*le rossant.*) — Tiens! c'est une action au bâtonnoire, celle-ci.

PREMIER AVOCAT. — Oui, Messieurs, cet homme, oubliant tous les principes... Aïe! il m'assomme.

PIERROT (*lui prenant sa toque.*) J'y mettrai mon tabac.

(*Il se sauve.*)

PREMIER AVOCAT (*courant après lui.*) — Ah! ma toque! ma toque!

(*Entre l'autre Avocat avec madame Bégriche.*)

DEUXIÈME AVOCAT. — Oui, Madame, oui, il faut plaider. Le monde périra si nous ne plaidons pas.

Mme BÉGRICHE. — Mais je veux rester tranquille, êtes-vous sourd? Je vous ai dit que je ne voulais pas plaider.

DEUXIÈME AVOCAT. — Pour vos enfants!

Mme BÉGRICHE. — Je n'en ai pas; je n'ai qu'un Perroquet.

DEUXIÈME AVOCAT. — Plaidons pour le Perroquet!

Mme BÉGRICHE. — Mais non!

DEUXIÈME AVOCAT. — Le pauvre Perroquet, il serait si content!

Mme BÉGRICHE. — Lui? il n'en a pas envie. Laissez-moi!

DEUXIÈME AVOCAT (*prenant un bâton*). — Je vous dis que vous plaiderez!

Mme BÉGRICHE. — Il va m'assassiner!

(*Elle se jette sur lui, le désarme, le bat et se sauve.*)

DEUXIÈME AVOCAT. — Ah! Seigneur! des coups pour régal?

Ah ! voici mon confrère qui revient ; il aura été sans doute plus heureux.

PREMIER AVOCAT. — Pierrot, un drôle qui ne veut point avoir de procès ! ! !

DEUXIÈME AVOCAT. — Hélas ! Mme Bégriche ne le veut pas davantage.

PREMIER AVOCAT. — C'est inconcevable ! qu'allons-nous devenir ?

DEUXIÈME AVOCAT. — Elle ne veut même pas que son Perroquet...

PREMIER AVOCAT. — Elle a un Perroquet, dites-vous ?... Nous sommes sauvés ! Ils auront des procès malgré eux. Où demeure-t-elle ?

DEUXIÈME AVOCAT. — Ici, dans cette maison.

PREMIER AVOCAT. — Et Pierrot ?

DEUXIÈME AVOCAT. — En face. Je crois qu'il a un Chat.

PREMIER AVOCAT. — Un Chat ? tout va bien : nos clients sont trouvés. Vous aurez le Perroquet et moi le Chat.

DEUXIÈME AVOCAT. — Houm ! donnons une autre face à l'affaire. Je vous avoue que j'ai quelque appétit. Si nous profitions de l'absence de ces deux coquins pour nous emparer du Perroquet et du Chat, dont nous ferons notre souper ?

PREMIER AVOCAT. — Et nous mettrons nos clients aux prises : je conçois le projet. En chasse ! en chasse, *amice !*

DEUXIÈME AVOCAT. — Eviction et confusion, compensation et exception, licitation et récusation. A moi le Perroquet !

PREMIER AVOCAT. — Et à moi le Chat !

(*Il sort.* — *Le Perroquet à la fenêtre.*)

LE PERROQUET. — As-tu déjeuné, Jacquot ?

DEUXIÈME AVOCAT. — Bonjour !

LE PERROQUET. — Bonjour !

DEUXIÈME AVOCAT. — Descends, mon ami, je te donnerai du rôt.

LE PERROQUET. — Du rrrôt ?

DEUXIÈME AVOCAT. — Allons, viens!

LE PERROQUET (*disparaissant*). — Du rrrôt! (*Dans la coulisse.* Du rrrôt! (*Entrant sur la scène.*) Du rrrôt pour Jacquot?

DEUXIÈME AVOCAT. — Allons, approche, mon ami Jacquot.

LE PERROQUET. — Avocat! Avoc... cat... Avoc... cat!!! ah! ah! ah! ah!

DEUXIÈME AVOCAT. — Tu te moques de moi!

LE PERROQUET. — De moi!... Préchi... précha!!!

DEUXIÈME AVOCAT. — Approche un peu.

LE PERROQUET. — Avoc... cat... sans rrrôt!!!

DEUXIÈME AVOCAT. — Jacquot! Jacquot!!!

LE PERROQUET. — Je ne vois pas de rrrôt!!!

DEUXIÈME AVOCAT. — Je l'ai dans ma toque.

LE PERROQUET. — Porrrtez... arrrme!

DEUXIÈME AVOCAT (*lui jetant sa toque dessus*). — Ah! je te tiens.

LE PERROQUET (*se débattant et criant*). — Pendez l'Avoc... cat! Au sec... ours!... c'est l'Avoc... cat!

DEUXIÈME AVOCAT (*l'étouffant*). — As-tu fini de crier, méchante bête? Ah! je lui ai tordu le cou! Voici mon rôti, allons le plumer.

(*Il sort. — L'autre Avocat entre.*)

PREMIER AVOCAT. — Miaou! miaou! minon, minon! Je viens du grenier, j'ai passé partout, ce Chat ne vient pas : Minon, minon!

LE CHAT (*entrant*). — Mi-ou, mi-ou!

PREMIER AVOCAT. — Eh! eh! c'est un fort beau matou!

(*Il prend un bâton.*)

LE CHAT (*jure et lève la patte*). — Fff!!! fff!!!

(*Il accroche ses pattes à la perruque de l'Avocat.*)

PREMIER AVOCAT. — Eh! aïe! Que n'ai-je un cofidéjusseur! Je demande une transaction! Aïe! il me griffe sans pitié, c'est paraphernal! je ne sais plus ce que je dis! (*Le Chat le lâche, l'Avo-*

cat le tue.) Ah! matou, mon ami, j'ai vu le moment où le Chat allait manger l'Avocat! Fort bien, voici Pierrot! (*Entre Pierrot.*) Hou! cachons le bâton! Pierrot, ton Chat est mort.

PIERROT. — Ah! tant pis!

PREMIER AVOCAT. — Cela ne t'émeut pas? Je l'ai vu de mes yeux tuer! Sais-tu qui l'a tué? C'est cette infâme Mme Bégriche!...

PIERROT. — Elle a bien fait! ce Chat me coûtait fort cher.

PREMIER AVOCAT. — Ce meurtre ne peut rester impuni!

PIERROT. — Je vendrai la peau.

PREMIER AVOCAT. — Non pas! non pas! c'est la pièce de conviction! Tu n'as pas le droit de rester indifférent. Il faut te porter partie civile. Il faut plaider!

PIERROT. — Mais non, mille diables!

PREMIER AVOCAT. — Allons, allons, en route pour le Tribunal! (*Il le pousse.*)

PIERROT. — Puisque je ne réclame rien.

PREMIER AVOCAT. — Il y a eu meurtre, il faut un jugement : tu ne t'appartiens plus. Allons, marche! Nous aurons des dommages-intérêts.

PIERROT. — Je ne veux pas y aller. Rends-moi mon Chat!

PREMIER AVOCAT. — Jamais : il me servira pour la péroraison. Tiens, voici ce que je dirai...

PIERROT. — Tais-toi, va-t'en!

PREMIER AVOCAT (*le saisissant*). — Tu plaideras! (*Il l'entraîne.*)

PIERROT (*s'accrochant au mur*). — Il est enragé!

PREMIER AVOCAT (*l'emmenant*). — Tu plaideras!

PIERROT (*s'échappant*). — A la garde!

PREMIER AVOCAT (*courant après*). — Tu plaideras! (*Ils sortent. — Pierrot reparaît en courant. — L'Avocat le poursuit en criant :*) Tu plaideras! (*Madame Bégriche entre.*)

Mme BÉGRICHE. — Jacquot! Jacquot! (*Entre le deuxième Avocat.*)

DEUXIÈME AVOCAT. — Vous appelez votre infortuné Perroquet? Hélas! Madame, je l'ai vu assassiner. C'est un brigand qui l'a massacré, c'est Pierrot!

Mme BÉGRICHE. — Ah! mon Dieu! il m'a rendu un grand service. Ce Perroquet n'était qu'un ivrogne, Monsieur! Avec son pain trempé, il buvait beaucoup.

DEUXIÈME AVOCAT. — Mais, Madame, qu'importent ses défauts? il est mort, il faut venger sa mort. Venez, Madame, venez au Tribunal : je plaiderai votre cause.

Mme BÉGRICHE. — Mais non, mais non!

DEUXIÈME AVOCAT. — Il le faut, vous dis-je, c'est un devoir.

Mme BÉGRICHE. — Ah bah! tant pis!

DEUXIÈME AVOCAT. — Vous plaiderez! il y a un meurtre : l'assassin doit être puni! Vous plaiderez, vous dis-je! je sens mon éloquence s'allumer dans mes entrailles.

Mme BÉGRICHE. — J'aimerais mieux faire empailler mon Perroquet, j'en aurai les agréments sans les ennuis.

DEUXIÈME AVOCAT. — Vous n'avez point de cœur! il faut marcher, Madame, nous demanderons cent mille francs de dommages-intérêts. Eh quoi! vous seriez infidèle à la mémoire de votre Perroquet? (*La saisissant.*) Vous plaiderez! Allons, marchons!

Mme BÉGRICHE. — Quel forcené!

DEUXIÈME AVOCAT (*la poussant par les épaules*). — Elle plaidera!

Mme BÉGRICHE. — Je ne plaid... plaid... plai...

DEUXIÈME AVOCAT (*l'entraînant*). — Allons donc!

Mme BÉGRICHE. — ...derai pas!...

DEUXIÈME AVOCAT (*la gourmant*). — Tu es ma cliente!

(*Ils sortent.*)

SECONDE PARTIE

LE TRIBUNAL.

(*Le Commissaire dormant sur son estrade.*)

PREMIER AVOCAT (*poussant violemment Pierrot contre l'estrade*). — Eh! eh! voici une cause, monsieur le Commissaire!

LE COMMISSAIRE (*se réveillant en sursaut*). — Pendez, pendez, pendez!

PIERROT. — Laissez-moi partir.

LE COMMISSAIRE (*tapant Pierrot*). — Asseyez-vous, et attendez qu'on vous interroge. C'est l'accusé?

PREMIER AVOCAT. — Non, c'est le demandeur.

LE COMMISSAIRE. — Qu'est-ce qu'il demande?

PREMIER AVOCAT. — On lui a tué son Chat.

PIERROT. — Mais puisque ça m'est égal!

LE COMMISSAIRE (*tapant Pierrot*). — Asseyez-vous, et attendez qu'on vous interroge.

PREMIER AVOCAT. — Voici l'infortunée victime...

LE COMMISSAIRE. — Ah! ah! croyez-vous qu'on puisse en faire une bonne gibelotte?

PREMIER AVOCAT. — Excellente!

LE COMMISSAIRE. — C'est très bien! Quel est le coupable?

PREMIER AVOCAT. — L'assassin, c'est Mme Bégriche.

LE COMMISSAIRE. — Où est-elle?

PREMIER AVOCAT. — Je n'en sais rien.

LE COMMISSAIRE. — C'est très bien! (*à Pierrot.*) Accusé, qu'avez-vous à dire pour votre défense?

PREMIER AVOCAT. — Mais il n'est point l'accusé.

LE COMMISSAIRE (*tapant l'Avocat*). — Asseyez-vous, et laissez-moi interroger le coupable.

PIERROT. — Mais ce n'est pas moi.

LE COMMISSAIRE. — Il nie : c'est un bien plus grand scélérat.

PREMIER AVOCAT. — Mais c'est le demandeur.

LE COMMISSAIRE. — J'entends bien : qu'est-ce qu'il demande ?

PIERROT. — A m'en aller.

LE COMMISSAIRE (*tapant Pierrot*). — Asseyez-vous, et attendez qu'on vous interroge.

PREMIER AVOCAT. — Monsieur le Commissaire, un forfait abominable vient d'épouvanter...

LE COMMISSAIRE. — C'est bien. Mettez-vous de l'échalote dans la gibelotte?

PREMIER AVOCAT. — Oui, monsieur le Commissaire.

PIERROT. — Eh bien! qu'on me rende mon Chat et je ferai la gibelotte.

LE COMMISSAIRE (*le tapant*). — Cet accusé est insupportable. Je le ferai mettre au cachot.

PREMIER AVOCAT. — Ce n'est point l'accusé, c'est le demandeur.

LE COMMISSAIRE. — J'entends bien : que demande-t-il?

PREMIER AVOCAT. — Mon plaidoyer vous le dira... Un forfait abominable...

LE COMMISSAIRE. — J'entends bien... il a assassiné un Chat... La cause est entendue... Accusé, vous êtes condamné à être pendu. Êtes-vous content?

PIERROT. — Pendu! qui? moi?...

LE COMMISSAIRE (*le tapant*). — Asseyez-vous, et ne répliquez pas.

PIERROT. — Mais c'est épouvantable!

PREMIER AVOCAT. — Ne résistez pas à la justice! Le Tribunal a usé d'indulgence. Remerciez M. le Commissaire.

PIERROT. — Je veux mon Chat : je ne veux pas être pendu !

PREMIER AVOCAT. — Ce n'est pas la question. Je vous ai défendu : remettez-moi mes honoraires.

PIERROT. — Vous êtes un filou !

PREMIER AVOCAT. — M. le Commissaire, il m'injurie ; je réclame des dommages-intérêts.

LE COMMISSAIRE. — C'est entendu : il payera mille francs !

PIERROT. — C'est un coupe-gorge !

PREMIER AVOCAT. — Il me faut mes honoraires, vous avez perdu, c'est que votre cause était mauvaise ; j'ai fait mon possible, je me suis esquinté à faire un admirable plaidoyer !

LE COMMISSAIRE. — Gendarme, gendarme !

PREMIER AVOCAT. — Eh ! attendez qu'il me paye !

PIERROT. — Je ne me laisserai pas pendre !

(*Il se gourme avec l'Avocat et s'échappe*).

PREMIER AVOCAT. — Hé, mes honoraires ! (*Il s'élance après lui*).

LE COMMISSAIRE. — Ah ! pouah, quel coquin que ce Pierrot ! (*Entre l'autre Avocat poussant madame Bégriche.*) Eh bien ! eh bien !

DEUXIÈME AVOCAT. — Oh ! c'est une affaire extraordinaire ! M. le Commissaire ; cette dame implore...

LE COMMISSAIRE. — Qu'a-t-elle fait ?

DEUXIÈME AVOCAT. — Elle est la plaignante. Voici un Perroquet.

LE COMMISSAIRE. — Donnez ce Perroquet. Il est fort beau. L'accusé est condamné à être pendu !

Mme BÉGRICHE. — Alors, je puis me retirer ?

LE COMMISSAIRE. — C'est vous qu'on va pendre.

Mme BÉGRICHE. — Je n'ai rien fait.

DEUXIÈME AVOCAT. — Vous plaît-il que je plaide ?

LE COMMISSAIRE. — Non, non, non ! Elle est capable de tout. On la pendra avec Pierrot.

Mᵐᵉ BÉGRICHE. — Mais c'est lui!

LE COMMISSAIRE. — Il a tué le Chat, et vous le Perroquet : voilà pourquoi vous serez pendue !

Mᵐᵉ BÉGRICHE. — Mais c'est horrible! je suis innocente.

LE COMMISSAIRE. — Fort bien! le jugement est prononcé.

DEUXIÈME AVOCAT. — Ma foi, Madame, on ne gagne pas toujours! Et encore, grâce à mes efforts, la peine n'est pas trop dure. Veuillez bien me solder le prix de ma plaidoirie.

Mᵐᵉ BÉGRICHE. — Il ne manquerait plus que cela !

DEUXIÈME AVOCAT. — M. le Commissaire, elle ne veut point me payer !

LE COMMISSAIRE. — Quelle horrible créature !

Mᵐᵉ BÉGRICHE. — Cet Avocat me traîne ici de force pour me faire pendre, ce Commissaire ne m'écoute pas! Je ne me laisserai pas faire. (*Battant l'Avocat.*) Voilà pour toi! (*Renversant le Commissaire.*) Voilà pour vous! (*Elle se sauve*).

DEUXIÈME AVOCAT (*courant après elle*). — Elle me vole ! Au voleur!

TROISIÈME PARTIE

LA PLACE PUBLIQUE.

PIERROT (*armé d'un bâton*). — Il me poursuivait. Il va arriver et je lui témoignerai ma satisfaction. (*Entre le premier Avocat*).

PREMIER AVOCAT. — Ah! coquin, je te retrouve. Tu veux te soustraire à ta condamnation et me déshonorer. Tu es condamné à la pendaison! Mais si tu veux me donner vingt mille francs, nous irons en appel et je te sauverai.

PIERROT. — Mais je veux te récompenser de tes bons offices.

PREMIER AVOCAT. — A la bonne heure! tu as compris que l'Avocat n'est pas le maître du jugement.

PIERROT. — Je te traiterai si bien que tu ne désireras plus plaider de ta vie et te réjouiras de n'avoir plus à faire cette besogne fastidieuse!

PREMIER AVOCAT. — *O clientus bonus! jus est hominis salus.*

PIERROT. — Oui, jus! jus de bâton! (*Le battant.*) Tiens, plaide! plaide tout ton saoûl.

PREMIER AVOCAT. — Malheureux!

PIERROT (*le battant*). — Plaide et plaideras-tu? Tiens, nous sommes ici en cassation… de tête…

PREMIER AVOCAT (*s'enfuyant*). — Ah! le bandit!

PIERROT. — Peste soit du drôle! Si sa rage n'est pas passée! il a le plaidoyer bien enraciné.

(*Entre madame Bégriche*).

Mme BÉGRICHE. — Le misérable!

PIERROT. — Qui cela?

Mme BÉGRICHE. — Un Avocat! un Avocat qui me force à plaider et qui me fait condamner à la pendaison.

PIERROT. — Comme moi!

Mme BÉGRICHE. — On me tue mon Perroquet!

PIERROT. — Et moi mon Chat!

Mme BÉGRICHE. — C'est vous qui avez tué mon Perroquet!

PIERROT. — Et vous mon Chat, à ce qu'il m'a dit.

Mme BÉGRICHE. — Je jure que non!

PIERROT. — Les fourbes! je n'ai jamais touché à votre Perroquet.

Mme BÉGRICHE. — Je l'attends. Il me suit, pour réclamer ses honoraires.

PIERROT. — Qui? votre Perroquet?

Mme BÉGRICHE — Non, l'Avocat.

PIERROT. — Prenez un bâton et nous allons l'honorer fortement.

(*Madame Bégriche prend un bâton. — Entre le deuxième Avocat*).

DEUXIÈME AVOCAT. — Ah! Madame, je vous trouve; veuillez me payer.

Mme BÉGRICHE (*se jetant sur lui*). — Tu ne péroreras plus!

(*Elle le bat. — Pierrot et elle assomment l'Avocat qui reste sur le carreau ; puis ils sortent. — Le premier Avocat entre.*)

DEUXIÈME AVOCAT. — Ah! mon confrère, je suis moulu, et le Commissaire a gardé la bête.

PREMIER AVOCAT. — Il a tout gardé? Je renonce au métier.

DEUXIÈME AVOCAT. — C'est votre folie de bavarder qui a amené tout ceci.

PREMIER AVOCAT. — Je ne suis point de bonne humeur, prenez garde !

DEUXIÈME AVOCAT. — Vous m'avez fait rouer de coups.

PREMIER AVOCAT. — Eh! j'en ai eu ma part!

DEUXIÈME AVOCAT. — Eh bien! vous l'aurez double.

(*Il le bat. — Grande bataille. — Ils se tuent tous deux.*)

THÉATRE DES MARIONNETTES

LA FORTUNE DU RAMONEUR

LA FORTUNE
DU
RAMONEUR

MISE EN SCÈNE

La justice du ciel veut qu'un Ramoneur tombe du haut d'une cheminée, et, contre toutes les règles, la tête en bas, dans un chaudron.

Nous n'avons point à chercher l'explication de ce fait. Il suffit qu'il en découle une série d'événements importants et logiques qui fassent de ce Ramoneur l'instrument du salut de princesses persécutées, du châtiment d'un tyran et d'un traître.

Le Ramoneur ne sait point où il va. Le vieux Corbeau, qui a beaucoup vécu, comprend mieux que lui la marche des faits et le dirige avec sagesse.

Il serait impossible au Ramoneur, quand on le jette dans le four et dans le puits, d'imaginer que ces deux grands malheurs sont au contraire tout ce qui peut arriver de plus avantageux à un homme, d'imaginer qu'ils sont même indispensables à sa fortune future.

Il est bien entendu qu'être jeté dans un four et dans un puits n'est pas une condition spéciale pour réussir dans toute carrière et parvenir ; le lecteur supposera seulement là-dessous un exemple de ce que le bien se trouve souvent dans le mal apparent.

PERSONNAGES :

LE RAMONEUR.
LE ROI NOIR.
LA CUISINIÈRE DU ROI NOIR.
LE BOULANGER.
LA PRINCESSE D'AZUR.
LE CORBEAU.

LA FORTUNE

DU RAMONEUR

PREMIÈRE PARTIE

UNE CUISINE. — UN GRAND CHAUDRON SUSPENDU DANS LA CHEMINÉE.

LA CUISINIÈRE. — Que maudit soit le Roi Noir dont je suis la Cuisinière et que maudite soit la cuisine ! Ne me tombera-t-il rien du ciel un jour ou l'autre pour me délivrer de ma prison ?

LA VOIX DU RAMONEUR : —

> Ramonez ci ! ramonez là !
> La cheminée du haut en bas !

LA CUISINIÈRE. — Qu'est-ce que cela ? (*Remuant la cuiller dans le chaudron.*) Hélas ! il ne me tombera rien du ciel.

LA VOIX DU RAMONEUR. — Haut en bas !

LA CUISINIÈRE. — La moindre chose ! (*On entend un grand bruit. — Le Ramoneur tombe la tête en bas dans le chaudron, qui* *fait : floc !*) Ah ! Seigneur ! (*Elle recule à l'autre bout de la cuisine.*) Quel bruit ! quel désastre !... ce n'est pas là ce que je demandais... Et le souper du Roi Noir qui est perdu !... Il me coupera la tête.

LE RAMONEUR (*d'une voix éteinte*). — Haut en bas !

LA VOIX DU ROI NOIR. — Holà ! la Cuisinière, on me fait attendre mon souper bien longtemps.

LA CUISINIÈRE. — Le voilà ! il va me rouer de coups de bâton tout au moins.

LA VOIX DU ROI NOIR (*se rapprochant*). — Eh bien ! m'entendez-vous, Cuisinière ? et faut-il que je vienne moi-même vous jeter dans le chaudron ?

LA CUISINIÈRE. — Ah ! quand il verra ce qu'il y a dans le chaudron... c'en est fait de moi ! Je me cache.

(*Elle se fourre dans la huche et ferme le couvercle sur elle. — On entend le pas du Roi Noir qui fait : poum, poc, poum, poc.*)

LE RAMONEUR (*d'une voix gémissante et aiguë*). — Haut en bas !

(*Entre le Roi Noir.*)

LE ROI NOIR. — Paresseuse et désobéissante Cuisinière, je te pendrai par les pieds dans ta cheminée ! Eh quoi ! la scélérate n'y est pas ?

LE RAMONEUR (*comme précédemment*). — Haut en bas !

LE ROI NOIR (*sautant et se heurtant rudement dans son mouvement*). — Où est-elle ? que dit-elle ? D'où vient cette voix ?

LE RAMONEUR (*comme avant*). — Haut en bas !

LE ROI NOIR. — Se moque-t-on de moi ? (*Allant à la cheminée.*) Des jambes ! A qui ces jambes ? (*Tirant violemment à lui.*) Nous allons bien voir. — Qui es-tu, toi ?

LE RAMONEUR (*hurlant*). — Haut en bas !

LE ROI NOIR. — Qui cela, Haut-en-Bas ? En voilà de belles ! Pourquoi es-tu là, dans mon souper ? Où est la Cuisinière ? parle !

LA FORTUNE DU RAMONEUR.

LE RAMONEUR (*éternuant*). — Atchi !...

LE ROI NOIR. — Que dis-tu ?

LE RAMONEUR (*éternuant de nouveau*). — Atchi !...

LE ROI NOIR. — Pourquoi as-tu renversé mon souper ? Où est ma Cuisinière ? Qui t'a permis d'entrer ici ?

LE RAMONEUR (*éternuant*). — Atchi !...

LE ROI NOIR (*furieux*). — Atchi et *haut en bas* ne sont pas des réponses. Tu as voulu manger mon souper. Tu t'es permis d'entrer chez moi. Sais-tu chez qui tu es ?

LE RAMONEUR. — Comme vous êtes encore plus noir que moi, vous devez être un maître ramoneur.

LE ROI NOIR. — Insolent ! Tu es chez le Roi Noir !

LE RAMONEUR (*faisant de grandes salutations*). — Je vous demande bien pardon d'être tombé dans votre chaudron...

LE ROI NOIR. — Par ta faute, je serai privé de souper. Tu mériterais que je te coupe en petits morceaux ; mais je me bornerai, pour te punir, à te faire jeter dans mon four.

LE RAMONEUR. — Ah ! mon Dieu ! mon Dieu !

LE ROI NOIR. — Toi et la Cuisinière qui t'a introduit ici, vous irez dans le four, si tu ne trouves pas moyen de me faire un excellent souper dans deux minutes, pour remplacer celui que tu m'as gâté. Et je vais dire à mon Corbeau d'aller se percher au haut de la cheminée pour te crever les yeux si tu essaies de remonter par où tu es entré. Tu es venu pour essayer de délivrer la Princesse d'Azur ? (*Il frappe le Ramoneur.*)

LE RAMONEUR (*se sauvant de l'autre côté*). — Mais je ne la connais pas !

LE ROI NOIR. — Pour me prendre mes trésors.

(*Il frappe de nouveau.*)

LE RAMONEUR (*fuyant toujours*). — Mais je ne sais pas si vous êtes riche ou pauvre.

LE ROI NOIR (*frappant encore*). — Et pour faire parler mon Corbeau, qui sait tous mes secrets.

LE RAMONEUR. — Mais non ! mais non !

LE ROI NOIR. — Tu ne sortiras pas vivant d'ici. Si tu échappes au four, tu n'échapperas pas au puits ; si tu échappes au puits, tu n'échapperas pas à la tour du haut de laquelle on te jettera. Et maintenant, pense à mon souper. (*Il sort.*)

LE RAMONEUR. — Je suis perdu ! Hélas ! je ne chanterai plus : *Ramonez ci ! ramonez là !* Je ne crierai plus : *haut en bas !* et je ne regarderai plus le monde du haut des cheminées.

LA CUISINIÈRE (*passant sa tête sous le couvercle de la huche*). — Joli Ramoneur ?

LE RAMONEUR (*effrayé*). — Qui est-ce encore ?

LA CUISINIÈRE. — Ne crains rien, je suis la pauvre Cuisinière du Roi Noir. Je m'étais cachée là de peur d'être tuée ; viens me tirer de la huche, je suis enterrée dans la farine et je ne peux plus sortir.

LE RAMONEUR. — Oui, oui.

(*En voulant l'aider à sortir, lui-même tombe dans la farine.*)

LA CUISINIÈRE. — Te voilà dans la farine, mon pauvre Ramoneur. Ah ! c'est peut-être un bien pour toi. Cela va te déguiser et le Roi Noir ne te reconnaîtra plus.

LE RAMONEUR. — Il veut que je lui prépare un excellent souper en deux minutes, sinon il me fera jeter dans le four avec vous.

LA CUISINIÈRE. — Oh ! le monstre ! nous serons jetés dans le four, car il n'y a aucun moyen de faire un souper en deux minutes, puisque je n'ai plus rien et que tu as tout renversé en tombant dans le chaudron.

LE RAMONEUR. — Nous ne pouvons donc pas sortir d'ici ?

LA CUISINIÈRE. — Non, il a la clef de la porte.

LE RAMONEUR. — Mais pourquoi êtes-vous donc renfermée ?

LA CUISINIÈRE. — Hélas ! c'est un méchant sorcier. Je suis la nourrice de la Princesse d'Azur, sa nièce, et comme il veut l'épouser et qu'elle a horreur de lui, il m'a forcée à devenir cuisinière, et il a enfermé la Princesse d'Azur dans une grande cage.

LE RAMONEUR. — Il n'y a personne pour tuer ce misérable ?

LA CUISINIÈRE. — Ne parlez pas si haut, je l'entends qui revient pour nous faire jeter dans le four. Restons cachés dans la huche ; peut-être ne nous trouvera-t-il pas, bien qu'il ait un vilain Corbeau qui lui dit tout ce qu'on fait.

LA VOIX DU ROI NOIR. — Eh bien ! mon souper est-il prêt ? ou bien faudra-t-il jeter au four le Ramoneur, au four la Cuisinière ?

(*Le Roi Noir entre.*)

LE ROI NOIR. — Eh bien ! Comment, il est parti ? il s'est échappé ? mais par où ? (*Criant dans la cheminée.*) Corbeau ! Corbeau !

LA VOIX DU CORBEAU. — Coa ! coa !

LE ROI NOIR. — Corbeau, tu ne veilles donc pas en haut de la cheminée ?

LA VOIX DU CORBEAU (*enrouée*). — Je veille, je veille.

LE ROI NOIR. — Le Ramoneur s'est échappé.

LA VOIX DU CORBEAU. — Non, non

LE ROI NOIR. — Où est-il ?

LA VOIX DU CORBEAU. — Il s'est fait farine.

LE ROI NOIR. — Comment, farine ?

LA VOIX DU CORBEAU. — Pour mieux cuire dans le four.

LE ROI NOIR (*à part.* Mon Corbeau déraisonne). — Où est le Ramoneur ?

A VOIX DU CORBEAU. — Près de toi. Cherche.

LE ROI NOIR. — Dans le garde-manger ?

LA VOIX DU CORBEAU. — Cherche.

LE ROI NOIR. — Dans le coffre à bois ?

LA VOIX DU CORBEAU. — Cherche.

LE ROI NOIR. — Dans la cheminée?

LA VOIX DU CORBEAU. — Cherche.

LE ROI NOIR. — Je renonce!

LA VOIX DU CORBEAU. — Cherche.

LE ROI NOIR. — Dans la huche?

LA VOIX DU CORBEAU. — Regarde.

LE ROI NOIR (*allant à la huche*). — Ah! tu es là, coquin de Ramoneur! (*Il le sort de la huche.*) Je vais te donner à mon Boulanger pour qu'il te fasse cuire dans le four.

LE RAMONEUR. — Laissez-moi faire ma prière devant la cheminée!

LE ROI NOIR. — Dépêche-toi!

LE RAMONEUR (*criant dans la cheminée*). — Haut en bas!

LA VOIX DU CORBEAU. — Haut-en-Bas!

LE RAMONEUR (*à voix basse*). — Corbeau, Corbeau, je n'ai jamais tué de Corbeaux, et il y en a plus d'un à qui j'ai sauvé la vie; pourquoi donc veux-tu me faire tuer?

LA VOIX DU CORBEAU (*de même*). — Ne dis rien : nous verrons, laisse-toi faire! (*Criant.*) Haut-en-Bas!

LE RAMONEUR. — Haut en bas!

LE ROI NOIR. — Qu'est-ce que tu chantes donc dans la cheminée, et pourquoi mon Corbeau crie-t-il Haut-en-Bas comme toi?

LE RAMONEUR. — Il se moque de moi!

LE ROI NOIR. — Allons, viens! (*Il l'emmène.*)

SECONDE PARTIE

LA FORÊT.

(*Le four au milieu des arbres.*)

LE BOULANGER (*amenant le Ramoneur devant le four*). — Allons, saute là-dedans!

LE RAMONEUR. — Non, non, non!

LE BOULANGER (*le poussant*). — Allons, va cuire!

LE RAMONEUR (*le saisissant*). — Eh bien! nous y entrerons ensemble. (*Il l'entraîne dans le four.*)

LA VOIX DU BOULANGER (*dans le four*). — Je suis tombé dans le feu : à moi!

LA VOIX DU RAMONEUR. — Brûle, flambe, rôtis, scélérat! J'ai trouvé heureusement un petit coin où je suis à l'abri des flammes.

LA VOIX DU BOULANGER. — Oh!... oh!... oh!...

LA VOIX DU RAMONEUR. — Il a flambé comme un sarment! Mais le misérable a fermé la porte! je ne peux plus l'ouvrir et je commence à avoir chaud.

LE CORBEAU (*entrant*). — Coa! coa! cela sent le roussi! ça brûle! ça brûle!

LA VOIX DU RAMONEUR. — Corbeau! Corbeau! si tu n'es pas mon ennemi, ouvre-moi la porte : j'étouffe.

LE CORBEAU (*tapant sur la porte avec son bec*). — Toc, toc, toc!

LA VOIX DU RAMONEUR. — Je serai ton domestique, si tu veux.

LE CORBEAU (*ouvrant la porte*). — Qui est-ce qui brûle, qui est-ce qui brûle?

LE RAMONEUR (*avançant la tête hors du four*). — Oh! je respire!

LE CORBEAU (*lui donnant des coups de bec*). — Coa! coa!

LE RAMONEUR (*rentrant vivement dans le four*). — Tu veux donc me crever les yeux?

LE CORBEAU — Coa! coa! Haut-en-Bas! ramone le four! Dans le four, il y a une clef : c'est la clef d'une cage. Haut-en-Bas! (*Il s'éloigne en sautillant.*)

LE RAMONEUR (*sortant vite*). — Que veut-il dire avec sa clef, la clef d'une cage? et les coups de bec qu'il m'a donnés? Est-ce pour m'indiquer que je dois chercher cette clef? (*Regardant dans le four.*) Voilà bien une clef! (*La tirant hors du four.*) Mais où est la cage? Ah! la Cuisinière m'a dit que la princesse d'Azur était enfermée dans une cage.

(*Le Roi Noir entre et le heurte. — Le Ramoneur cache la clef.*)

LE ROI NOIR. — Comment! maudit Ramoneur! on ne t'a pas jeté dans le four? Qu'est donc devenu le Boulanger?

LE RAMONEUR. — Il est entré là-dedans.

LE ROI NOIR. — C'est toi, vilain Ramoneur, qui as fait cuire mon Boulanger? Le feu est éteint. Puisque tu as échappé au feu, je te jetterai dans le puits, nous verrons si tu échapperas à l'eau.

LE RAMONEUR. — Laissez-moi encore faire ma petite prière.

LE ROI NOIR. — Qu'elle ne soit pas longue!

LE RAMONEUR (*allant à l'écart et à demi-voix*). — Haut en bas!

LA VOIX DU CORBEAU (*caché dans un arbre*). — Haut-en-Bas!

LE RAMONEUR. — Ne me laisse pas mourir, puisque tu me veux du bien.

LA VOIX DU CORBEAU. — Laisse-toi faire.

LE ROI NOIR. — Qu'est-ce que tu marmottes donc là? avec qui parles-tu? C'est avec mon Corbeau : oh! oh! le Corbeau le payera cher! (*Prenant le Ramoneur.*) Allons, dans le puits!

LE RAMONEUR. — Ah! je tombe en faiblesse.

(*Il s'évanouit, et en tombant sa tête cogne rudement celle du Roi Noir.*)

LE ROI NOIR. — Eh! eh! coquin! tu oses me toucher? Ah! il s'est évanoui! (*Le traînant par les pieds jusqu'au puits, il l'y précipite. — On entend l'eau faire : flouc.*) Et maintenant, à nous deux, Corbeau. (*Appelant.*) Corbeau!

LA VOIX DU CORBEAU. — Coa! coa!

LE ROI NOIR. — Corbeau, viens ici, sur-le-champ! (*Regardant dans le puits.*) Rien ne bouge! (*Entre le Corbeau.*) Viens ici!

Pourquoi ne m'as-tu pas averti que le Ramoneur avait fait cuire le Boulanger, méchant animal, perfide, traître?

LE CORBEAU. — Coa! coa!

LE ROI NOIR. — Pourquoi causais-tu en secret avec le Ramoneur? Je veux que tu ne parles à personne.

LE CORBEAU. — Coa! coa!

LE ROI NOIR. — Ah! tu ne veux plus parler!

LE CORBEAU. — Tu veux que je ne parle à personne.

LE ROI NOIR. — Ah! ah! tu deviens bien spirituel! (*Prenant un bâton.*) Tiens, coa! coa! coa! voici pour ta désobéissance.

(*Il bat le Corbeau, puis sort.*)

LE CORBEAU (*allant au puits*). — Haut-en-Bas!

LA VOIX DU RAMONEUR (*faible, au fond du puits*). — Haut en bas!

LE CORBEAU. — Au fond du puits, il y a un sabre; c'est un sabre pour couper la tête.

LA VOIX DU RAMONEUR. — J'ai trouvé le sabre.

LE CORBEAU. — C'est le sabre du père de la princesse d'Azur; c'est le frère du Roi Noir. Le Roi Noir l'a fait jeter dans le puits pour prendre ses trésors et épouser sa fille.

LA VOIX DU RAMONEUR. — Fais-moi sortir d'ici, je suis à bout de forces.

LE CORBEAU (*déroulant la corde du puits*). — Prends la corde.

LA VOIX DU RAMONEUR. — Je la tiens.

LE CORBEAU (*tirant la corde*). — Haut-en-Bas!

LE RAMONEUR (*apparaissant et joyeux*). — Haut en bas!

LE CORBEAU. — Maintenant, tu as le sabre : il faut couper la tête au Roi Noir et ouvrir la cage de la Princesse d'Azur.

LE RAMONEUR. — Marchons! Mais qui es-tu, toi?

LE CORBEAU. — Je suis le vieux Corbeau de la Princesse d'Azur, et j'avais fait semblant de me mettre au service du Roi Noir pour rester près de la Princesse d'Azur.

LE RAMONEUR. — Corbeau! allons tuer le Roi Noir.

LE CORBEAU. — La Princesse d'Azur sait que tu es arrivé dans le château, et elle t'attend pour t'épouser si tu la délivres.

TROISIÈME PARTIE

LE CAVEAU DU ROI NOIR. — LE BOUT D'UNE GRANDE CAGE DANS UN COIN.

LE ROI NOIR (*entrant avec la Cuisinière*). — Aujourd'hui, si la Princesse d'Azur persiste encore à refuser d'être ma femme, je suis décidé à vous tuer tous. Ainsi, tâchez de la persuader.

(*Il sort*).

LA CUISINIÈRE (*amenant en avant la cage où est enfermée la Princesse d'Azur*). — Elle dort. Princesse d'Azur, réveillez-vous! Princesse d'Azur, réveillez-vous! Hélas! le Roi Noir a juré que si vous ne l'épousez pas aujourd'hui même, il nous tuera tous!

LA PRINCESSE D'AZUR. — Non, non, jamais! j'aime mieux mourir!

LA CUISINIÈRE — O Princesse d'Azur! songez que nous allons tous être tués, et que nous voudrions bien rester vivants.

LA PRINCESSE D'AZUR. — Ah! mon Dieu, il faudra donc que je l'épouse pour vous conserver la vie, mais moi j'en mourrai. (*On entend frapper à la porte : Toc, toc, toc!*) Remettez la cage, Nourrice, je ne veux pas voir le Roi Noir.

(*La Cuisinière repousse la cage hors de la scène*).

LA CUISINIÈRE. — Elle ne l'épousera pas et nous serons tous tués. (*On frappe de nouveau : Toc, toc, toc!*) Mais le Roi Noir ne frapperait pas, il a la clef. Qui est donc là? (*Elle va ouvrir la porte. — Le Corbeau entre.*) Ah! te voilà, méchant Corbeau.

LE CORBEAU. — Coa! coa!

LA CUISINIÈRE. — Tu nous as abandonnées!

LE CORBEAU. — Haut-en-Bas!

LA CUISINIÈRE. — Oui, tu l'as fait cuire dans le four.

LE CORBEAU. — Haut-en-Bas a la clef de la cage et le sabre du père de la Princesse d'Azur. Il va venir pour couper la tête au Roi Noir.

LA CUISINIÈRE. — Méchant Corbeau! ce sont des mensonges pour nous railler.

LE CORBEAU. — Coa! coa! qui vivra verra.

LA CUISINIÈRE. — Le Roi Noir va tous nous tuer tout à l'heure: je lui dirai du mal de toi pour qu'il te fasse mourir avec nous.

LE CORBEAU. — Coa! coa! il faut se dépêcher alors. Je vais prévenir Haut-en-Bas.

(*Il sort.*)

LA CUISINIÈRE. — C'est quelque piége.

(*Entre le Roi Noir avec son grand sabre*)

LE ROI NOIR. — Allons! il faut se décider. Je n'ai point retrouvé la clef de la cage, que j'avais cachée dans le four, et en puisant dans le puits j'ai senti que le maudit Ramoneur n'y était plus. Je tuerai tout le monde: toi, Cuisinière, je vais t'enterrer dans la farine; je pendrai la Princesse d'Azur aux barreaux de sa cage; j'étranglerai le Corbeau, et je couperai la tête au maudit Ramoneur. (*On entend crier au dehors: Haut en bas!*) Le misérable vient par ici. A mort! Cuisinière.

LA CUISINIÈRE. — Ah! mon Dieu, au secours! ne me tuez pas! laissez-moi dire adieu à la Princesse d'Azur.

LE ROI NOIR. — Hâte-toi! (*La Cuisinière passe dans le recoin où est la cage. — Le Roi Noir aiguise son sabre.*) Eh bien! est-ce bientôt fini?

LA VOIX DE LA CUISINIÈRE. — Hélas! je l'embrasse.

(*On frappe à la porte: Toc, toc, toc!*)

LE ROI NOIR. — Qui est là?

LA VOIX DU CORBEAU. — Coa! coa! ouvrez vite!

(*Le Roi Noir ouvre la porte. — Le Corbeau entre*).

LE ROI NOIR. — Tu arrives bien : je vais tous vous tuer, et c'est par toi que je commencerai.

LE CORBEAU. — Coa! coa! il s'agit d'autre chose. Haut-en-Bas a retrouvé le sabre du père de la Princesse d'Azur, et il monte l'escalier pour vous couper la tête.

LE ROI NOIR. — Que dis-tu, méchant Corbeau! Crois-tu que j'aie peur de ce maudit Ramoneur?

LE CORBEAU. — Coa! coa! tu n'as pas peur, mais tu n'as pas pu faire brûler Haut-en-Bas dans le four, tu n'as pas pu le noyer au fond du puits. Il est plus fort que toi, et il a trouvé le sabre du Roi Bleu qui coupe les têtes tout seul!

VOIX DE LA CUISINIÈRE ET DE LA PRINCESSE D'AZUR. — Corbeau! Corbeau! appelle vite le joli Ramoneur pour qu'il tue le Roi Noir.

LE ROI NOIR (*furieux*). — Vous serez morts avant qu'il arrive!

(*On entend dans l'escalier les pas du Ramoneur qui font plac, plac!*)

LE CORBEAU. — Dis-moi vite où est ton argent, Roi Noir. Nous en donnerons beaucoup au joli Ramoneur, et il s'en ira sans te faire de mal! Entends-tu ses pas qui font plac, plac, dans l'escalier?

VOIX DE LA CUISINIÈRE ET DE LA PRINCESSE D'AZUR. — Hélas! méchant, méchant Corbeau! il veut que nous mourrions!

LE ROI NOIR. — Tu crois qu'avec beaucoup d'argent il s'en ira? Nous lui en donnerons et tu iras dans la cour pour lui dire bonjour et l'embrasser, et en l'embrassant tu lui crèveras les yeux.

VOIX DE LA CUISINIÈRE ET DE LA PRINCESSE D'AZUR. — Corbeau! Corbeau! n'écoute pas le Roi Noir.

LE ROI NOIR. — Si tu me rends ce service, Corbeau, je te donnerai un beau capuchon d'or.

LE CORBEAU. — Entends-tu : Pic, pac, pic, pac ! le joli Ramoneur n'a plus qu'un étage à monter. Je ferai ce que tu me demandes.

VOIX DE LA CUISINIÈRE ET DE LA PRINCESSE D'AZUR. — O méchant, méchant Corbeau !

LE ROI NOIR. — Taisez-vous ! vos plaintes m'empêchent de m'entendre.

LE CORBEAU. — Le sabre du Roi Bleu coupe tout seul les têtes. Dis-moi vite où sont tes trésors, que je les donne au joli Ramoneur quand il sera arrivé derrière la porte.

(*On entend frapper à la porte : Toc, toc, toc !*)

VOIX DE LA CUISINIÈRE ET DE LA PRINCESSE D'AZUR. — Joli Ramoneur, joli Ramoneur, sauvez-nous !

LE CORBEAU. — Où sont tes trésors ?

LE ROI NOIR. — Corbeau, empêche qu'il ne me tue ! Mes trésors sont là, sous cette pierre. (*On frappe de nouveau à la porte : Toc, toc, toc ! Le Roi Noir soulève une pierre et apporte un gros sac d'argent au Corbeau.*) Voilà pour apaiser le Ramoneur !

LE CORBEAU (*criant*). — Haut-en-Bas !

LA VOIX DU RAMONEUR (*derrière la porte*). — Haut en bas !

LE CORBEAU (*au Roi Noir*). — Ouvrez-lui la porte : il n'est pas en colère. Moi, je vais me percher sur la cage de la Princesse d'Azur, pour m'en aller dans la cour crever les yeux à Haut-en-Bas quand il redescendra.

(*Le Corbeau va rejoindre les deux femmes dans le recoin où elles sont cachées.*)

LA VOIX DU RAMONEUR. — Ouvrez. (*Il frappe très fort : Toc, toc, toc !*)

LE ROI NOIR (*prenant le sac d'argent et ouvrant la porte*). — Voilà de l'argent pour vous en aller, joli Ramoneur.

(*Le Ramoneur entre.*)

LE RAMONEUR (*transperçant le Roi Noir d'un coup de sabre*). — Et voilà un coup de sabre pour que tu t'en ailles en enfer, Roi Noir.

(*Le Roi Noir tombe mort.*)

LA VOIX DU CORBEAU. — Haut-en-Bas!

LE RAMONEUR (*joyeusement*). — Haut en bas!

(*Il attire la cage sur la scène, et avec sa clef il ouvre la porte à la Princesse d'Azur*).

LA PRINCESSE D'AZUR. — O joli Ramoneur! je serai votre femme, vous l'avez bien mérité.

LE RAMONEUR. — O Princesse d'Azur! je ne suis qu'un pauvre Ramoneur.

LA PRINCESSE D'AZUR. — Vous avez conquis les trésors et le château du Roi Noir. Vous ne serez plus un pauvre Ramoneur tout barbouillé de suie, vous serez bien blanc et vous deviendrez le Prince d'Azur !

LA VOIX DU CORBEAU. — Et moi, Princesse d'Azur, vous ne m'appellerez plus le méchant Corbeau, car j'ai fait semblant de servir le Roi Noir pour qu'il nous ouvre la porte de ses trésors, que sans cela nous n'aurions jamais su retrouver; et je resterai toute ma vie avec vous, la Nourrice et le Prince d'Azur, et je vous serai utile toute ma vie.

THEATRE DES MARIONNETTES

Imp. Sarazin

POLICHINELLE RETIRÉ DU MONDE

POLICHINELLE

RETIRÉ DU MONDE.

MISE EN SCÈNE

Polichinelle ne réussit point dans cette entreprise de se retirer du monde, où la sincérité et le calcul entraient pour moitié chacun.

Le lieu de sa retraite n'est point assez écarté ni assez assuré : il ne peut se retenir d'exploiter ce monde qu'il abandonne, et il se conduit avec une hypocrisie qui révolte ses meilleurs amis et qui est promptement châtiée.

Quand Polichinelle affirme qu'il est devenu misanthrope, parce qu'on l'accuse injustement d'une foule de défauts, il ment avec impudence. C'est alors que Pierrot, qui le connaît bien, trouve une invention de génie pour le faire sortir du tonneau où il s'est renfermé.

Pierrot fait jouer devant Polichinelle, par un montreur de marionnettes, une petite comédie où le terrible personnage à deux bosses est entièrement défiguré et représenté comme un être qui n'aime pas l'argent et adore recevoir des coups de bâton, ne boit que de l'eau et chérit tout le monde. Polichinelle s'élance, culbute le théâtre où il juge qu'on se moque de lui, et, à son retour, se trouve dépouillé de tout ce que sa feinte retraite lui a servi à acquérir. Polichinelle restera désormais dans le monde, dont il est l'âme, et ne se frottera plus à des résolutions par trop spiritualistes.

PERSONNAGES :

POLICHINELLE.
PIERROT.
LE GENDARME.
LE CHARCUTIER.
CASSANDRE.

POLICHINELLE

RETIRÉ DU MONDE.

UNE FORÊT. — UN GRAND TONNEAU AU PIED D'UN ARBRE.

PIERROT (*frappant sur le tonneau*). — Hé ! hé ! là ! Polichinelle ! hé ! hé ! là ! Polichinelle ! est-ce que tu dors ? (*Cognant de toute sa force.*) Polichinelle !

POLICHINELLE (*sortant brusquement à mi-corps du haut du tonneau et donnant un grand coup de bâton à Pierrot*). — Eh bien ! que veux-tu ?

PIERROT (*se frottant le dos*). — Tes réponses sont bien appliquées !

POLICHINELLE. — Laisse-moi en repos !

(*Il replonge dans le tonneau et disparaît.*)

PIERROT (*frappant de nouveau*). — Hé ! hé ! je veux te parler !

POLICHINELLE (*sort comme précédemment et le tape de nouveau*). — Parle donc !

PIERROT (*se frottant encore*). — Parbleu! tu m'encourages! (*Polichinelle veut se replonger au fond du tonneau, mais Pierrot le retient par la tête.*) Non, non! écoute!

POLICHINELLE. — Tu m'arraches la tête! (*Il reparaît à mi-corps.*)

PIERROT. — Tu veux donc décidément rester toute ta vie dans ce tonneau?

POLICHINELLE. — Oui!

PIERROT. — Mais pourquoi?

POLICHINELLE. — Le monde est trop méchant, je suis retiré du monde. Vous êtes tous des coquins! Pouah!

PIERROT. — Je venais te proposer...

POLICHINELLE. — Rien! rien! rien!...

PIERROT. — Du bon vin!

POLICHINELLE. — Quoi?

PIERROT (*criant*). — Du bon vin!

POLICHINELLE. — J'aime mieux de l'eau.

PIERROT (*stupéfait*). — Oh! comme il a changé! Je n'en suis pas fâché.

POLICHINELLE. — Et puis, tu voudrais peut-être m'empoisonner?

PIERROT. — Oh! Polichinelle! qu'allons-nous devenir sans toi? C'en est fait! plus de joie, plus de mouvement ni de bruit!

POLICHINELLE. — Je ne veux rien avoir de commun avec vous.

(*Il lui enlève la bouteille, lui donne un grand coup de bâton et rentre dans son tonneau.*)

PIERROT. — Il m'a fendu la tête, ce diable-là! et m'a pris ma bouteille. Il m'a pincé, je vais en faire pincer un autre! (*pleurant.*) Faut-il qu'un être si indispensable à la vie de tout le monde ait pris une pareille résolution! (*Entre Cassandre.*)

CASSANDRE. — Eh! mon Dieu! Pierrot, pourquoi pleures-tu si fort?

RETIRÉ DU MONDE.

PIERROT. — Hélas ! c'est à fendre le cœur !

CASSANDRE. — Et quoi donc ! quelques coups de bâton, quelque demêlé avec la justice ?

PIERROT. — Pis que tout cela.

CASSANDRE. — Ah ! mon Dieu ! tu as perdu un billet de banque ?

PIERROT. — C'est bien pis que cela.

CASSANDRE. — Oh ! oh ! cependant....

PIERROT. — Polichinelle s'est retiré du monde !

CASSANDRE. — Polichin... elle... s'est...

PIERROT. — Il est là-dedans !... et ne veut plus voir personne...

CASSANDRE. — Mais qu'allons-nous devenir ? qui est-ce qui nous volera, qui nous rossera, nous bernera, nous secouera et nous divertira désormais ? Où est le brrr....

PIERROT. — Il faut le faire sortir de là. Tâchez de le décider, offrez-lui quelque chose ; il ne veut pas de vin.

CASSANDRE. — Je vais lui offrir... mais je n'ai rien à...

PIERROT. — Offrez-lui de l'argent... toute votre fortune !

CASSANDRE. — Peste ! on voit bien que ça ne te coûte rien... Je vais lui offrir la main de ma fille Colombine...

PIERROT. — De l'argent, plutôt ! S'il persiste, nous périrons tous de langueur. Allez, Cassandre, soyez pressant, ne vous rebutez pas de ses rebuffades. Je vous laisse pour gémir tout mon saoûl. (*Il se retire.*)

CASSANDRE (*frappant au tonneau*). — Hé là ! mon bon Polichinelle ! mon petit Polichinelle ! il ne faut point bouder.

(*Il cogne plus fort.*)

POLICHINELLE (*sortant au haut du tonneau et frappant rudement Cassandre.*) — Vous ne me laisserez donc pas dormir ?

CASSANDRE (*se frottant la tête*). — Aïe ! oui, oui ! je reconnais bien là tes anciennes façons; tu n'es point si malade qu'on le dit... Paix là, mon ami! ne reste pas dans ce tonneau; tu nous manques, reviens avec nous, je te donnerai ma fille Colombine en mariage.

POLICHINELLE (*le tapant et rentrant dans son tonneau*). — Je n'en veux pas!

CASSANDRE. — Comme il a bien dit ça, et comme il a bien tapé! (*Cognant de nouveau au tonneau.*) Voyons, sois raisonnable, reviens : nous ne pouvons pas vivre sans toi.

POLICHINELLE (*reparaissant, veut le frapper, mais le manque*). — Coquin!

CASSANDRE. — Oui, oui, je te donnerai un gros sac d'argent. Sors de là, tiens.

POLICHINELLE. — Je préfère les cailloux.

CASSANDRE. — Eh! ce n'est pas une mauvaise idée.

POLICHINELLE. — Mais approche un peu ici, je veux t'embrasser avant de me recoucher.

CASSANDRE. — Excellent Polichinelle!

(*Il s'approche.*)

POLICHINELLE (*enlevant le sac et le tapant furieusement*). — Voilà mon baiser! je ne veux plus rien avoir de commun avec vous.

(*Il rentre dans le tonneau.*)

CASSANDRE. — Aïe! aïe! mais qu'il y reste cet animal, dans son tonneau; il y est très bien! C'est encore une autre farce : avec son air désintéressé, il m'a enlevé mon argent que je ne voulais pas lui donner. Attends : si quelqu'un vient, je l'enverrai au tonneau.

(*Entre le Charcutier.*)

LE CHARCUTIER. — Eh! par quel hasard êtes-vous là, monsieur Cassandre?

CASSANDRE. — Ah! mon pauvre ami, il nous est arrivé un bien grand malheur! Polichinelle ne veut plus frayer avec nous ; il est là, dans ce tonneau. Rien ne peut plus le ramener, il résiste à toutes les offres.

LE CHARCUTIER. — Vraiment?

CASSANDRE. — Nous le prenions autrefois pour un scélérat, maintenant c'est l'austérité, la mortification, la macération même : aucune tentation ne le séduit. On peut se donner le plaisir d'avoir l'air d'être son ami sans que cela coûte rien, et il est doux, humble, reconnaissant à miracle!

LE CHARCUTIER. — Parbleu! je veux être de ses amis, à mon tour, puisque cela n'a plus d'inconvénients. Je vais lui offrir mon jambon.

CASSANDRE. — Oui, oui, il refusera, vous embrassera et vous promettra de prier pour vous. Allez! allez vite!

(*Il sort.*)

LE CHARCUTIER (*allant au tonneau et y cognant*). — Monsieur Polichinelle!

POLICHINELLE (*sortant brusquement et le tapant*). — Vous vous êtes donc donné le mot?

LE CHARCUTIER. — Aïe! il a encore des vivacités.... Je vous dérange, peut-être?

POLICHINELLE. — Je ne veux plus voir personne... Qu'est-ce que tu portes donc là?

LE CHARCUTIER. — C'est un jambon que...

POLICHINELLE. — Pouah! quelle horrible chose! Je n'aime que le pain noir.

LE CHARCUTIER. — Il faut revenir vivre parmi nous, je vous donnerai ce jambon.

POLICHINELLE. — Je n'en veux pas.

LE CHARCUTIER. — C'est égal!

POLICHINELLE. — J'en ai horreur! Je te donnerai une bonne poignée de main.

LE CHARCUTIER (*s'approchant*). — Avec plaisir.

POLICHINELLE (*enlevant prestement le jambon*). — Il faut cacher cela, la vue m'en déplaît.

LE CHARCUTIER. — Hé! hé! mon jambon!

POLICHINELLE (*le frappant à tour de bras*). — Va-t'en avec tes pareils, coquin, je suis retiré du monde.

(*Il rentre dans le tonneau.*)

LE CHARCUTIER. — Ah! le scélérat! il est retiré avec mon jambon. Il m'a dupé, mais je ne veux pas qu'on le sache et qu'on se moque de moi. Voici le Gendarme, je vais l'envoyer au tonneau.

(*Entre le Gendarme.*)

LE GENDARME. — Vous auriez des intentions perverses à l'encontre de ce tonneau, peut-être?

LE CHARCUTIER. — Nullement.

LE GENDARME. — Parce que je le verrais dans vos regards de travers, peut-être.

LE CHARCUTIER. — Pour qui me prenez-vous?

LE GENDARME. — Eh! pour ce qu'il y a longtemps que je n'ai rien empoigné, j'ai une vive perpétration d'appréhender, peut-être.

LE CHARCUTIER. — Je suis un simple Charcutier...

LE GENDARME. — Et vous ne faites pas mal assurément, sans quoi je vous aurais mis la main sur le collet, peut-être.

LE CHARCUTIER. — Chut! Polichinelle est là-dedans.

LE GENDARME. — Oh! oh! c'est étonnant, peut-être.

LE CHARCUTIER. — Oui, et peut-être vous auriez raison de causer un peu avec lui : il s'est retiré du monde...

LE GENDARME. — En a-t-il un permis?

LE CHARCUTIER. — Voilà ce qu'il faudrait savoir! Je le soupçonne de vagabondage.

LE GENDARME. — Cela se pourrait, peut-être.

LE CHARCUTIER. — Ce tonneau indique évidemment l'intention de rouler partout.

LE GENDARME. — Eh! eh! seulement Polichinelle...

LE CHARCUTIER. — Eh bien!

LE GENDARME. — N'est point un homme comme un autre.

LE CHARCUTIER. — Vous pourriez dire vrai, peut-être.

LE GENDARME. — Et c'est un homme qui a un bâton!

LE CHARCUTIER. — Oh! il est bien changé!

LE GENDARME. — Il aurait eu là une bonne perpétration en ce cas, car ce n'est point malséant.

LE CHARCUTIER. — Il se repent et ne désire qu'une chose : expier ses fautes. Il réclame la potence à grands cris, vous pouvez la lui offrir ; il a pris la vie et le monde en haine. Ne vous laissez point décourager par ses manières qui sont restées brutales; insistez; il fera semblant de refuser d'abord, puis il acceptera, car il accepte tout ce qu'on lui offre. (*Il sort.*)

LE GENDARME. — Je suis pensif sur ma conduite en cette conjonction, et je proposerais plutôt mon amitié à Polichinelle s'il est dans de bonnes observations, peut-être! (*Frappant au tonneau.*) Monsieur Polichinelle! hé là! bourgeois!

POLICHINELLE (*paraissant et le frappant*). — Es-tu le dernier de la procession?

LE GENDARME. — Palsembleu! mon gaillard, ma procession est d'être Gendarme, et puisque tu le prends sur ce ton-là, tu vas me rendre tes comptes.

POLICHINELLE. — Mais puisque je suis retiré du monde, je n'ai plus affaire aux Gendarmes.

LE GENDARME. — Ce n'est point une raison pour n'avoir pas de domicile, peut-être.

POLICHINELLE. — Eh bien! et mon tonneau!

LE GENDARME. — Il est vrai que pour l'apparence, un domicile ne ressemble pas à un tonneau!

POLICHINELLE. — Tu viens me chercher dispute quand je ne demande qu'à être tranquille.

LE GENDARME. — Habite un tonneau, mais mets-le dans une cave! Montre-moi ton permis d'ailleurs, peut-être.

POLICHINELLE. — Sais-tu lire?

LE GENDARME. — Et écrire..... en ronde, en coulée, et cœteraque.

POLICHINELLE. — Approche, tu vas lire.

LE GENDARME (*approchant*). — Où est le papier?

POLICHINELLE (*le frappant*). — Voici le visa!

LE GENDARME. — Aïe! Mais, Polichinelle, puisque tu es retiré du monde, tu ne devrais plus taper.

POLICHINELLE. — Il ne fallait pas approcher.

LE GENDARME. — Vois-tu, Polichinelle, je voudrais devenir ton ami, puisque tu te réformes.

POLICHINELLE. — Je veux bien; j'ai du vin, du jambon et de l'argent. Tu resteras avec moi dans le tonneau, et tu me défendras contre les voleurs! Nous nous associerons avec le diable.

LE GENDARME. — C'est un particulier que je ne...

POLICHINELLE. — Je bâtonnerai, tu pendras et il enfourchera. Vois-tu, on m'a fait trop de mal : on m'a toujours représenté comme un scélérat, un voleur, un glouton, un ivrogne, un massacreur. L'injustice me révolte, je me suis retiré du monde pour le punir. Va chercher ta potence!

RETIRÉ DU MONDE.

LE GENDARME. — Sur-le-champ!

(*Il sort. — On entend une autre voix de Polichinelle faisant :* Brrr! brrr! brrr!)

POLICHINELLE. — Oh! eh bien! je parle là-bas! ma voix se promène! Eh! qu'est-ce que ceci?

(*Un homme arrive avec un théâtre de Guignol, le déploie, se cache derrière et lève le rideau.*)

UN ACTEUR (*représentant Polichinelle*). — Brrr! brrr! brrr!
POLICHINELLE (*agité*). — Comment! brrr, brrr, brrr! il se moque de moi. Il me singe, le drôle!
L'ACTEUR. — Brrr! j'ai hérité.
POLICHINELLE. — Ce n'est point vrai!
L'ACTEUR. — Brrr! d'une forte somme!
POLICHINELLE. — C'est trop fort! quel impudent!
L'ACTEUR. — Mais je vais la distribuer à mes amis, voilà comment est Polichinelle. Brrr!
POLICHINELLE. — Jamais! jamais! drôle!
L'ACTEUR. — Holà! Pierrot, viens ici.

(*Sur le petit théâtre paraît un autre acteur faisant le personnage de Pierrot.*)

L'ACTEUR (*faisant Pierrot*). — Que veux-tu?
L'ACTEUR (*faisant Polichinelle*). — Je te donne toute ma fortune.
L'ACTEUR (*faisant Pierrot*). — Je te reconnais bien là!
POLICHINELLE. — Eh bien! le fourbe! (*Criant.*) Jamais je n'ai fait ça!
L'ACTEUR (*faisant Polichinelle*). — Je me retire du monde.
POLICHINELLE. — Bon, et pourquoi?

L'ACTEUR (*faisant Pierrot*). — Où vas-tu ?

L'ACTEUR (*faisant Polichinelle*). — Je vais dans la solitude pleurer mes péchés et chercher à m'améliorer.

POLICHINELLE. — Si on l'entend, on le croira! Est-il possible de mentir aussi violemment!

L'ACTEUR (*faisant Polichinelle*). — Pierrot, donne-moi beaucoup de coups de bâton.

POLICHINELLE. — Comment! c'est ainsi qu'on écrit mon histoire?

L'ACTEUR (*faisant Pierrot*). — J'ai le bâton!

(*Il frappe l'autre.*)

L'ACTEUR (*faisant Polichinelle*). — Plus fort! mon ami, plus fort! cela me soulage le cœur : brrr !

POLICHINELLE. — Jamais de ma vie je n'ai eu cette opinion.

L'ACTEUR (*faisant Polichinelle*). — Maintenant, indique-moi un pays où il n'y ait qu'un peu d'eau et quelques racines; le vrai Polichinelle comme moi n'est digne que de cette nourriture.

POLICHINELLE. — Par exemple! (*Criant.*) Mais non! imbécile! du bon vin et du jambon.

L'ACTEUR (*faisant Pierrot*). — Ne voudrais-tu pas, Polichinelle, recevoir aussi quelques coups de bâton de Cassandre?

L'ACTEUR (*faisant Polichinelle*). — Avec joie! Pierrot.

POLICHINELLE. — Idiot, niais, bélitre !

L'ACTEUR (*faisant Polichinelle*). — Mesdames et Messieurs, la pièce que nous venons d'avoir l'honneur de représenter devant vous est la copie exacte du caractère et des actions de l'illustre Polichinelle, qui, comme vous le savez, s'est retiré du monde, son intelligence s'étant considérablement affaiblie.

POLICHINELLE. — Attends, attends! je vais arranger ta boutique pour t'enseigner la vérité, moi! (*Il sort du tonneau et court au théâtre. — Pierrot entre, enlève le tonneau et le roule dehors.*) Vous osez dire que c'est là l'histoire de Polichinelle ?

L'ACTEUR (*faisant Polichinelle*). — Oui, Monsieur !

POLICHINELLE. — C'est moi qui suis Polichinelle, et voilà pour vous apprendre à me connaître ! (*Il culbute le théâtre à coups de bâton et chasse le montreur de marionnettes, puis il revient.*) Eh ! mon tonneau ! mon tonneau n'y est plus : mon tonneau ! Avec mon argent, mon vin et mon jambon, je suis ruiné.

(*Pierrot entre.*)

PIERROT — Ah ! te voilà enfin sorti de ton tonneau, je t'en félicite !

POLICHINELLE. — On vient de me le voler ! Je n'ai plus rien, et j'ai assisté à une comédie qui m'a donné le frisson ! On y prétend que je n'aime que les coups de bâton, l'eau et les racines.

PIERROT. — Mais je le croyais.

POLICHINELLE. — C'est une infamie ! j'avais, au contraire, de bonnes provisions dans mon tonneau, et je m'étais retiré du monde pour mieux gruger les gens et les rosser.

PIERROT. — Et tu n'as pas réussi ?

POLICHINELLE. — On m'a tout pris, même l'honneur !

PIERROT. — Pauvre Polichinelle ! Rentres-tu dans le monde ?

POLICHINELLE. — J'en ai envie !

PIERROT. — Ah bah ! tu avais raison : il faut t'en retirer tout à fait et faire comme dans la comédie que tu as vue.

POLICHINELLE. — Il s'agit de manger à présent. As-tu quelque chose à croquer ?

PIERROT. — Hélas ! nenni !

POLICHINELLE. — Si je retrouve celui qui m'a enlevé mon tonneau !...

PIERROT. — Dans la comédie, on faisait de toi un philosophe !

POLICHINELLE. — Ne m'en parle pas! Dans ce tonneau, tout le monde venait me supplier et m'apporter...

PIERROT. — J'en sais quelque chose, je t'ai donné du vin.

POLICHINELLE. — Mon gentil Pierrot!

PIERROT. — Eh! que vois-je là-bas? le Gendarme! Oh! je te laisse.

(*Il se sauve.*)

POLICHINELLE. — Eh bien! qu'est-ce qui lui prend? Sapristi! j'étais si content de mon invention du tonneau!

(*Entre le Gendarme.*)

LE GENDARME. — Ah! ah! je reviens décidément pour te pendre.

POLICHINELLE. — Me pendre? me pendre mon voleur!

LE GENDARME. — Il s'agit bien de voleur! Le commissaire m'a chargé expressément de te pendre.

POLICHINELLE. — Et pourquoi?

LE GENDARME. — Parce que tu t'es retiré du monde, et que c'est un exemple qui détruirait la civilisation, peut-être, si chacun en faisait autant.

POLICHINELLE. — Mais j'aperçois mon tonneau là-bas.

(*Il court et s'en va.*)

LE GENDARME. — Eh bien! il ne se rappelle donc pas qu'il est empoigné? Je ne vois aucun tonneau.

(*Pierrot entre avec le vin, l'argent et le jambon qui étaient dans le tonneau.*)

PIERROT. — Ne dites rien, bon Gendarme, nous allons partager.

LE GENDARME. — Partager quoi?

PIERROT. — L'héritage de Polichinelle : il m'a donné ses biens. Mais nous allons partager à une condition, c'est que vous ne m'empoignerez plus jamais.

LE GENDARME. — C'est entendu! d'autant plus que je me sens quelque appétit!

PIERROT. — Allons, à table!

LE GENDARME. — On a volé Polichinelle.

PIERROT. — Oh! puisqu'il s'est retiré du monde, qu'importe!

LE GENDARME. — Donne-moi la moitié du sac.

PIERROT. — Non, il n'y a pas un compte rond, on ne peut pas partager.

LE GENDARME. — Ah! et comment cela?

PIERROT. — Une pomme est ronde, on la coupe en deux, en quatre; une maison n'est pas ronde, on ne peut pas la couper en deux ou en quatre; donc, le compte n'étant pas rond on ne peut pas...

LE GENDARME. — Oh! mais, c'est que tu raisonnes mieux que trois commissaires, toi!

PIERROT. — J'ai fait ma philosophie.

LE GENDARME. — Tu as fait ta philosophie, toi! tu as fait ta philosophie! Bravo, tu es un heureux coquin!

PIERROT. — Je le sais.

LE GENDARME. — Alors, tu vas me donner tout l'argent et tu te consoleras bien vite.

PIERROT. — Ah! tu raisonnes encore mieux que moi!

(*Entre Polichinelle.*)

POLICHINELLE. — Je n'ai point retrouvé le tonneau. Eh! les filous, ce sont eux qui m'ont dévalisé : voilà mon vin, mon jambon et mon sac d'argent.

PIERROT (*au Gendarme*). — Pends-le donc; voilà une belle occasion de nous en débarrasser.

POLICHINELLE (*tombant à coups de bâton sur le Gendarme*). — Ah! chien, je ne suis pas si retiré du monde que tu le crois.

LE GENDARME (*tombant mort*). — Ah! ah!

POLICHINELLE (*à Pierrot*). — Et toi, faux ami! (*Pierrot prend le sac et décampe.*) C'est bien! j'aurai ma revanche. Pierrot m'a bien joué! mais j'ai d'autres tours dans mon tonneau.

PIERROT (*criant de loin*). — Tu as raison, chacun son tour!

THEATRE DES MARIONNETTES

LA POULE NOIRE

LA

POULE NOIRE

MISE EN SCÈNE.

Les Magiciens, Sorciers, Enchanteurs, sont de braves gens fort naïfs, incapables, malgré tout leur pouvoir, de se rendre compte des choses humaines, incapables d'appliquer, par conséquent, ce pouvoir à leur profit.

Ils croient beaucoup trop à l'influence des fioles, des pots et des chaudrons, ainsi que le démontre la présente pièce, et le moindre coup de bâton dérange toutes leurs combinaisons. Que la fiole ou le pot se brise, que le chaudron s'effondre, et le Magicien devient le plus impuissant des êtres. Leur force est-elle attachée à la possession d'une Poule Noire : que la Poule Noire tente l'appétit d'un mauvais sujet, adieu la puissance magique! C'est donc un métier fort chanceux, délicat et sujet à de grands dérangements. Les pères devront toujours en détourner leurs fils, et préférer voir ceux-ci devenir peintres, avocats, voire même poëtes, à les voir devenir Sorciers.

PERSONNAGES:

LE SORCIER.
POLICHINELLE.
PIERROT.
LE DIABLE.
LE POSTILLON.
LE CHARCUTIER.
LA POULE.
MAGICIENS.

LA POULE NOIRE

PREMIÈRE PARTIE

LA CHAMBRE MAGIQUE.

LA POULE NOIRE PERCHÉE SUR UNE TABLETTE.

POLICHINELLE ET PIERROT *apparaissant chacun à une des lucarnes de la chambre.*

PIERROT. — Le Sorcier n'y est pas !

POLICHINELLE. — Nous ne pourrons pas nous faire dire la bonne aventure.

PIERROT. — Il fait de l'or : je crois qu'il le met dans ce grand pot, là-bas.

POLICHINELLE. — Entrons-nous ?

LA POULE NOIRE. — Cott ! cott ! codott !

PIERROT. — Oh ! il y a quelqu'un ! on a parlé.

(*Tous deux disparaissent, puis Polichinelle se hasarde à regarder de nouveau.*)

POLICHINELLE. — Mais non ; décidons-nous !

PIERROT (*reparaissant à l'autre fenêtre*). — Je ne suis pas rassuré. (*Polichinelle s'en va.*) Oui, entre le premier !

POLICHINELLE (*entrant dans la chambre*). — Il n'y a personne, tu peux venir.

PIERROT (*entrant à son tour*). — Hon! que de bêtes!

POLICHINELLE. — Elles sont empaillées. Prends-tu le pot?

PIERROT. — Non, prends-le, toi.

POLICHINELLE. — Poltron!

PIERROT (*faisant tomber un verre qui se brise*). — Aïe!

(*Il saute.*)

POLICHINELLE. — Quoi donc?

(*Tous deux se sauvent vers la porte.*)

PIERROT. — Ce n'est rien; je n'ai pas eu peur.

POLICHINELLE. — Prends donc le pot d'or!

PIERROT. — Eh bien! va voir d'abord ce qu'il y a dedans.

POLICHINELLE (*regardant dans le pot*). — Il n'y a rien.

PIERROT (*se sauvant*). — Eh! quelque chose a remué. Le diable va paraître!

POLICHINELLE. — Il n'y a rien à manger, ici?

LA POULE. — Cott! cott! cott! codott!

PIERROT (*se blottissant dans un coin*). — Pour le coup, on a parlé.

POLICHINELLE (*apercevant la Poule*). — Eh! eh! je le crois bien! c'est notre souper qui a parlé.

PIERROT (*se rapprochant*). — Je croyais la Poule empaillée.

LA POULE. — Cott! cott! cott! codott!

POLICHINELLE. — Emportons-la, nous la plumerons.

PIERROT. — La ferons-nous rôtir?

LA POULE. — Cott! cott! cott! codott!

POLICHINELLE. — Elle vient de dire oui.

PIERROT. — Eh bien! attrape-la.

POLICHINELLE (*cherchant à saisir la Poule*). — Petite! petite!

LA POULE (*sautant à coups de bec sur Pierrot*). — Cott! cott! cott!

PIERROT (*se sauvant*). — Au secours! Polichinelle, elle a encore plus faim que nous.

POLICHINELLE (*courant après la Poule, qui court après Pierrot*). — Laisse-toi pincer un peu, que j'aie le temps d'arriver.

PIERROT (*la course continuant toujours*). — Mets-lui un grain de sel sur la queue; elle ne va pas me laisser une once de chair sur les os...

POLICHINELLE (*saisissant la Poule*). — Je la tiens!

LA POULE (*avec détresse*). — Cott! cott! cott! codott!

PIERROT. — Tords-lui le cou, vite! (*Regardant par la fenêtre*). — Oh! voilà le Sorcier : décampons!

POLICHINELLE (*sautant avec la Poule, qui se débat*). — Je ne sais plus si c'est moi qui l'emporte ou si c'est elle qui m'emmène.

PIERROT. — Allons! allons! ce n'est pas le moment de s'amuser.

POLICHINELLE (*auquel la Poule ne laisse pas un instant de repos*). — Hé! oh! ah! elle me dévore!

(*Entraîné par la Poule, il culbute Pierrot et sort.*)

PIERROT (*se relevant*). — Eh! il me laisse tout seul ici! Eh bien! il a fermé la porte en dehors? Si le Sorcier me trouve dans sa chambre, je suis perdu. Si je me cachais dans ce crocodile qui est pendu là-haut, ou dans ce bocal, ou dans cet alambic, ou dans ce chaudron?

(*Au moment où il se cache, le Sorcier entre.*)

LE SORCIER. — Si je ne me suis trompé dans mes calculs, je dois trouver quelque chose d'extraordinaire en rentrant chez moi, faire une grande découverte, une très grande découverte... Je dois découvrir évidemment le moyen de faire de l'or... ma fortune est faite!... Tra, deri, dera! (*Il danse solennellement. — Pierrot éternue au fond du chaudron, qui fait : ping.*) Ah! ah! c'est Cocotte!

(*Appelant.*) Cocotte! Cocotte! Où est-elle donc? (*Il la cherche.*) Des pots cassés! Comment! Cocotte a donc été malade? Il y a là une chose bizarre! Oh! on a forcé la serrure... une plume de Cocotte à terre!... On m'a volé Cocotte..... (*Pierrot éternue de nouveau.*) Mais qu'est-ce donc?... Est-ce que le diable serait contre moi? (*Il court à une corde et sonne une cloche à toute volée. — Plusieurs Magiciens entrent successivement.*) Mes frères! mes frères! on m'a volé ma Poule Noire; je n'ai plus de pouvoir, je ne peux plus dire la bonne aventure, venez à mon aide!

UN MAGICIEN. — Il faut faire la consultation du chaudron.

TOUS LES MAGICIENS (*criant*). — La consultation du chaudron!

LE SORCIER. — Soufflez le feu! (*Les Magiciens soufflent le feu.*) Apportons le grand chaudron! (*Il va chercher le chaudron avec un de ses confrères.*) Oh! oh! qu'il est pesant! (*On apporte le chaudron. — Pierrot éternue.*) Voyez, le chaudron chante! (*On pose le chaudron sur le feu.*) Versons! versons!

(*On remplit le chaudron d'eau. — Pierrot crie.*)

LE SORCIER. — Le charme est complet, le chaudron soupire et crie! (*Regardant.*) Je vois quelque chose de blanc dans le fond.

UN MAGICIEN. — C'est peut-être de l'argent!

LE SORCIER. — Tout à l'heure ce sera de l'or! Où sont les vipères?

UN MAGICIEN (*les jetant dans le chaudron*). — Les voilà!

LE SORCIER. — Où sont les crapauds?

UN MAGICIEN (*les jetant dans le chaudron*). — Les voilà!

LE SORCIER. — Où sont les os de morts?

UN MAGICIEN (*les jetant*). — Les voilà!

LE SORCIER. — Où sont les poisons?

UN MAGICIEN (*les jetant*). — Les voilà!

PIERROT (*criant du fond du chaudron*). — Assez! assez! tirez-moi de là!

LE SORCIER. — Ce doit être cuit! Donnez-moi les grandes cuillers! (*Les Magiciens s'arment de cuillers.*) Remuons. Eh! il y a là, au fond, quelque chose de pesant... Ce doit être un immense trésor, je ne puis l'avoir avec la cuiller. Donnez-moi la grande fourchette! (*On lui apporte la fourchette.*) Oh! oh! j'ai bien piqué! (*Pierrot pousse un grand cri, culbute le chaudron sens dessus dessous. — Les Magiciens s'enfuient épouvantés et échaudés. — Il ne reste que le Sorcier stupéfié.*) Oh! je n'en ai jamais tant vu de ma vie! et j'ai une peur atroce... (*Pierrot sort de dessous le chaudron.*) Pour le coup, c'est le diable... quoi! qui est-ce? C'est toi, Pierrot?

PIERROT. — Oui, il faisait chaud dans le chaudron; je crois que j'ai avalé un crapaud ou une vipère... Ouh! un petit cordial me serait nécessaire.

LE SORCIER. — Comment! c'est toi?

PIERROT. — Oui, c'est moi. Je vous assure que... un cordial... me...

LE SORCIER. — Comment! c'est toi??

PIERROT. — Vous le voyez bien! un petit cordial...

LE SORCIER. — Comment! c'est toi???

PIERROT. — Ce n'est pas vous, sans doute! un petit cordial me ferait...

LE SORCIER. — Comment! c'est toi, animal, scélérat, bandit, coquin, idiot, voleur, maroufle, imbécile, gredin, méchante bête, double, triple sot, fils de chien, canaille, brute, lourdaud?...

PIERROT. — Quelle langue!

LE SORCIER. — Où est ma Poule Noire?

PIERROT. — Je ne sais pas!

LE SORCIER. — Pourquoi m'as-tu cassé mes pots?

PIERROT. — Je ne sais pas!

LE SORCIER. — Pourquoi étais-tu dans mon chaudron?

PIERROT. — Je ne sais pas!

LE SORCIER. — Qu'est-ce que tu venais faire chez moi?

PIERROT. — Je ne sais pas!

LE SORCIER. — Tu es un mauvais menteur!

PIERROT. — Mais non!

LE SORCIER. — Tu vas être puni sur-le-champ. En quoi veux-tu être changé? choisis : en nègre?

PIERROT. — Oh! non! non!

LE SORCIER. — En oie?

PIERROT. — On me mettrait à la broche.

LE SORCIER. — En chien?

PIERROT. — On me donnerait des coups de fouet.

LE SORCIER. — Eh bien! tu seras changé en âne! (*Il donne un grand coup de baguette à Pierrot dont la tête se change en une tête d'âne.*) Va, brigand! à présent, sors d'ici! (*Il le jette à la porte. — Pierrot crie :*) Hi, han! hi, han!

SECONDE PARTIE

LA FORÊT. — LE CARREFOUR DE LA POTENCE.

POLICHINELLE (*traînant la Poule Noire*). — Ah! ah! ma Poulette, nous avons fini par vous entendre; mais où donc m'as-tu conduit? Brrou, ce coin de forêt est bien triste, et ce morceau de bois qui se dresse là-bas, c'est la potence, aïe! c'est un lieu de mauvais aspect. Eh bien! Poulette, ma mie, il est temps que nous vous tordions le cou, qu'en pensez-vous?

LA POULE. — Cott, cott, cott, codott!

POLICHINELLE. — Ah! cela vous convient! j'en suis bien aise! (*Il prend son bâton et tue la Poule. — La Poule disparaît.*) Oh! voilà qui est trop fort, je l'ai tuée et enterrée du coup! Elle se moque un peu trop de moi. (*Il cherche partout.*) Elle est perchée dans quelque arbre. (*Le Diable sort d'un buisson, se place derrière Polichinelle et suit tous ses mouvements.*) Poulette! Poulette! (*Le Diable le chatouille.*) Il y a des fourmis : j'en sens une dans le dos. (*En se retournant il cogne le Diable.*) Oh là !... qu'est-ce que vous voulez, vous?

LE DIABLE. — Moi! rien, je vous regarde.

POLICHINELLE. — Vous avez une mine qui ne me revient pas du tout!

LE DIABLE. — On ne peut pas plaire à tout le monde.

POLICHINELLE. — Vous avez l'air d'un drôle de corps! Qu'est-ce que vous avez donc sur la tête?

LE DIABLE. — Ce sont des cornes.

POLICHINELLE. — En effet, je connais des bêtes à cornes! Et là, derrière, qu'est-ce qui vous pend?

LE DIABLE. — C'est le cordon de ma tabatière.

POLICHINELLE. — C'est fâcheux, je ne prends jamais de tabac. Comment vous appelez-vous?

LE DIABLE. — Je m'appelle le Diable!

POLICHINELLE. — Vilain nom.

LE DIABLE. — Ah çà! est-ce pour me dire toutes ces fariboles que tu m'as fait venir?

POLICHINELLE. — Moi, vous faire venir! j'allais vous prier de vous en aller.

LE DIABLE. — Tu oses dire que tu ne m'as pas appelé?

POLICHINELLE. — Ah çà! tu veux me chercher querelle; prends garde que je ne t'arrache le cordon de ta tabatière.

LE DIABLE. — Par trente millions de cornes! tu n'as pas tué une Poule Noire ici, au carrefour des Pendus?

POLICHINELLE. — C'est donc vous qui m'avez pris ma Poule, à la fin?

LE DIABLE. — J'ai pris la place de la Poule.

POLICHINELLE. — Tu me prends pour un nigaud : je le crois bien que tu as pris la Poule, et, raison de plus, sa place. Ah! tu m'as pris la Poule!

(*Il repasse son bâton.*)

LE DIABLE. — Qu'est-ce que tu me voulais?

POLICHINELLE. — Te donner de mes nouvelles; tiens (*il le bat*)! vieux singe!

LE DIABLE. — Ah! drôle!

(*Il lui arrache son bâton et le rosse*)

POLICHINELLE. — Assez! assez! Quel Diable!

LE DIABLE. — Tu n'es qu'un impertinent et un étourneau! Je vais te changer en âne pour t'apprendre à réfléchir.

POLICHINELLE. — Comment, en âne! en bourriquot?

LE DIABLE. — Je t'apprendrai à me déranger pour rien.

POLICHINELLE. — Vous êtes diablement têtu! puisque...

LE DIABLE (*lui donnant un coup de bâton*). — Crrr! crrr! (*La tête de Polichinelle se change en tête d'âne rouge.*) Voilà, mon camarade!

(*Le Diable disparaît.*)

POLICHINELLE. — Voilà ce qui peut s'appeler vous envoyer paître! (*Entre Pierrot.*) Oh! quel est cet âne?

PIERROT. — Bonjour, mon frère!

POLICHINELLE. — Vous êtes un âne bien singulier!

PIERROT. — Mais je vous en dirai autant.

POLICHINELLE. — Mon Dieu, Monsieur, je n'ai pas toujours été âne. C'est à la suite d'un malheureux événement... le Diable s'en est mêlé !

PIERROT. — Et moi de même.

POLICHINELLE. — Eh! mais, il me semble que tu... que vous avez un air de famille avec un de mes anciens amis...

PIERROT. — Mais vous aussi, vous ressemblez, autant qu'âne qui vive, à mon camarade Po...

POLICHINELLE. — ...li...

PIERROT. — ...chinelle !

POLICHINELLE. — C'est donc toi, Pierrot?... je te reconnais tout à fait. Il me semble que tu n'es pas changé !

PIERROT. — Ah ! la Poule Noire !

POLICHINELLE. — Hélas ! oui, c'est à elle que je dois ce changement de destinée.

PIERROT. — L'as-tu mangée au moins, toi ?

POLICHINELLE. — Hélas ! non.

PIERROT. — Ils m'ont fait bouillir avec des crapauds et des vipères.

POLICHINELLE. — Le Diable m'a frotté les côtes !...

PIERROT. — Qu'allons-nous devenir ?

POLICHINELLE. — J'ai perdu la tête !

(*Ils s'embrassent et se frottent le museau l'un contre l'autre.*)

PIERROT. — Il faut nous venger du Magicien et aller lui donner quelques coups de pied !

POLICHINELLE. — Allons !

(*Ils sortent.*)

TROISIÈME PARTIE

LA CHAMBRE MAGIQUE.

LE SORCIER. — Mes chers confrères, nous pouvons nous réjouir : j'ai perdu ma Poule Noire, mais mes ennemis l'ont payée cher, ils ne s'y frotteront plus. Que le punch flambe ! (*Les Magiciens remuent le punch.* — *Entrent Polichinelle et Pierrot ayant leurs têtes d'ânes.*) — Qui va là ?

LES MAGICIENS (*effrayés et chantant*) : —

> Quelles sont ces têtes ?
> Quelles sont ces bêtes ?

POLICHINELLE (*tombant à grands coups de bâton sur les Magiciens*). — Hors d'ici, troupe d'imposteurs, c'est nous qui boirons le punch !

LE SORCIER. — Ne craignez rien, mes confrères, aidez-moi, nous allons seller et bâter ces deux ânes.

(*Les Magiciens s'enfuient.* — *Pierrot et Polichinelle, armés, mettent le Sorcier entre eux deux.*)

POLICHINELLE (*donnant un coup de bâton au Sorcier*). — A présent, tu vas nous rendre nos têtes.

PIERROT (*faisant de même*). — Et te hâter !

LE SORCIER. — Aïe ! aïe ! mes bons amis ! mes beaux petits ânes !

POLICHINELLE (*le frappant*). — Pas de discours.

PIERROT (*le frappant*. — Ote-nous vite ces museaux !

LE SORCIER. — Aïe! aïe! écoutez-moi une minute. Vous n'êtes point laids ainsi : voulez-vous vous regarder dans un miroir?

POLICHINELLE (*le battant*). — Nous n'attendrons pas.

PIERROT (*le battant*). — Nous t'assommerons.

LE SORCIER. — Aïe! vous pourriez vous montrer pour de l'argent ou entrer dans les écuries du roi.

POLICHINELLE (*le battant à outrance*). — Ah! tu nous prends pour de véritables ânes!

LE SORCIER. — Eh! eh! eh! oh! aïe! Mais je n'ai plus ma Poule Noire, j'ai perdu tout mon pouvoir.

PIERROT. — Scélérat, il est bien temps! Tu n'as pas la moindre petite drogue qui puisse nous débarbouiller?

LE SORCIER. — Rien du tout, mes pauvres baudets, rien du tout!

PIERROT (*le battant de toute sa force*). — Je t'en ferai bien trouver, moi!

LE SORCIER. — Holà! holà! je vous dis que sans Poule Noire je ne puis rien.

POLICHINELLE. — Nous resterons donc ânes toute notre vie?

LE SORCIER. — Hélas! je le crois.

PIERROT. — Eh bien! tu vas venir avec nous, nous en chercherons une autre.

LE SORCIER. — Peuh! il n'y en a plus.

PIERROT. — Je vais inspecter tes confitures; Polichinelle, garde-le bien; je trouverai peut-être quelque drogue...

LE SORCIER. — Tu vas t'empoisonner.

PIERROT (*apportant un petit pot*). — Qu'est-ce qu'il y a dans ce pot? (*Il l'ouvre, le flaire, et aussitôt sa tête d'homme reparaît.*) Ah! ah! bravo! A ton tour!

(*Le Sorcier, donnant un grand coup de bâton à Pierrot, s'empare du pot et se sauve.*)

POLICHINELLE (*furieux*). — Comment ! stupide gobe-mouche, tu le laisses échapper ? Je reste âne, tandis que tu es redevenu Pierrot ? C'était un tour concerté entre vous.

PIERROT. — Je t'assure que...

POLICHINELLE (*le battant*). — Traître ! traître ! traître !

PIERROT. — Eh ! mais, là !

POLICHINELLE (*le battant toujours*). — Cours après lui ! rattrape-le, rapporte-moi la pommade ! (*Pierrot sort.*) Ah ! bon Dieu ! je suis la dupe de ce coquin de Pierrot. Il a su se débarrasser de sa tête à longues oreilles, et moi je garde la mienne.

(*Entre le Postillon.*)

LE POSTILLON. — Hue ! oh ! dia ! hue ! oh ! maître bourriquot !

(*Il lui donne un coup de fouet.*)

POLICHINELLE. — Quoi ! c'est à moi que tu parles ?

LE POSTILLON. — Ah ! bah ! le baudet qui parle. Hé ! Hé ! l'ami, viens vite à mon écurie ; les ânes ne doivent pas rester dans les chambres. Hue ! oh !

(*Il lui donne des coups de fouet.*)

POLICHINELLE. — Ah ! par exemple ! pour qui me prends-tu donc ?

LE POSTILLON. — Pour le plus bel âne que j'aurai jamais attelé à ma carriole. Hue ! oh ! dia ! bourriquot !

(*Il le cingle à outrance.*)

POLICHINELLE. — Attends ! c'est moi qui vais te faire marcher.

(*Il lui rend des coups de bâton.*)

LE POSTILLON. — Eh ! tu joues trop bien de la flûte, mon ami ! eh ! eh ! engage-toi dans un orchestre, tu battras la mesure.

(*Il se sauve.*)

POLICHINELLE. — C'est parbleu humiliant au dernier point ! il me faut ma forme naturelle à n'importe quel prix. J'essaye toutes les pommades du Sorcier, dussé-je en avoir la colique. (*Il flaire* *un pot et sa tête d'âne se change en une tête de porc.*) Ah! j'ai senti un changement, je suis sauvé! Enfin, me voici rentré dans mon assiette, dans ma dignité humaine. S'il y avait un miroir ici, j'aurais du plaisir à m'admirer sous mon véritable aspect. Parbleu! je veux me mettre à la fenêtre pour montrer aux passants que Polichinelle n'est pas changé (*Il se met à la fenêtre.*) Tiens! voilà un Charcutier qui me dit bonjour, il me fait toutes sortes de signes, il entre ici; il veut m'offrir quelque pâté.

(*Entre le Charcutier.*)

LE CHARCUTIER. — Je ne m'étais pas trompé; je n'ai jamais vu un... chose aussi curieux.

POLICHINELLE. — Quoi?

LE CHARCUTIER. — Le plus beau porc qu'il y ait au monde...

POLICHINELLE. — Où ça l'as-tu vu?

LE CHARCUTIER (*stupéfait*). — Il parle! il parle! il parle!

POLICHINELLE. — Qui?

LE CHARCUTIER. — Mais toi!

POLICHINELLE. — Eh bien! cela n'a rien d'étonnant.

LE CHARCUTIER. — Rien d'étonnant? un porc qui parle!

POLICHINELLE. — Tu es fou! Qu'est-ce que j'ai de commun avec un porc?

LE CHARCUTIER. — Mais la tête, mon camarade, tout au moins.

POLICHINELLE. — Quoi! la tête? Ah çà, tu es venu ici pour m'insulter?

LE CHARCUTIER. — Gare à ta hure!

POLICHINELLE. — Ma hure! ma hure! (*Il lui donne des coups de bâton.*) Voilà pour ma hure, sur la tienne.

LE CHARCUTIER (*luttant un instant*). — Aïe! aïe! il est fort comme un taureau. (*Il se sauve.*)

POLICHINELLE (*se tâtant la tête*). — Il est de Charenton! Voilà bien mon nez, mes yeux, mes oreilles, mes cheveux, mes favoris : un porc! un porc! c'est une figure insolente qu'il employait à mon égard. (*Pierrot entre tout essoufflé.*)

PIERROT. — Oh! Po... (*S'arrêtant stupéfait.*) Po... porc!... lichinelle... oh! oh!!!

POLICHINELLE. — Qu'est-ce que tu as à ton tour, imbécile? tu ne me reconnais donc plus?

PIERROT. — Ah! mon Dieu! mon Dieu! qu'est-ce qui s'est donc passé pendant mon absence?

POLICHINELLE. — Eh bien! j'ai trouvé, moi aussi, de la pommade, je m'en suis frotté et j'ai repris ma bonne tête.

PIERROT. — Mais, malheureux, tu as une tête de porc!

POLICHINELLE. — Oh!!! le maudit Sorcier! nous ne le ferons donc pas brûler! C'était le dernier outrage... un porc... Ce Charcutier avait raison.

PIERROT. — Tu es sauvé!

POLICHINELLE. — A condition de me jeter à l'eau : il ne me reste plus que cette ressource.

PIERROT. — J'ai repris le petit pot au Magicien : hâte-toi de le respirer avant que ce terrible homme revienne; il me talonne.

POLICHINELLE (*flairant le pot et rentrant en possession de sa vraie tête*). — Eh! cette fois, en es-tu bien sûr? n'est-ce pas une autre bête?

PIERROT. — Oui, oui, c'est bien toi! décampons, j'ai horreur de la sorcellerie.

POLICHINELLE. — Et moi de la volaille.

(*Au moment où ils sortent, le Magicien entre. — Polichinelle lui applique un coup de bâton si heureux que le Sorcier tombe mort.*)

THÉATRE DES MARIONNETTES.

LE MARCHAND DE COUPS DE BATON

LE
MARCHAND
DE
COUPS DE BATON

MISE EN SCÈNE.

Le Marchand de coups de bâton est un loyal commerçant, mais il représente plutôt ce qu'on appelle un courtier ou un commissionnaire : il opère pour le compte d'autrui.

La moitié du monde non-seulement rit de l'autre, mais la ferait bâtonner si quelques Arlequins pouvaient prêter sérieusement leur ministère aux gens bien intentionnés les uns vis-à-vis des autres.

Arlequin est neutre et consciencieux dans l'affaire ou mieux dans les affaires. Il se conduit avec une prudence consommée. Ce n'est que dans un cas désespéré qu'il se résout à prendre cette charge d'agent de change des coups de bâton, et quand sa fortune est faite et qu'il sent qu'il a attiré la haine universelle, il commence à se révolter contre les mauvais instincts de ses semblables et à battre ses frères pour rien, uniquement pour leur apprendre à ne pas faire à autrui ce qu'ils ne voudraient pas qu'autrui leur fît.

PERSONNAGES :

ARLEQUIN.
LE SUISSE.
LE MENDIANT.
LE PAYSAN.
CASSANDRE.
L'APOTHICAIRE.

Mme CASSANDRE.
LE GENDARME.
LE COMMISSAIRE.
PIERROT.
LE ROI.
LE HÉRAUT.

LE MARCHAND

DE COUPS DE BATON

PLACE PUBLIQUE.

UN HÉRAUT (*annonçant après avoir sonné de la trompette*). — La fille du Roi est à marier! elle n'épousera qu'un homme d'esprit, à condition qu'il soit très riche! (*Il sort.*)

ARLEQUIN. — Ah! ah! cela pourrait être une affaire pour moi. J'ai de l'esprit, il ne me manque que de l'argent... Avec quelques concessions de part et d'autre... (*Il frappe à la porte du palais.*)

LE SUISSE (*ouvrant la porte*). — Que voulez-vous?

ARLEQUIN. — Je voudrais épouser la fille du Roi.

LE SUISSE. — Toi! toi, le simple Arlequin, tu oses une telle insolence! Tiens-tu à avoir une réponse nette?

ARLEQUIN. — Oui!

LE SUISSE (*se précipitant sur lui à grands coups de canne*). — La voici, drôle! je te l'imprimerai dans la mémoire.

ARLEQUIN (*courant partout pour éviter les coups*). — Et surtout sur le dos! Assez, monsieur le Suisse, assez! je renonce à me mettre sur les rangs.

LE SUISSE. — Tu vois, j'ai mesuré la longueur de ma canne ; elle a cinq fois la largeur de tes épaules : souviens-t'en !

(*Il rentre en fredonnant*) :

Souvenez-vous-en !
Souvenez-vous-en !

ARLEQUIN. — Ah ! pauvre diable d'Arlequin, tu es beau, souple, élégant, spirituel, et toutes ces qualités t'amènent à être assommé par un horrible Suisse à gros ventre, un magot !

(*Entre un Mendiant.*)

LE MENDIANT (*d'une voix nasillarde*). — La charité, s'il vous plaît !

ARLEQUIN (*avec colère*). — En effet, tu me trouves disposé à être charitable : la charité ! j'ai envie de te la donner comme je viens de la recevoir.

LE MENDIANT. — Et que vous est-il donc arrivé ? Je pourrais peut-être vous faire l'aumône d'un bon conseil.

ARLEQUIN. — Ce qui m'est arrivé ! Tu crois donc que j'aime à conter mes histoires désagréables ?

LE MENDIANT. — Qu'importe ? je vous serai peut-être utile.

ARLEQUIN. — Je pensais avoir de l'esprit, et je me suis conduit comme le dernier des sots.

LE MENDIANT. — Mais enfin, l'histoire ?

ARLEQUIN. — J'ai voulu épouser la fille du Roi.

LE MENDIANT. — C'était de l'ambition mal conçue.

ARLEQUIN. — Elle est à marier et ne veut épouser qu'un homme d'esprit : jusque-là, je suis préférable à tout autre. Mais le caprice est qu'il faut que cet homme d'esprit soit très riche, et je ne sais pas du tout comment le devenir.

LE MENDIANT. — Il n'y a qu'à trouver un moyen.

ARLEQUIN. — Parbleu! tu me parais être encore à la recherche, toi. Voyez-vous ce Mendiant qui se vante d'enseigner à autrui l'art de devenir riche.

LE MENDIANT. — Moi, je ne veux pas épouser la fille du Roi. Mais voyons la fin de l'histoire. On t'a...

ARLEQUIN. — Oui!

LE MENDIANT. — Quoi?

ARLEQUIN. — On m'a... ce n'est nullement amusant à dire.

LE MENDIANT. — Décide-toi!

ARLEQUIN. — Eh bien! le Suisse du Roi m'a jeté à la porte...

LE MENDIANT. — Avec quelques bons coups de bâton?

ARLEQUIN. — Hélas! presque.

LE MENDIANT. — Eh bien! sans le savoir, ce Suisse brutal t'a appris le moyen de devenir riche.

ARLEQUIN. — Je comprends que mon aventure fasse qu'on se moque de moi...

LE MENDIANT. — Voici mon bâton : il est bon, solide et long. Prends-le.

ARLEQUIN. — Je ne suis pas boiteux.

LE MENDIANT. — Fais-toi marchand de coups de bâton.

ARLEQUIN. — Une bonne façon d'attirer les clients que de les assommer!

LE MENDIANT. — Tu n'es qu'un imbécile! Tu ne mérites pas qu'on te donne plus d'explications : tu as ta fortune entre les mains. Bonjour. (*Il s'en va.*)

ARLEQUIN. — Me voilà bien avancé! j'ai envie de lui rompre son bâton sur la tête à ce mauvais plaisant. Marchand de coups de bâton! voilà un joli commerce à annoncer. Je voudrais bien voir quelqu'un se promener dans les rues en criant : marchand de coups de bâton! coups de bâton à vendre! (*Criant.*) Marchand de coups de bâton! coups de bâton à vendre! (*Entre un Paysan.*)

LE PAYSAN. — C'est-il point vous qui beugle?

ARLEQUIN. — Je crie.

LE PAYSAN. — Et queu que vous criez? C'est-il de la marchandise?

ARLEQUIN. — Et une solide!

LE PAYSAN. — Et peut-on point savoir queu que c'est que vout' marchandise?

ARLEQUIN. — Ce sont des coups de bâton!

LE PAYSAN. — Des coups de bâton! jarniguieu! et ça se vend-il cher?

ARLEQUIN. — Dame! c'est selon la qualité. (*Le tapant.*) Comme celui-là, par exemple, c'est très cher. (*A part.*) Si jamais il m'en achète, qu'on me pende!

LE PAYSAN. — Jarniguieu! l'ami, ça pourrait ben faire mon affaire!

ARLEQUIN (*levant son bâton*). — Combien en prenez-vous?

LE PAYSAN (*se garant*). — Jarniguieu! vous m'avez l'air d'un finaud! Vous savez ben que ce sont des chouses qu'on ne les achète pas pour soi : c'est pour faire des cadeaux à ses amis.

ARLEQUIN. — O trait de lumière! je comprends maintenant le génie de mon ami le Mendiant. (*Il gambade de joie.*)

LE PAYSAN (*à part*). — Queu qu'y lui prend? la tarentule! (*Haut.*) Voilà la chouse : il y a un gueux d'Apouthicaire qui devait me fournir un clystère avec du son, de l'amidon, un tas de drougues qu'on en a pour son argent. Et nout' gueux d'Apouthicaire m'avions donné un clystère d'eau claire qu'il m'avions fait payer comme si toutes les drougues y étions ben.

ARLEQUIN. — Il mérite une récompense.

LE PAYSAN. — Je lui mitounne son petit cadeau. Je voudrions qu'il reçoive ben cinq cents bons coups de bâton ben comptés.

Vous m'avez l'air hounnête, j'allons vous apporter des écus. Mais vous ne me tricherez pas? D'ailleurs, je vas vous l'envoyer, l'Apouthicaire. (*Il sort.*)

ARLEQUIN. — Parbleu! voilà ma maison de commerce montée! Je vais ouvrir à l'instant mon magasin chez moi.

(*Il écrit du bout de son bâton au-dessus de la porte d'une maison*: Marchand de coups de bâton. — *Puis crie de nouveau*: Coups de bâton à vendre. — *Entre Cassandre.*)

CASSANDRE. — Monsieur, ce sont bien des coups de bâton que vous vendez? mes oreilles ne m'ont point abusé?

ARLEQUIN. — A votre service.

CASSANDRE. — Oh! ce n'est pas pour moi, je n'en use point; c'est pour un coquin de Paysan...

ARLEQUIN. — Qui a des cheveux roux?

CASSANDRE. — Lui-même. Il m'a fait faire huit lieues hier en me disant que je n'avais que pour une petite demi-heure de chemin... et...

ARLEQUIN. — Je comprends votre colère.

CASSANDRE. — Vous les lui appliquerez, n'est-ce pas, comme si c'était moi-même?

ARLEQUIN. — On paie d'avance, s'il vous plaît.

CASSANDRE. — Ah! pardon! je vais chercher de l'argent.

(*Il sort.*)

ARLEQUIN. — L'ouvrage abonde, bravissimo! Il me semble que j'y aurai du cœur. (*L'Apothicaire entre.*)

L'APOTHICAIRE. — Que le ciel vous tienne le ventre libre, Monsieur; j'aurais un petit...

ARLEQUIN. — Non! non! je n'en veux pas.

L'APOTHICAIRE. — Il ne s'agit point de remède, c'est un service que je voudrais vous demander. J'ai un de mes malades qui a une maladie très particulière. Tous mes remèdes ont échoué et je tiens cependant à le guérir.

ARLEQUIN. — Je ne suis pas médecin.

L'APOTHICAIRE. — Oh! vous l'êtes! On ne peut guérir mon homme qu'en lui donnant une vigoureuse friction de coups de bâton. Et outre que cela lui rétablira la santé, cela lui apprendra à prétendre que je suis un mauvais Apothicaire et à donner sa clientèle à mon concurrent.

ARLEQUIN. — Monsieur, nous le frictionnerons selon l'ordonnance. Qui est-il?

L'APOTHICAIRE. — C'est Cassandre. Plus fort vous frapperez, mieux il se portera ensuite.

ARLEQUIN. — Veuillez bien me remettre le prix de la potion.

L'APOTHICAIRE. — Vous êtes un homme fin. Voilà.

(*Il lui donne de l'argent.*)

ARLEQUIN (*le battant*). — Mille pardons!

L'APOTHICAIRE. — Aïe! aïe! mais, coquin, ce n'est pas moi qu'il faut battre...

ARLEQUIN (*continuant*). — Trente, trente-un; Monsieur, j'en ai cinq cents à compter sur votre échine.

L'APOTHICAIRE. — Brigand! rends-moi mon argent... c'est Cassandre, te dis-je!

ARLEQUIN (*continuant*). — Deux cent trois, deux cent quatre; c'est pour un clystère que vous...

L'APOTHICAIRE (*s'enfuyant.*) — On ne sait plus à qui se fier.

ARLEQUIN. — Ouf! je serai très, très, très scrupuleux.

(*Le Paysan revient.*)

LE PAYSAN. — Ah! ah! ah! j'ai vu mon Apouthicaire qui se sauvait comme un renard qui a le feu au derrière... Vous avez-t'y ben compté?

ARLEQUIN. — Juste! Maintenant mon salaire!

LE PAYSAN. — Mais c'est point de la marchandise, ça! et puis c'est celui qui a reçu qui doit payer.

ARLEQUIN (*le bâtonnant*). — Tiens! voilà pour nous mettre d'accord.

LE PAYSAN. — Aïe! là, point de bêtises.

ARLEQUIN (*continuant*). — Tu ne seras plus si rusé.

LE PAYSAN (*essayant de s'en aller*). — Eh! là, eh! là; j'aurons encore besoin de l'Apouthicaire.

ARLEQUIN (*le retenant et le bâtonnant toujours*). — Plus il y en aura, plus ce sera cher.

LE PAYSAN. — Aïe! aïe! c'est des finasseries, holà! holà!

(*Il jette sa bourse.*)

ARLEQUIN. — A la bonne heure!

LE PAYSAN. — Vous m'avez tambouriné! jarniguieu!

ARLEQUIN. — A présent, voici de la part de M. Cassandre.

(*Il recommence à le bâtonner.*)

LE PAYSAN. — Jarniguieu! je sommes point assez riche pour payer encore ça!

ARLEQUIN. — C'est vendu! ne t'en inquiète pas!

LE PAYSAN (*se sauvant*). — Pour sûr, j'ai la peau toute blette.

ARLEQUIN. — Nous avons encore quelques clients à satisfaire, il me semble. Ils ne se pressent point. (*Entre Cassandre.*)

CASSANDRE. — Eh bien! eh bien! j'ai vu mon gaillard; il avait l'air de porter plusieurs fagots sur son dos. Tenez, voici, avec tous mes remercîments, une petite somme. J'aurai peut-être encore recours à vous.

ARLEQUIN. — Ah! pardon! croyez-vous qu'il soit sain de changer d'Apothicaire?

CASSANDRE. — Peuh!

ARLEQUIN (*le bâtonnant*). — C'est pour votre santé.

CASSANDRE. — Pendard! traître! Si au moins tu m'avais battu avant d'avoir pris mon argent!

ARLEQUIN (*continuant*). — Du tout, il faut être exact en affaires.

CASSANDRE (*se sauvant*). Je ferai fermer ta boutique!

ARLEQUIN. — J'ai chaud! Le métier rapporte beaucoup, mais il est rude. Cette connaissance du cœur et du dos humains que j'acquiers là me donne soif. (*Criant.*) Coups de bâton à vendre!

(*Entre madame Cassandre.*)

Mme CASSANDRE. — Monsieur, j'ai beaucoup entendu parler de vous, vous êtes à la mode et je vous préviens que je viens vous faire une commande importante. Il faut me bâtonner mon mari, M. Cassandre, d'abord, parce qu'il ne fait point ce que je veux.

ARLEQUIN. — Avec plaisir, Madame.

Mme CASSANDRE. — Ensuite, M. Niflanguille, qui est trop riche, et sa femme, dont la toilette éclipse toujours la mienne. Ensuite...

ARLEQUIN. — Ah! ce n'est pas tout?

Mme CASSANDRE. — Mais il n'y en a encore que trois.

ARLEQUIN. — C'est vrai.

Mme CASSANDRE. — Ensuite, M. Gripandouille, qui ne m'écoute pas quand je parle; ensuite, mon boulanger, qui me réclame sa note; ensuite, le Commissaire, qui m'a condamnée à l'amende; ensuite...

ARLEQUIN. — Oh! oh! Madame! mais tout le monde, donc?

MADAME CASSANDRE. — Mais ce n'est guère, jusqu'ici.

ARLEQUIN. — Vous avez sans doute quelque argent?

Mme CASSANDRE. — J'en ai pris dans la poche de l'habit de M. Cassandre; d'ailleurs, vous me ferez bien crédit?

(*Elle lui donne de l'argent.*)

ARLEQUIN (*la bâtonnant*). — Voyez-vous, Madame, vous ne savez peut-être pas la valeur de ce que vous achetez.

Mme CASSANDRE. — Ah coquin! au secours! au secours! (*Se sauvant.*) Je vais chez le Commissaire!

ARLEQUIN. — Je ne sais ce qui m'a pris, mais je n'ai pu m'empêcher de la battre; elle me révoltait! Cependant cela ne me regarde pas. Bah! ma fortune est faite. Eh! eh! qui vient là?

(*Entre le Gendarme.*)

LE GENDARME. — C'est vous le marchand de... coups de chose... de bâton?

ARLEQUIN. — Hum! hum! je suis un loyal commerçant.

LE GENDARME. — Je voudrais faire distribuer quelques coups de bâton à monsieur le Commissaire, sauf son respect, qu'il m'a mis à la salle de police pour mon orthographe... et... que... il me refuse des gratifications... et des coups de bâton... Je vous donnerai mon vieux bonnet à poil et des bottes qui ne me servent plus...

ARLEQUIN (*le battant*). — Allez-vous-en, et sachez que je donne les coups de bâton pour rien.

LE GENDARME (*se sauvant*). — Que je vous ferai pendre, vous!

ARLEQUIN. — Il m'apparaît maintenant que les affaires pourraient mal tourner. Il s'agirait de céder mon fonds; j'ai gagné assez d'argent.

(*Arrive le Commissaire.*)

LE COMMISSAIRE. — J'ai reçu de nombreuses plaintes contre vous. Vous bâtonnez tout le monde?

ARLEQUIN. — A ma place que feriez-vous donc?

LE COMMISSAIRE. — Selon le vœu général, je dois vous pendre.

ARLEQUIN. — Mais réfléchissez, je n'ai été que l'instrument. Ce sont eux tous qui ont voulu se faire bâtonner réciproquement.

LE COMMISSAIRE. — Vous avez parfaitement raison, mais il faut bien pendre quelqu'un.

ARLEQUIN. — Oui, c'est une manie que vous avez.

LE COMMISSAIRE. — Mon garçon, mettez en ordre vos petites affaires, car dans cinq minutes je reviens avec la potence.

ARLEQUIN (*le bâtonnant*). — Monsieur le Commissaire, c'est pour que vous sachiez tout.

LE COMMISSAIRE (*se sauvant*). — Drôle! je reviens dans une minute.

ARLEQUIN (*comptant ses sacs d'argent*). — Mettons toujours ceci de côté. Je pense que la fille du Roi ne pourra guère me repousser maintenant.

(*Entre Pierrot.*)

PIERROT. — Ah! Arlequin, voilà un siècle que je ne t'ai vu, qu'est-ce que tu fais donc, maintenant?

ARLEQUIN. — Je suis marchand de coups de bâton, mon ami.

PIERROT. — Est-ce un bon état?

ARLEQUIN. — Eh! mon Dieu! j'y ai fait ma fortune.

PIERROT. — Ta fortune ! Où est-elle ?

ARLEQUIN. — Elle est de côté. Mais je veux céder mon fonds. Je te le cède !

PIERROT. — Tu me... Mais...

ARLEQUIN. — Eh bien !

PIERROT. — Je n'ai pas de fonds pour acheter le tien.

ARLEQUIN. — Je te le cède pour rien : tu n'as qu'à le prendre.

PIERROT. — Mais c'est un cadeau magnifique, mon cher ami ! Laisse-moi t'embrasser !

ARLEQUIN. — Le commerce est facile à exercer : on se fait payer d'avance, et on donne des coups aux gens qu'on vous a désignés, consciencieusement !

PIERROT. — Bon ! bon !

ARLEQUIN. — Sur ce, adieu ! adieu ! Voilà le bâton.

(*Arlequin sort.*)

PIERROT (*criant*). — Coups de bâton à vendre ! Marchand de coups de bâton ! Il me tarde de faire mes débuts ! (*Entre le Commissaire portant la potence.*) Ah ! voici justement...

LE COMMISSAIRE. — Or çà, tu vois que je n'ai pas été long... Ah !.. comment... Oh ! tu as beau te déguiser...

PIERROT. — Mais non, c'est bien moi !

LE COMMISSAIRE. — Parbleu ! je te reconnais bien.

PIERROT. — Eh bien ! qui faut-il bâtonner ? Payez-moi, d'abord.

LE COMMISSAIRE. — A la bonne heure ! tu prends bien les choses, toi. Tu te fais pendre gaiement.

PIERROT. — Comment, pendre ?

LE COMMISSAIRE. — J'aime mieux cela que lorsque les gens regimbent et pleurnichent.

PIERROT. — Ah çà! de quoi parlez-vous?

LE COMMISSAIRE. — Tout est prêt, allons, mon camarade!

PIERROT. — Ah! vous deviez donc pendre... Je comprends la générosité d'Arlequin, à présent. Fort bien! Monsieur le Commissaire, je suis à vous.

(*Il examine la potence dans tous les sens.*)

LE COMMISSAIRE — Eh bien! oui, c'est une potence! Tu peux mettre tes lunettes pour mieux voir.

PIERROT. — Monsieur le Commissaire, le nœud est mal fait.

LE COMMISSAIRE (*regardant*). — Je ne vois pas ça!

PIERROT. — Regardez de plus près.

LE COMMISSAIRE (*baissant la tête tout près du nœud coulant*). — Je te dis qu'il est très bien fait.

PIERROT (*lui fourrant la tête dans le nœud coulant*). — C'est ce dont je vais m'assurer.

LE COMMISSAIRE. — Ah! le brig... ah!

PIERROT. — Monsieur le Commissaire, je vous présente tous mes respects.

(*Entre Arlequin.*)

ARLEQUIN. — Diable! peste! voilà de la belle besogne! C'est toi qui as fait?...

PIERROT. — C'est mon œuvre.

ARLEQUIN. — Je t'en fais mon compliment! Ce Commissaire est bien placé là!

PIERROT. — Oui, mais tu m'as trompé.

ARLEQUIN. — Chut! je vais te dédommager.

(*Il frappe à la porte du Palais.*)

PIERROT. — Où vas-tu?

ARLEQUIN. — Éloigne-toi un instant, je te rappellerai. (*Pierrot sort. — Arlequin frappe de nouveau.*) Holà! gros Suisse! holà! beau Suisse!

LE SUISSE (*ouvrant la porte*). — C'est encore toi! ma canne te plaît donc?

ARLEQUIN. — Va prévenir le Roi que je suis riche et que je demande la main de sa fille.

LE SUISSE. — Tu recommences!

ARLEQUIN. — Va, te dis-je, si tu tiens à ta tête!

LE SUISSE. — Attends!

(*Il referme la porte.*)

ARLEQUIN. — Le coquin n'y sera pas allé! Il me tient le bec dans l'eau.

(*Il frappe de nouveau, la porte s'ouvre brusquement et le Roi qui entre le heurte.*)

LE ROI. — Quel maladroit! qu'on le mette à mort!

ARLEQUIN. — Roi, je suis riche et spirituel... je demande la main de ta fille.

LE ROI. — Prouve-moi ce que tu prétends être!

ARLEQUIN (*montrant ses sacs d'argent dans un coin*). — Voilà ma fortune. Quant à l'esprit, c'est moi qui suis le fameux marchand de coups de bâton!

LE ROI. — Eh bien! ma fille est à toi.

ARLEQUIN. — J'ai une autre faveur à vous demander: Mon ami Pierrot a pendu votre Commissaire.

LE ROI. — Hum! il faut qu'on lui coupe la tête.

ARLEQUIN. — Non! le Commissaire a été pendu à la place de Pierrot, donnez à Pierrot la place du Commissaire.

LE ROI. — Accordé!

ARLEQUIN. — Allons célébrer les noces.

L'EXERCICE IMPOSSIBLE

L'EXERCICE IMPOSSIBLE

ARLEQUIN. — Non! le Commissaire a été pendu à la place de Pierrot, donnez à Pierrot la place du Commissaire.

LE ROI. — Accordé!

ARLEQUIN. — Allons célébrer les noces.

L'EXERCICE IMPOSSIBLE

MISE EN SCÈNE

Pierrot agit d'abord comme un niais : les gens rusés se laissent parfois prendre à des piéges grossiers. Du reste, il y a des jours, des moments où on n'a pas d'esprit, où on le perd totalement.

Les illusions d'un homme qui hérite, ses convoitises, sont pour beaucoup dans l'erreur première du héros de ce drame. Mais quelle revanche simple, facile, prompte et brillante il sait prendre ! Avec quelle sérénité il accepte d'abord son sort ! puis avec quel calme, quelle méthode, quelle suite dans les idées il procède pour arriver à sa délivrance ! On ne peut lui donner tort, il a raison d'un bout à l'autre, et ses actions ne doivent inspirer qu'une entière sympathie. Précipité dans un abîme, il sait en sortir, ce qui est rare.

S'il avait eu l'espoir de devenir général ou même caporal au service du roi de Prusse, Pierrot eût appris l'exercice; il n'a point horreur de la guerre et le montre assez crânement en exterminant tout le régiment de Prussiens où il est incorporé. Mais le capitaine ne lui ayant point promis d'avancement et point d'augmentation de solde autre que de coups de bâton et de journées de salle de police, Pierrot veut rentrer dans la vie civile et y rentre triomphalement, renonçant même à recueillir son héritage dans de tels pays où ne règne point l'égalité.

PERSONNAGES :

PIERROT.
LE CAPITAINE.
LE CAPORAL.
SOLDATS.

L'EXERCICE IMPOSSIBLE

UNE CASERNE EN PRUSSE.

LE CAPITAINE. — Il me manque des hommes... une fièvre maligne, on peut certes l'appeler maligne..., a dévoré une partie de ma compagnie.

PIERROT (*entrant dans la cour*). — Pardon, Monsieur, vous ne pourriez pas m'indiquer la maison de mon cousin Früschentisch?

LE CAPITAINE. — Si, mon ami. (*A part.*) En voilà un qui me convient.

PIERROT. — Il est mort, et j'arrive de Pontoise pour recueillir son héritage.

LE CAPITAINE. — C'est ici sa maison, mon camarade, et je vais te remettre tout de suite ce qu'il a laissé pour toi.

PIERROT. — Vous êtes donc le notaire?

LE CAPITAINE. — A peu près.

(*Il sort.*)

PIERROT. — Ma foi, voilà un pays où les choses se font vite! (*Le Capitaine revient avec un attirail militaire.*) Qu'est-ce que c'est que tout ça?

LE CAPITAINE. — C'est le mobilier de ton cousin... Comment l'appelles-tu?

PIERROT. — Früschentisch.

LE CAPITAINE. — De ton cousin Früschentisch.

PIERROT. — Quel drôle de mobilier! Mais il n'avait donc pas une petite table... une?..

LE CAPITAINE. — Il t'a laissé la table et le logement dans cette maison pour toute ta vie.

PIERROT. — Ah! le brave homme!

LE CAPITAINE. — Et même son emploi avec son traitement.

PIERROT. — Ah! le brave homme! Et quel était son emploi?

LE CAPITAINE. — De faire beaucoup d'exercice... pour se bien porter...

PIERROT. — Ah! ah!

LE CAPITAINE. — Et cela moyennant un sou par jour : la table, le logement et le vêtement.

PIERROT. — Mais c'était un habile homme!

LE CAPITAINE (*lui mettant le casque*). — Prends son chapeau : il te va bien.

PIERROT. — On le dirait fait pour moi!

LE CAPITAINE (*lui mettant le sac*). — Voici une espèce de petite armoire... qu'il avait l'habitude de porter.

PIERROT. — On dirait une cave à liqueurs.

LE CAPITAINE (*lui mettant la giberne*). — Sans doute! et ceci...

PIERROT. — C'est pour mettre le tabac?

LE CAPITAINE. — En poudre, oui. (*Lui mettant un balai à la main.*) Et voilà pour écarter les pierres de ton chemin...

PIERROT. — Il prenait bien des précautions, mon cousin.

LE CAPITAINE. — C'était un homme si utile au roi de Prusse !

PIERROT. — Il était utile au roi de Prusse ?

LE CAPITAINE. — C'était un des principaux amis et employés du roi de Prusse.

PIERROT. — De sorte qu'en héritant je serais aussi un des principaux amis et employés du roi de Prusse, sans avoir jamais rien fait pour le mériter ?

LE CAPITAINE. — Tout juste !

PIERROT. — Ah ! que j'ai bien fait de venir vite de Pontoise ici !

LE CAPITAINE. — Or çà, quel est ton nom ?

PIERROT. — Pierrot !

LE CAPITAINE. — Le roi de Prusse aimera ce nom. (*Écrivant.*) Pierrot, numéro 139, première compagnie du troisième de la septième du deuxième ! Voyons : voltigeur, oui. Allons ! signe pour ton héritage.

PIERROT (*signant*). — Ah ! ah ! je vois bien que vous êtes notaire maintenant, vous écrivez sur des papiers et vous faites des comptes.

LE CAPITAINE. — Tu as le nez fin... Or çà ! Pierrot, pour plaire au roi de Prusse, es-tu décidé à faire quelque petite chose ?

PIERROT. — Sans doute, mais comme je viens de faire une longue course, je voudrais déjeuner d'abord. Indiquez-moi une auberge !

(*Il se dirige vers la porte.*)

LE CAPITAINE (*criant d'une voix terrible*). — Schnip ! schnap ! fertisch, clapp, dass thur !

(*Un factionnaire se place devant la porte.*)

PIERROT. — Il a l'air fort bête, celui-ci.

LE SOLDAT (*croisant la baïonnette*). — Nicht bassir!

PIERROT (*reculant d'un saut*). — Eh bien! qu'est-ce qu'il a? je lui ai rien fait.

LE CAPITAINE. — C'est le portier de la maison. C'est une maison bien ordonnée : tout s'y fait régulièrement. On n'en sort qu'à certaines heures.

PIERROT. — La maison n'était donc pas à mon cousin?

LE CAPITAINE. — Peuh! il n'en était que locataire, avec beaucoup d'autres.

PIERROT. — Mais pour déjeuner, comment m'y prendrai-je?

LE CAPITAINE. — Or çà, drôle! sache que tu es enrôlé au service du roi de Prusse, et qu'il ne s'agit point de déjeuner, mais d'apprendre à marcher au pas et à faire la charge en douze temps!

PIERROT. — Comment! comment! vous n'êtes donc pas notaire?

LE CAPITAINE. — Je suis le capitaine Schlague, ton supérieur!

PIERROT. — Eh bien! et mon cousin?...

LE CAPITAINE. — Je ne l'ai jamais connu.

PIERROT. — Et mon héritage?

LE CAPITAINE. — Tu le chercheras plus tard.

PIERROT (*furieux*). — Qui? moi, servir pour le roi de Prusse? J'aurais été volontiers conscrit français, mais conscrit prussien, jamais!

(*Il s'élance vers la porte.*)

LE FACTIONNAIRE (*croisant la baïonnette*). — Nicht bassir!

PIERROT (*reculant*). — Je suis pris! mais ils me le payeront.

LE CAPITAINE (*prenant un bâton*). — Attention! ton instruction militaire va commencer, et tâche de faire des progrès, mauvais chien !

(*Il le frappe.*)

PIERROT. — Aïe ! aïe !
LE CAPITAINE. — Tiens-toi fixe ! roide comme un bâton.

(*Il le frappe.*)

PIERROT. — Aïe ! aïe !
LE CAPITAINE. — Si tu dis un mot, tu seras fusillé. Attention ! allons, marche au pas : Une, deux ! une, deux ! (*Il indique le mouvement. — Pierrot l'imite d'une manière bouffonne, puis feint de tomber et donne un violent coup de tête sur celle du capitaine. Celui-ci tombe à la renverse, puis se relève furieux.*) Damné maladroit ! quarante jours de salle de police. Allons, recommence ! (*Il veut le frapper, mais Pierrot passe par-dessous le bâton.*) Comment, coquin ! tu es assez maladroit pour ne pas être touché par ma canne ! Allons, au pas : Une, deux ! une, deux ! (*Pierrot recommence et tombe de nouveau en renversant le Capitaine d'un coup de tête. — Celui-ci, exaspéré :*) Idiot ! tête de bois ! brute ! Tiens : Une, deux ! une, deux ! une, deux !

(*A chaque mot, il cherche à donner à Pierrot des coups de canne que l'autre évite.*)

PIERROT. — Ah ! je comprends à présent. (*Frappant le Capitaine à grands coups de balai.*) Une, deux ! une, deux ! une, deux !
LE CAPITAINE. — Lourdaud, imbécile ! tu es encore plus bête que quand tu t'es laissé enrôler. Passons à autre chose, tu comprendras peut-être mieux ! Fixe, attention ! Portez... arme !

PIERROT (*élevant son balai en l'air*). — Voilà!

LE CAPITAINE. — Bélître! Pour porter arme, on saisit le fusil à la hauteur du...

PIERROT (*lui laissant tomber son balai sur la tête*). — Je ne peux plus le porter.

LE CAPITAINE. — Holà!... (*Se frottant vivement la tête.*) Il est indéniaisable! Portez... arme! portez... arme! (*Il veut le bâtonner, mais Pierrot s'esquive à chaque coup.*) Tu n'as pas honte!

PIERROT. — Mais je vois bien! (*Frappant le Capitaine.*) Portez... arme! portez... arme!

LE CAPITAINE. — Hé là! coquin, assez! Est-ce que tu le ferais exprès, par hasard?

PIERROT. — Je fais ce que je peux!

LE CAPITAINE. — Allons, attention! continuons : présentez... arme!

PIERROT (*lui mettant le balai dans la figure*). — Tout de suite!

LE CAPITAINE. — Pouah! j'ai bien fait de te donner un balai pour commencer. S'il avait eu un fusil entre les mains, il m'aurait tué, le balourd! Je ne voudrais pas en avoir trente comme lui à instruire. Attention! croisez... la baïonnette!

PIERROT. — En avant, marche!

(*Il marche sur le Capitaine et lui donne des coups de la pointe de son manche à balai.*)

LE CAPITAINE. — Scélérat!

(*Il recule.*)

PIERROT (*le poursuivant*). — En avant, marche!

LE CAPITAINE. — Je te fais fusiller si tu ne t'arrêtes pas. (*Pierrot s'arrête.*) Tu es incapable de jamais apprendre l'exercice.

PIERROT. — Capitaine, deviendrai-je général?

Le Capitaine. — Comment! impudent drôle, toi qui ne sais pas même tenir un fusil...

Pierrot. — Enfin, puis-je devenir général?

Le Capitaine. — Jamais! jamais!

Pierrot. — Et colonel?

Le Capitaine. — Jamais!

Pierrot. — Et capitaine?

Le Capitaine. — Capitaine! capitai... aine!! comme moi!!!... Mille sabres! cinquante jours de salle de police pour avoir eu l'audace d'y penser!

Pierrot. — Et sous-lieutenant?

Le Capitaine. — Non, non, non, jamais!

Pierrot. — Et sergent?

Le Capitaine. — Jamais!!!

Pierrot. — Et caporal?

Le Capitaine. — Non, non, non! Si tu continues tes questions, je te donne cinq cents jours de salle de police de plus.

Pierrot. — Ah! jamais! Eh bien! et ma giberne?

Le Capitaine. — Quoi! ta giberne? quel rapport...

Pierrot. — On ne m'y mettra pas un bâton de général en chef?

Le Capitaine. — Non, thunderteuffel! As-tu fini tes questions idiotes?

Pierrot. — Mais alors, pourquoi donc apprendrai-je l'exercice?

Le Capitaine. — Pourquoi, pourquoi? parce que je le veux, parce que le roi de Prusse l'exige.

Pierrot. — Mais...

Le Capitaine. — Silence! ou je te fais bâtonner... Silence! Il faut que je trouve à t'employer. Je n'ai jamais vu de conscrit si engourdi! Sauras-tu seulement faire une faction?

PIERROT (*le raillant*). — Ine vacsion? fui. (*Le Capitaine sort.*) Mon Dieu! mon Dieu! comment sortirai-je d'ici?

(*Le Capitaine rentre apportant une guérite qu'il place.*)

LE CAPITAINE. — Tu vas apprendre à monter la garde. Tu resteras quatre heures dans la guérite, en te tenant fixe. Chaque fois que quelqu'un mettra le pied dans la cour, tu lui crieras: Qui vive? et s'il ne te répond pas: schnip, schnap, clapp! tu diras nicht bassir! et tu lui passeras ta baïonnette au travers du corps. (*Lui donnant un fusil.*) Voilà ta clarinette.

(*Il sort.*)

PIERROT. — Oui, oui, je vais rester là. (*Il va vers la porte.*) Eh! l'ami! dérange-toi un peu.

LE FACTIONNAIRE (*croisant la baïonnette.*) — Nicht bassir!

PIERROT. — Schnip, schnap, clapp!

LE FACTIONNAIRE. — Nicht bassir!

PIERROT. — C'est un automate; je vais le mettre sous globe. (*Il prend la guérite, la renverse et se couche dedans.*) Au fait, je pourrais faire un bon somme. Non, pas comme cela. La guérite me servira de couverture. (*Il arrange la guérite de façon à en être recouvert et passe la tête par une lucarne pratiquée au fond.*) Bonsoir! qui dort fait sa faction.

(*Il se met à ronfler.*)

UN SOLDAT (*entrant et s'approchant de la guérite.*) — Li bas saffre la jarche en tuze demps. (*Criant par la lucarne.*) Schnip, schnap, clapp!

(*Il se sauve*).

PIERROT (*passant sa tête par la fenêtre*). — Nicht bassir! Ah! est-ce qu'ils vont m'empêcher de dormir?

(*Il se recouche dans la guérite.*)

UN SOLDAT (*faisant comme le précédent*). — Li boint malatroit, li brentre pon demps! (*Criant par la lucarne.*) Schnip, schnap, clapp!

(*Il se sauve.*)

PIERROT (*passant sa tête par la lucarne*). — Passez tous, passez tous! vous n'avez pas besoin de me déranger!

(*Il se recouche.*)

UN SOLDAT (*venant le regarder par la lucarne*). — Li êdre in filain Bierrot! li bas fuloir saffre la jarche en tuze demps gomme nis! Moi ferser li ine bedide josse sur le dêde.

(*Il prend une casserole dont il verse le contenu sur Pierrot par la lucarne.*)

PIERROT. — Aïe! le déluge! (*En se relevant, il redresse la guérite qui le fait culbuter dans le sens opposé en renversant le Soldat. — Pierrot et celui-ci se relèvent. — Le Soldat s'enfuit.*) Je suis échaudé! Croient-ils que je vais longtemps me laisser faire des farces! Parbleu, je pratiquerai à leur détriment le nicht bassir comme jamais soldat prussien ne l'aura fait de sa vie.

(*Il se cache derrière la guérite qui est renversée.*)

UN SOLDAT (*entrant*). — Moi li vaire varce. (*Il s'approche de la guérite.*) Schnip, schnap...

PIERROT. — Nicht bassir !

(*Il le tue d'un coup de baïonnette.*)

LE SOLDAT. — Mon tié, che sis mort !

PIERROT (*se recachant*). — Nous verrons combien de temps durera le schnip, schnap, clapp !

UN SOLDAT (*entrant*). — Li êdre tans guéride ! (*S'approchant.*) Clapp, schnap !

PIERROT. — Schnip ! (*Il le tue.*) Ils ne sont nullement malins !

UN SOLDAT (*entrant en valsant*). — Ta, ra, la, la, la, la, la, la ! (*Criant.*) Schnip, clapp !

PIERROT. — Schnap ! (*Il le tue.*) Quand il n'y aura plus personne dans la caserne, je pourrai peut-être sortir. (*Un Soldat entre et s'approche doucement.*) Clapp ! (*Il le tue.*) Allons, mes amis, venez-y tous. (*Un Soldat s'approche.*) Clapp ! (*Pierrot le tue. — Un autre arrive.*) Clapp ! (*Pierrot le tue. — Un autre s'avance encore.*) Clapp ! (*Pierrot le tue.*) En voilà une brochette !

LE CAPITAINE (*entrant*). — C'est incroyable ! il manque beaucoup d'hommes à l'appel. Ils ne sont donc pas rentrés ? (*Il s'approche de la guérite.*) Pourquoi la guérite est-elle renversée ? Où est ce coquin d'idiot ?

PIERROT. — Clapp !

(*Il lui porte un coup de baïonnette, mais le manque.*)

LE CAPITAINE. — Ah ! scélérat ! toujours les mêmes stupidités. (*Il lutte avec Pierrot, tous deux tombent dans la guérite, qui roule et les recouvre un instant ; leurs deux têtes apparaissent successivement par la lucarne, tandis qu'on entend le bruit de la lutte et les cris. Enfin la guérite roule de nouveau, les deux combattants se relèvent. — Le Capitaine a désarmé Pierrot.*) Il n'y a jamais eu de fous dans ta famille ?

PIERROT. — Non.

LE CAPITAINE. — Eh bien! tu peux passer à toi seul pour tout un hôpital. (*Apercevant les Soldats morts.*) Qu'est-ce qu'il y a encore ? Une autre balourdise de ta part ?

PIERROT (*se démenant et criant*). — Nicht bassir! schnip, clapp! schnap, schnip, clapp! nicht bassir!

LE CAPITAINE. — Eh bien?

PIERROT. — J'ai tué tous ceux qui passaient!

LE CAPITAINE (*examinant les morts*). — Mais ce sont les seuls qui avaient la permission de passer et qui savaient le mot d'ordre.

PIERROT. — Ah bien! c'est qu'ils ont mal prononcé. J'ai mieux aimé les tuer que de les laisser mal parler.

LE CAPITAINE. — Tu n'es propre à rien! Je ne sais plus à quoi t'employer, avec tes bévues. Tiens, tu ne peux pas être soldat.

PIERROT. — Alors, laissez-moi m'en aller.

LE CAPITAINE. — Non : tu nous feras la soupe.

(*Il sort.*)

PIERROT. — Je tâcherai de la leur tremper.

LE CAPITAINE (*revenant avec une grande marmite et des légumes*). — Gare à toi! si elle est mauvaise.

(*Il s'en va.*)

PIERROT. — Des légumes pour eux ? point du tout. Mettons ces carottes, ces choux et ces navets de côté pour moi. Quant à eux, quelques bons cailloux, une giberne, un peu de poudre à canon et une petite chandelle leur composeront le plus exquis des ragoûts. (*Il remue le mélange et souffle le feu.*) Ce sera parfait, et cela commence à mitonner.

LE CAPITAINE (*entrant*). — Eh bien !

PIERROT (*lui portant brusquement la cuiller sous le nez*). Goutez-la.

LE CAPITAINE. — Eternellement maladroit! Le goût en est fort. Je la porte à mes hommes.

(*Il sort, emportant la marmite.*)

PIERROT. — Ce factionnaire garde toujours la porte... Ne pourrait-on pas l'enjôler? Hé! l'ami!

LE FACTIONNAIRE. — Nicht bassir!

LE CAPITAINE (*entrant*). — Ils mangent la soupe. Je suis content de l'avoir trouvé un emploi.

UN SOLDAT (*entrant*). — Mon Gabidaine! mon Gabidaine! le sube té se Bierrot m'a tonné la goligue.

LE CAPITAINE (*furieux*). — Elle était excellente! Je ne veux pas que vous ayez la colique, ou quarante jours de salle de police.

LE SOLDAT. — Mon tié! mon tié! mes poyaux! mes poyaux!

LE CAPITAINE (*le battant*). — Va-t'en, drôle! ton supérieur l'ordonne de n'avoir pas la colique.

LE SOLDAT (*s'en allant et se tordant*). — Fui, mon Gabidaine: oh là! oh là!

LE CAPITAINE. — Ces coquins se révolteraient si vite si on les écoutait.

UN SOLDAT (*entrant*). — Gabidaine! Gabidaine! dude la gombagnie il a le goligue! Aïe! oh là! c'èdre ine méjanzedé!

LE CAPITAINE (*le battant*). — La consigne dit qu'on se portera bien.

LE SOLDAT (*se sauvant*). — Moi, n'en bouvre blus.

LE CAPITAINE. — Je vais aller goûter leur soupe, à la fin; ce conscrit est si gauche! (*Il sort*).

PIERROT. — Je désire avant tout qu'il y passe.

LE CAPITAINE (*revenant*). — Eh bien! j'en ai goûté; je la trouve agréable.

UN SOLDAT (*entrant en courant*). — Gabidaine! nis zommes bertus!

LE CAPITAINE. — Eh! mille sabres, je crois que je ressens quelque atteinte!... Eh! mais oui: je l'ai! je l'ai!

PIERROT. — Quoi donc?

LE CAPITAINE. — Brigand! aïe! Qu'est-ce que tu as mis dans la soupe? Aïe! aïe!

LE SOLDAT. — Il vaut le vaire visiller! aïe!

LE CAPITAINE (*faisant des contorsions*). — Qu'on l'arrête!

LE SOLDAT (*se tordant*). — Arrêdez-le! il nis a emboissonnés!

LE CAPITAINE. — Aïe! ah! Arrête-le donc, coquin!

LE SOLDAT (*se sauvant*). — Ah! Gabidaine, che rends l'âme.

LE CAPITAINE. — Aux armes! Reste-t-il un homme valide?

LE CAPORAL (*entrant*). — Mon Gabidaine, tus les hommes... oh!... sont tans tes bedits goins. Oh! che ne buis blus resder.

(*Il se sauve.*)

LE CAPITAINE (*prenant un fusil.*) — Maudit niais! je vais le tuer! Ah! aïe!

PIERROT (*le désarmant et le tuant*). — Il faut profiter du désarroi de tous ces gens. (*A mesure que les soldats entrent, Pierrot les assomme.*) Quand il n'en restera plus, je serai libre. (*Voyant qu'il ne paraît plus de soldats.*) Il n'en sort plus. Bon, il ne me reste que ce coquin de Factionnaire, qui ne bouge pas plus qu'un terme. (*Allant au Factionnaire*). Voyons, l'ami!

LE FACTIONNAIRE. — Nicht bassir!

PIERROT. — Schnip, schnap, clapp, puisque c'est le mot de passe.

LE FACTIONNAIRE. — Nicht bassir !

PIERROT. — Tu ne vas donc pas manger la soupe ?

LE FACTIONNAIRE. — Nicht bassir !

PIERROT. — Un peu de soupe ! Veux-tu que je t'en apporte?

LE FACTIONNAIRE. — Nicht bassir !

PIERROT. — Tu n'es donc qu'une mécanique ?

LE FACTIONNAIRE. — Nicht bassir !

PIERROT. — Ah ! tu vas me mettre en colère ! (*Il le frappe. — Le soldat tombe.*) Ce n'était qu'un véritable automate. Moi qui m'en suis tant inquiété ! Je fais mes adieux au roi de Prusse et je renonce à mon héritage ; je n'aurais qu'à trouver un autre notaire de la même espèce !... Je retourne à Pontoise.

THÉATRE DES MARIONNETTES

LE MIROIR DE COLOMBINE

LE MIROIR
de
COLOMBINE

MISE EN SCÈNE

Il y a des obsessions fort pénibles, et elles sont généralement la punition secrète de nos défauts. La roue d'Ixion, le rocher de Sisyphe, le tonneau des Danaïdes, ne sont que des images d'obsessions mises en action.

Mais une des plus cruelles parmi toutes les obsessions connues ou inconnues, aura été celle de l'infortunée Colombine, que ni portraits ni reflets dans les miroirs ne peuvent satisfaire.

En vain elle se met à la poursuite de sa propre image, l'image fuit, elle ne semble pas exister. Colombine devient le jouet des peintres, dont on connaît les habitudes farceuses. C'est la face de Polichinelle, l'homme qu'elle aime le moins, qui se présente partout à elle. Colombine a rêvé de se voir pâle, c'est une trogne rouge qui reluit dans le miroir ; elle voulait qu'un nez droit lui fût octroyé par ce miroir flatteur, c'est le nez de perroquet de Polichinelle qui se montre ; enfin tout ce qui peut déplaire à une créature sentimentale, rêveuse et éprise du trop beau, fond sur elle et la berne.

PERSONNAGES :

CASSANDRE.
COLOMBINE.
POLICHINELLE.
PIERROT.

LE MIROIR

DE COLOMBINE

COLOMBINE. — Mon cher père, je voudrais qu'on me fît mon portrait.

CASSANDRE. — Cela coûte cher ! et je t'ai acheté un miroir où tu peux voir ton portrait tant que tu voudras.

COLOMBINE. — Un miroir ! un miroir !... je veux mon portrait en reine, avec une robe d'or et des yeux grands comme une fenêtre.

CASSANDRE. — Ah ! oui-da ! mais tes yeux sont tout petits.

COLOMBINE. — Et un grand nez droit, tout droit !

CASSANDRE. — Mais le tien est retroussé !

COLOMBINE. — Des yeux bleus d'ange.

CASSANDRE. — Tu les as gris !

COLOMBINE. — Et une bouche comme un petit cœur.

CASSANDRE. — La tienne est grosse !

COLOMBINE. — Et de belles joues pâles.

CASSANDRE. — Tu es comme une pivoine !

COLOMBINE. — Mais non! mais non! je suis comme je le dis, et je n'aime pas les miroirs, parce que le verre n'est jamais bon et fait voir de travers.

CASSANDRE. — Mais un portrait, cela coûte cher! cher, cher, très cher! je dis-je.

COLOMBINE. — Eh bien! je me laisserai mourir de faim.

CASSANDRE. — Ah! eh! tout de suite : il y a des peintres près d'ici, je vais les appeler.

COLOMBINE (*se regardant au miroir*). — Mais certainement, si le verre n'avait pas des défauts, je serais comme je me sens être. Est-ce que vous le nieriez?

CASSANDRE (*à part*). — La peste de coquette! (*Haut.*) Non, non. (*Appelant par la fenêtre.*) Hé! là-bas, le peintre! les peintres! barbouilleurs! venez tout de suite!

UNE VOIX (*répondant*). — A l'instant.

CASSANDRE. — Apportez vos graisses et vos cirages.

PIERROT (*entrant avec tout un attirail*). — Me voici, Monsieur!

COLOMBINE. — C'est pour faire mon portrait.

PIERROT. — Oh! je n'ai jamais rien vu de plus beau!

COLOMBINE. — Voici un garçon qui voit clair.

CASSANDRE. — Combien me prendrez-vous?

PIERROT. — Nous nous arrangerons.

CASSANDRE. — Mais...

PIERROT. — Chut! l'important est de faire un chef-d'œuvre, car Mademoiselle est celui de la nature.

CASSANDRE. — Il faut savoir pourtant combien...

PIERROT. — Il ne s'agit pas de cela! Ne troublez pas l'enthousiasme de l'artiste.

COLOMBINE. — Mais oui, mon père, ne parlez plus.

PIERROT (*arrangeant la toile et fourrant un pinceau dans la figure de Cassandre*). — Mademoiselle, je suis ébloui, je vois de toutes les couleurs.

CASSANDRE. — Prenez donc garde!

COLOMBINE. — Cela ne fait rien.

PIERROT (*à Cassandre*). — Ne soufflez pas mot, vous refroidiriez mon enthousiasme. (*Relevant rudement la tête de Colombine.*) Tenez-vous solennelle!

COLOMBINE. — Oh! vous m'avez tordu le cou.

PIERROT (*donnant un coup de pinceau dans la figure de Cassandre*). — Prenons nos plus belles couleurs.

CASSANDRE. — Aïe! vous me barbouillez la figure!

PIERROT. — Dans mon ardeur, je vous prenais pour ma palette; vous êtes si coloré! (*Retournant à Colombine dont il relève la tête si fort qu'il la cogne contre le mur.*) Bravo! c'est bien.

COLOMBINE. — Mais... aïe! vous me...

PIERROT. — Ah! c'est pénible de poser. (*Donnant un coup de tête dans le nez de Cassandre qui se penche sur son épaule, et l'envoyant se heurter à la muraille.*) Il faut que je me recule pour juger de l'effet.

CASSANDRE. — Mais, Monsieur, la peinture est un art bien brusque!

PIERROT. — Le peintre n'est plus maître de ses mouvements, c'est l'admiration! (*Prenant Colombine, l'emmenant au fond du salon et la plaquant rudement contre la porte.*) Là! vous serez mieux éclairée.

COLOMBINE. — Aïe!

PIERROT. — Ne parlez pas, vous dérangeriez l'effet splendide de votre expression. (*L'emmenant à un autre coin et la cognant toujours contre le mur.*) Non! voyez-vous, c'est ici la meilleure place.

COLOMBINE. — Est-ce que cette promenade...

PIERROT. — Chut! tâchez de penser... Si vous vous tourniez... je saisirais mieux...

COLOMBINE. — Mais je ne veux pas le portrait de mon dos.

PIERROT. — Ah! très bien. (*Il se met à peindre.*) Ne bougez pas!

CASSANDRE (*regardant par-dessus son épaule*). — Eh bien! qu'est-ce que vous faites donc?

PIERROT (*lui donnant en arrière un violent coup de tête*). — Ah! parbleu, vous dérangez tout!

CASSANDRE (*tombé*). — Eh! n'ai-je pas entendu dire que les bosses avaient quelque rapport avec votre métier?

PIERROT (*allant à Colombine et lui noircissant le nez*). — Laissez-moi essayer ce petit ton.

COLOMBINE. — Dépêchez-vous, je n'en puis plus de fatigue!

PIERROT (*peignant comme un enragé et tapant violemment à terre avec le manche de son pinceau*). — L'inspiration! l'inspiration!

CASSANDRE. — Il est fou!

PIERROT (*sautant sur lui et le battant*). — Taisez-vous, coquin! c'est l'inspiration, vous dis-je.

CASSANDRE (*passant derrière la toile*). — Je ne sais où me mettre!

PIERROT (*continuant à peindre sans s'apercevoir que Cassandre est entre lui et son modèle*). — Superbe personne! charmante!

(*Dans son ardeur, il crève la toile; le pinceau atteint Cassandre dans le ventre et le renverse.*)

CASSANDRE. — Oh! oh! ma fille, en voilà assez pour une fois.

PIERROT. — C'est fini, justement! En voulant signer, j'ai mis tant de feu que...

(*Faisant le geste de crever la toile, il renverse de nouveau Cassandre.*)

CASSANDRE. — Ah çà! mais c'est un maître d'armes!

COLOMBINE. — Voyons, suis-je belle?

(*Elle regarde la toile et pousse un cri.*)

CASSANDRE — Qu'y a-t-il?

PIERROT. — Mademoiselle est stupéfaite de mon talent.

COLOMBINE. — Mais c'est une perruche qu'il a mise sur le tableau!

PIERROT. — Une perruche?

CASSANDRE. — Une perruche? mais... mais... en effet... on dirait...

PIERROT. — Mais, Mademoiselle, je vous ai faite idéale, telle que je vous comprenais, avec une robe verte à queue, un grand beau nez.

COLOMBINE. — C'est une infamie, mon père; ne le payez pas et jetez-le à la porte.

PIERROT. — Comment! moi, le premier peintre du monde, vous osez critiquer mon œuvre? Est-ce que vous connaissez ce que c'est que la touche, la ligne, le ton, le glacis, le point lumineux, le trait, la forme, la pâte, la pâte, la pâte!!!

CASSANDRE. — Enfin, je ne vous dis pas, mais on dirait une perruche.

COLOMBINE. — C'est un misérable! je trouve son ton fort mauvais, et sa touche est celle d'un brutal; il m'a cogné la tête.

PIERROT. — De quoi vous mêlez-vous? vous êtes des imbéciles! De près, on dirait peut-être une perruche, mais de loin, c'est le plus beau portrait qu'on ait jamais fait.

COLOMBINE. — Quel insolent! (*Prenant la toile elle en frappe Pierrot, sur les épaules duquel le tableau reste comme une collerette.*) A la porte, barbouilleur! (*Elle le bat et le pousse.*)

PIERROT. — Vous ne comprenez rien à la peinture.

COLOMBINE (*le jetant dehors*). — Allez, mauvais barbouillon, allez faire des perruches ailleurs. Mon père, il faut en faire venir un autre.

CASSANDRE. — Comment! un autre, mais c'est bien assez! Je suis à demi mort, l'autre m'achèvera.

COLOMBINE. — Oui, oui, un autre, ou je me jette par la fenêtre.

CASSANDRE (*appelant par la fenêtre*). — Hé! y a-t-il un autre peintre par ici?

LA VOIX DE POLICHINELLE. — Oui, oui!

CASSANDRE. — Il y en a sous chaque pavé.

POLICHINELLE (*entrant avec une toile, un balai et une brosse*). — Je suis à votre disposition, Monsieur.

CASSANDRE (*à part*). — Il a l'air d'un homme sérieux, celui-là. (*Haut.*) C'est pour le portrait de ma fille.

POLICHINELLE. — Oh! oh! elle est à marier? Ah! c'est celle-ci? Oui, c'est une gentille petite guenon!

COLOMBINE. — Comment! que dit-il?

POLICHINELLE. — Oh! c'est un terme de peinture pour exprimer le beau.

COLOMBINE. — Cette fois, je poserai comme je l'entendrai.

POLICHINELLE. — Certainement.

CASSANDRE. — Il est venu tout à l'heure un peintre pâle...

POLICHINELLE. — Oh! je le connais! un misérable qui ferait mieux de gâcher du plâtre. Vous êtes déshonoré d'avoir eu un seul instant l'idée de vous adresser à lui. Comment! vous êtes donc tout à fait ignorant des réputations?

COLOMBINE. — Mais... non... mais...

POLICHINELLE. — Je vais vous faire un portrait qui vous conduira à la postérité. Vous n'avez pas besoin de poser.

COLOMBINE. — Ah! tant mieux!

POLICHINELLE. — Je vous ai vue un instant, cela me suffit. (*A*

Cassandre.) Ah! faites-moi donc donner un peu de vin... votre meilleur... c'est excellent pour la peinture, cela vous délaye et vous réchauffe les couleurs... et puis, quand je travaillerai, vous me lirez un petit journal que j'ai apporté... cela m'échauffe l'esprit.

COLOMBINE. — Je vais vous chercher du vin. (*Elle sort.*)

POLICHINELLE (*tapant sur le ventre de Cassandre*). — Hé! hé! papa!

CASSANDRE (*éternuant*). — Oh! vous... m'avez... coupé... la... res... pi... ra... tion !

POLICHINELLE. — Elle est à marier? hum! bonne dot! bonne dot! C'est cossu, ici!

CASSANDRE. — Je l'espère, Monsieur.

POLICHINELLE. — Ça ferait bien mon affaire. Oui, papa, nous allons vous faire une fille flamboyante !

COLOMBINE (*rentrant avec le vin*). — Voilà, Monsieur.

POLICHINELLE (*s'installant devant sa toile*). — Nous allons commencer. (*Buvant*). Parfait! ce vin est chaud de ton. Bien, lisez donc ce journal, il vous intéressera.

CASSANDRE (*lisant*). — « Monsieur Polichinelle est sans contredit le plus grand peintre de ce temps et même le seul de tous les temps ; tous ses confrères sont des pleutres ! »

POLICHINELLE. — Peuh ! cet article est mal fait; ces journalistes sont timides et n'osent jamais vous rendre pleine et entière justice...

CASSANDRE. — Qu'est-ce que vous voulez de plus?

POLICHINELLE (*buvant*). — Ces gens qui écrivent sont des ânes; ils ne seraient seulement pas capables de distinguer les cent cinquante-trois tons de vert qu'on peut créer avec du rouge et du jaune.

COLOMBINE. — Eh bien ! vous ne commencez pas le portrait?

POLICHINELLE (*buvant*). — Je me prépare. D'ailleurs, on est bien ici : nous causons, rien ne presse. Voyez-vous, quand vous avez un ton et un autre ton à côté, vous avez des valeurs... eh bien ! les valeurs et les tons, vous les posez, vous n'avez que ça... voilà... Mademoiselle, je vais vous faire d'abord le portrait de l'homme que vous épouserez dans l'année.

COLOMBINE. — Mais le mien ?

POLICHINELLE. — Nous avons le temps. (*Il peint avec son balai, et en se retournant il frappe Cassandre et Colombine.*)

CASSANDRE. — Il peint comme l'autre, hélas !

POLICHINELLE. — Qu'est-ce que vous dites ? Ce n'est pas la même manière. (*Montrant la toile à Colombine.*) Voilà votre homme !

COLOMBINE. — Vous !

POLICHINELLE. — C'est-à-dire que chaque fois que je fais quelque chose je me prends pour modèle.

COLOMBINE. — Et mon portrait à moi ?

POLICHINELLE (*brossant et balayant sa toile à tour de bras*). — Hein ! hein ! voilà !

CASSANDRE. — Mais c'est encore vous !

POLICHINELLE. — Oui, ça peut me rappeler de près, mais de loin c'est tout à fait Mademoiselle.

COLOMBINE. — Je ne sais pas à quelle distance, alors. Je n'ai jamais ressemblé à ce magot-là !

POLICHINELLE. — Magot ! mon idéal ! magot ! Pourvu que la ligne et la couleur soient bonnes, le sujet, le personnage ne fait rien. Vous ne direz pas que ce n'est pas beau !

CASSANDRE. — Vous n'êtes point joli !

COLOMBINE. — Renvoyez-le aussi, celui-là.

POLICHINELLE. — Est-ce beau, oui ou non ?

CASSANDRE. — Je ne trouve pas..

POLICHINELLE (*le rossant à grands coups de bâton*). — Je t'apprendrai à reconnaître mon mérite !

CASSANDRE. — Hélas! aïe! aïe! oui, je ne m'y connais pas, mais c'est très beau!

POLICHINELLE (*le battant toujours*). — Que ce soit beau, idiot, c'est tout ce qu'il faut.

CASSANDRE. — Oui, oui, oui, oui! assez, assez!

POLICHINELLE (*battant Colombine*). — Qu'importe que cela vous ressemble, si la ligne, les tons et les valeurs sont bien!

COLOMBINE. — A l'assassin! vous avez raison!

POLICHINELLE. — Voyez-vous, parce que vous êtes des imbéciles, il ne faut pas vous mêler de parler de la peinture et surtout de mon talent. Voyons, maintenant nous nous sommes expliqués; vous êtes sots comme des oies, ne nous fâchons pas.

COLOMBINE (*allant prendre son miroir*). — Il a beau dire, je ne ress... (*Le tain du miroir disparaît, il ne reste plus qu'un verre derrière lequel se place Polichinelle.*) Ah!

POLICHINELLE. — Vous voyez bien!

CASSANDRE. — C'est extraordinaire, je n'aurais jamais cru cela!

COLOMBINE. — Comment, lui... vous... êtes mon portrait?

POLICHINELLE. — Votre miroir ne peut vous tromper!

COLOMBINE. — C'est épouvantable! j'en deviendrai folle! (*Elle prend un autre miroir, le même changement se fait, et elle aperçoit toujours Polichinelle à travers le verre.*) Encore!

(*Elle se retourne avec le miroir du côté opposé, mais Polichinelle court aussitôt se placer derrière le verre.*)

POLICHINELLE. — Toujours!

CASSANDRE. — Hum! restez donc un moment en place.

(*Il le retient.*)

COLOMBINE (*se tournant d'un autre côté*). — Eh bien! il n'y a plus personne! qu'est-ce que?... Ah! le fourbe!... Mon père, chassons-le!

(*Elle s'empare du balai, Cassandre prend la brosse et tous deux battent Polichinelle.*)

POLICHINELLE. — Oh! ah! (*Ils le chassent.*)

COLOMBINE. — Je ne veux plus de portrait, ni de peintre, ni de miroir! ni rien! je vais m'empoisonner! (*Elle sort.*)

CASSANDRE. — Eh! mais, eh! mais! il faut peut-être l'en empêcher... sans doute, il faut l'en empêcher...

(*Au moment où il veut sortir, Pierrot entre, le saisit par sa redingote et le ramène en arrière.*)

PIERROT. — Nous avons à parler...

CASSANDRE. — Je ne dis pas... Mais il faut que j'aille empêcher ma fille... (*Il revient vers la porte.*)

PIERROT (*le ramenant de nouveau*). — C'est très sérieux!

CASSANDRE (*l'attirant à l'autre bout*). — Et moi donc!... puisque ma fille...

PIERROT (*le ramenant*). — C'est un compte à régler.

CASSANDRE (*l'entraînant*). — Mais je vous répète que ma fille va...

PIERROT (*le ramenant*). — Vous me devez une expl...

CASSANDRE (*l'entraînant*). — Mais ma fille s'empoisonne... (*Il fait lâcher prise à Pierrot et sort.*)

PIERROT. — Ah! si sa fille s'empoisonne!... Mais si elle s'empoisonne, voilà mes plans... Hé! (*Criant.*) Empêchez-la! empêchez-la!... (*Entre Polichinelle.*)

POLICHINELLE. — Tiens, qu'est-ce que tu fais ici?

PIERROT. — Et toi?

POLICHINELLE. — C'est pour une affaire.

PIERROT. — Moi aussi.

POLICHINELLE. — Tu fais donc des tableaux pour ces imbéciles?

PIERROT. — Et toi?

POLICHINELLE. — Tu aurais tort, ils n'y entendent rien, ce serait enterrer ton talent...

PIERROT. — Pour toi surtout, ce serait imprudent...

POLICHINELLE. — Il n'y a rien à faire ici.

PIERROT. — Tu y es donc déjà venu?

POLICHINELLE. — Est-ce que tu cherches à me couper l'herbe sous le pied? Tu auras dis du mal de moi!

PIERROT. — Oh! moi, jamais! je n'aime que ta manière!

POLICHINELLE. — On t'a peut-être fait faire un portrait?

PIERROT. — Et toi?

POLICHINELLE (*à part*). — Ah! que le diable l'enlève! je ne puis lui tirer les vers du nez! (*Haut.*) Combien t'a-t-on payé le portrait que tu as fait?

PIERROT. — Et toi?

POLICHINELLE. — Ah! tu as donc fait un portrait?

PIERROT. — Et toi?

POLICHINELLE (*à part*). — Oh! le mauvais barbouilleur, il devrait me parler chapeau bas! (*Haut.*) Tu viens pour en chercher le prix?

PIERROT. — Et toi?

POLICHINELLE (*à part*). — Et toi? et toi? (*Haut.*) Le portrait de la fille?

PIERROT. — Et toi?

POLICHINELLE. — Oh!!! tu m'ennuies, à la fin! Tu vas décamper. On ne veut pas de toi ici. On y aime le talent et la peinture.

PIERROT. — C'est pour cela qu'on te chassera ignominieusement!

POLICHINELLE. — Qu'est-ce que tu dis?

PIERROT. — Ces gens sont trop intelligents pour ne pas reconnaître ton ignorance et ton impuissance.

POLICHINELLE. — Ils t'ont déjà jugé, sois tranquille. Comme tu le dis, ils s'y entendent fort bien !

PIERROT. — Ils riront bien !

POLICHINELLE. — Tu m'injuries !

(*Il prend un bâton et se bat avec Pierrot qui en a saisi un autre.*)

CASSANDRE (*entrant*). — Quel vacarme ! Eh ! eh ! il me semble que vous vous peignez, hi, hi, hi !

PIERROT (*cessant de lutter*). — Monsieur, j'ai un mot à vous dire en particulier.

CASSANDRE. — Ah !...

POLICHINELLE. — Moi aussi.

CASSANDRE. — Bien !

PIERROT. — Seulement, je suis fort pressé.

CASSANDRE. — Bien !

POLICHINELLE. — Moi aussi.

CASSANDRE. — Ah !

PIERROT (*tirant Cassandre*). — Venez, je vais vous parler...

CASSANDRE. — Eh !

PIERROT (*tirant Cassandre*). — Moi aussi.

CASSANDRE. — Mais...

PIERROT (*le tirant plus fort*). — Vous savez ce que je veux dire.

CASSANDRE. — Non...

POLICHINELLE (*le tirant de même*). — Et moi, le savez-vous ?

CASSANDRE. — Non.

PIERROT (*criant*). — Le portrait !

POLICHINELLE (*de même*). — Le portrait !

PIERROT. — Ah! décidément, c'est pour la même affaire que nous venons.

POLICHINELLE. — Il me semble!

PIERROT. — Monsieur Cassandre, vous me devez de l'argent pour un superbe portrait.

CASSANDRE. — Mais il ne nous convenait pas! c'était une perruche.

POLICHINELLE. — Et vous m'en devez pour un portrait non moins superbe.

CASSANDRE. — C'était le vôtre, je n'en veux pas!

PIERROT. — Vous ne voulez point payer?

CASSANDRE. — Je le voudrais, mais je ne puis... j'en appelle à vous-même!

POLICHINELLE. — Cassandre, prends garde! nous te peindrons avec de noires couleurs aux yeux du Commissaire.

CASSANDRE. — Mes bons amis!

PIERROT (*bas*). — Écoute, j'ai peut-être un moyen d'arranger cette affaire...

POLICHINELLE (*bas*). — Moi aussi.

CASSANDRE. — Voyons!

PIERROT (*emmenant Cassandre à l'écart*). — Donne-moi la main de ta fille.

CASSANDRE (*à part*). — Belle invention!

POLICHINELLE (*emmenant Cassandre à son tour*). — Donne-moi la main de ta fille.

CASSANDRE (*à part*). — O ciel! elle en mourrait. Que faire? Ah! (*Allant à Pierrot.*) Je crois que ma fille veut de Polichinelle; empêche-le d'approcher jamais d'ici.

PIERROT. — Merci. (*A part.*) Ah! le coquin! je saurai l'en empêcher.

CASSANDRE (*à Polichinelle, à l'écart*). — Prends bien garde, ma fille préfère certainement Pierrot. **Arrange-toi de façon à ce qu'il ne rôde jamais par ici.**

POLICHINELLE. — A merveille!

PIERROT A POLICHINELLE (*parlant ensemble*). — Dis donc, viens faire une promenade.

POLICHINELLE A PIERROT. — Oui, oui. (*Ils sortent.*)

CASSANDRE. — Ah! m'en voilà à jamais débarrassé, et ma fille est guérie de sa coquetterie!

THEATRE DES MARIONNETTES

LES DEUX AMIS

LES
DEUX AMIS

MISE EN SCÈNE.

L'amitié est une belle chose, mais l'amitié ou une amitié de Polichinelle n'est point fort à désirer.

La naïveté, l'innocence d'un coquin sans conscience deviennent un des plus grands fléaux de la terre. Or, tous les coquins n'ont pas de conscience, et non-seulement ne se savent point coquins, mais se croient de parfaits honnêtes gens et considèrent les honnêtes gens véritables comme des coquins.

On le voit ici, le bon et infortuné Gribiche a mille scrupules : à chaque instant, il se juge ingrat, tiède, peu dévoué envers son ami Polichinelle. Celui-ci, au contraire, n'a aucun doute, il a la conviction d'être généreux, serviable, franc et courageux. Et si on parvenait, contre toute probabilité, à lui démontrer qu'il est égoïste, lâche et traître, il prétendrait qu'il faut être comme cela si l'on veut passer pour un homme d'esprit.

PERSONNAGES :

POLICHINELLE.
GRIBICHE.
CASSANDRE.
LA VIEILLE.
LE GENDARME.
LE COMMISSAIRE.
LE CHIEN.
LE DIABLE.
UN HOMME.

LES
DEUX AMIS

PLACE PUBLIQUE. — MAISONS ET ARBRES.

POLICHINELLE. — J'aperçois un jeune homme bien habillé, qui a l'air doux et innocent; j'en ferais volontiers mon ami. J'ai besoin d'un ami; l'amitié est une belle chose! (*Saluant.*) Monsieur, je suis votre serviteur.

GRIBICHE (*saluant*). — Monsieur, c'est beaucoup d'honneur...

POLICHINELLE. — Votre figure, votre air honnête me plaisent et m'attirent de la plus invincible façon. Je désirerais vivement être votre ami.

GRIBICHE. — Monsieur, c'est beaucoup d'honneur!

POLICHINELLE. — Nullement, l'honneur est tout à moi. Je suis même déjà votre ami. Mais il faudrait que vous voulussiez bien être le mien. Je suis Polichinelle; vous avez peut-être entendu parler de moi?

GRIBICHE. — Polichinelle!... oh! Monsieur... que d'honneur!

POLICHINELLE. — Cela vous agrée-t-il? De ma part, je vous le répète, la sympathie est immense...

GRIBICHE. — Oh! Monsieur Polichinelle!...

POLICHINELLE. — C'est dit, n'est-ce pas, nous sommes amis à la vie, à la mort, désormais?

GRIBICHE. — Quel honneur!

POLICHINELLE (*à part*). — Il ne semble pas avoir la parole facile, mais il a un cœur d'or. (*Haut.*) Tu es mon ami, mon meilleur ami. Je compte beaucoup sur toi. C'est si bon le dévouement!

GRIBICHE. — Oh!!!

POLICHINELLE. — Comment vas-tu me témoigner ton amitié?

GRIBICHE. — Comme vous voudrez.

POLICHINELLE. — As-tu quelque argent?

GRIBICHE. — Hélas! non. (*Se cognant la tête.*) Je suis désespéré, vous allez avoir mauvaise opinion de moi.

POLICHINELLE. — Hum! amis jusqu'à la bourse, incapables de sacrifices; je n'en ai rencontré que de pareils.

GRIBICHE. — Monsieur Polichinelle, mon ami, ne le croyez pas, je ferai tout ce que je pourrai.

POLICHINELLE. — En effet, il est possible que tu aies un bon naturel, et l'on pourrait se fier à toi, peut-être.

GRIBICHE. — N'en doutez pas, je me jetterais au feu...

POLICHINELLE. — Oh! il n'en est pas encore temps... et puis je connais si bien les belles promesses... Tu me trahiras.

GRIBICHE. — Jamais!!!

POLICHINELLE. — Eh bien! tâchons de nous procurer à déjeuner. Vois-tu, ton ami a faim et tu ne voudrais pas le laisser souffrir.

GRIBICHE. — Mais sans argent, comment nous y prendre?

POLICHINELLE. — Es-tu leste et adroit?

GRIBICHE. — Oui.

POLICHINELLE. — Ah! ah! Eh bien! tu vois cette maison? Elle

appartient à M. Cassandre, et à toute heure du jour on est sûr d'y trouver un pâté et une bouteille de vin. Vas-y, tu me jetteras les vivres par la fenêtre et tu viendras me rejoindre.

GRIBICHE (*enthousiasmé*). — J'y cours.

(*Il entre dans la maison.*)

POLICHINELLE. — Je crois avoir fait une trouvaille en ce jeune homme.

GRIBICHE (*à la fenêtre*). — Hé! voilà le pâté.

(*Il jette le pâté.*)

POLICHINELLE. — Vive le père Cassandre!

GRIBICHE. — Chut! il nous entendrait; il est dans la chambre à côté. Voilà la bouteille.

(*Il jette la bouteille.*)

POLICHINELLE. — Vive le père Cassandre! (*A part.*) Mon ami recevra bien quelque torgnole, j'espère.

CASSANDRE (*arrivant à la fenêtre avec un bâton et frappant Gribiche*). — Vous me dévalisez, vous?

GRIBICHE. — Aïe!

CASSANDRE (*le frappant et le jetant par la fenêtre*). — Apprenez, coquin, à entrer chez moi sans être annoncé.

(*Il referme la fenêtre.*)

POLICHINELLE (*riant*). — Ah! ah! ah! voici mon jeune ami qui commence la série de ses sacrifices. (*Se penchant vers Gribiche.*) Oh! il est tombé dans un petit trou, il ne s'est point fait de mal. Allons, hop là, mon garçon, remettons-nous sur nos jambes.

GRIBICHE (*se relevant*). — Oh! je suis tout étourdi; je ne pensais pas descendre par là.

POLICHINELLE. — Tu n'es pas malin, on ne peut guère compter sur toi.

GRIBICHE. — Oh! c'est un accident, voilà tout; une autre fois, vous verrez!

POLICHINELLE. — A la bonne heure! (*Riant.*) Ah! ah! ah! sais-tu que ta culbute était très drôle?

GRIBICHE. — Si vous n'aviez pas crié si fort, Cassandre n'aurait rien entendu.

POLICHINELLE. — Voilà bien les amis! Tu vas m'injurier et m'accuser, à présent?

GRIBICHE. — Non, non, Polichinelle.

POLICHINELLE. — C'est que si je te soupçonnais d'avoir une parcelle de défiance, je briserais sur-le-champ et nous ne nous reverrions plus. Je suis fort susceptible.

GRIBICHE. — Non, non, Polichinelle, j'ai eu tort, et si ma culbute vous a diverti, j'en suis récompensé.

POLICHINELLE. — Déjeunons. Cette gymnastique a dû te mettre en appétit.

GRIBICHE (*se frottant le dos contre un arbre*). — Euh! euh! les reins me cuisent...

POLICHINELLE. — Alors, il me semble que c'est moi qui ai fait la culbute, car j'ai une faim de loup. Il nous faut une table. Ah! qu'est-ce que c'est que cela? Une vieille potence! Cela va nous faire une table et un banc excellents. (*Il pose une bûche à terre et place la potence en travers en balançoire. — Le pâté et le vin sont à côté de lui.*) Là, assieds-toi à l'autre bout, avec précaution. Il serait inutile de se balancer en mangeant. Es-tu prêt?

GRIBICHE. — Oui.

POLICHINELLE. — Allons.

(*Tous deux s'asseyent, mais Polichinelle étant le plus lourd, Gribiche est enlevé très haut. — Polichinelle lui tourne le dos et se met à boire.*)

GRIBICHE (*se démenant*). — Eh! eh! Polichinelle, je vais tomber, lève-toi un peu.

POLICHINELLE (*se retournant à demi*). — Ah! ah! ah! te voilà non pas pendu, mais suspendu. Ah! ah! ah! qu'il est drôle! Ne lâche pas, tu tomberais.

(*Il fait osciller la potence à droite et à gauche et mange le dos tourné à Gribiche.*)

GRIBICHE. — Eh! eh! ne remue pas, je vais me casser le cou!

POLICHINELLE (*le secouant de toutes ses forces*). — Cela te donnera l'appétit qui te manque.

GRIBICHE. — Non! non! l'appétit est venu.

POLICHINELLE (*continuant et mangeant*). — Vois-tu, nous sommes une vraie paire d'amis, et tu ne feras jamais pour moi la centième partie de ce que je me sens entraîné à faire pour toi.

GRIBICHE. — Eh! ah! mais je causerais plus facilement à terre. Eh!... oh!...

POLICHINELLE (*continuant à le secouer*). — C'est un grand mystère que ces attractions subites.

GRIBICHE. — Oui, oui, assez! Laisse-moi descendre!

POLICHINELLE (*se retournant*). — Ah ça! qu'est-ce que tu fais donc là-haut? Tu dois être très mal, mon pauvre garçon.

GRIBICHE. — Mais voilà une heure que je...

POLICHINELLE (*se levant et laissant retomber la potence avec Gribiche, qui roule à terre et disparaît*). — Eh! que diable, tu ne prends aucune précaution. (*Relevant Gribiche.*) Tu n'as pas dû te faire de mal; je porte bonheur à mes amis.

GRIBICHE (*boitant*). — Je suis tombé sur le coccyx, puis sur la tête! Je ne me suis pas fait de bien non plus.

POLICHINELLE. — Tu me donnes un démenti! Quand j'affirme une chose, je ne veux pas qu'on en doute. Alors nous briserons là...

GRIBICHE. — Non, non, Polichinelle, je ne me suis pas fait de mal précisément, je me suis seulement frotté, et même si j'avais eu quelques démangeaisons, je me serais trouvé tout gratté.

POLICHINELLE. — Donc, tu t'es fait du bien!

GRIBICHE. — A bien examiner, oui!... Je vais déjeuner, à mon tour!

POLICHINELLE. — Ah! c'est toujours la même chose! Tu es comme les autres, je te croyais supérieur. Tu m'as dit que tu n'avais pas faim, j'ai tout mangé et tout bu! Que diable! il faut être sincère avec moi. Je n'aime pas ces fausses politesses; je suis tout à la bonne flanquette, moi.

GRIBICHE. — Ne vous fâchez pas, mon bon Polichinelle, vous avez raison.

POLICHINELLE. — Eh bien! maintenant, il faut nous balancer; c'est très bon pour la digestion.

GRIBICHE. — Ah diable! je vous avoue que je ne m'en soucie guère; j'ai peur de dégringoler encore une fois.

POLICHINELLE. — Mais, décidément, tu es un ami tyrannique, il faut que je me soumette à tous tes caprices, et tu ne veux rien me concéder.

GRIBICHE. — Eh bien! Polichinelle, balançons-nous, mais doucement. (*Ils s'approchent de la balançoire. Au moment de s'asseoir, Gribiche glisse. — Polichinelle, en s'asseyant, roule à la renverse, tandis que le bout de la potence frappe Gribiche à la tête et le fait tomber de l'autre côté.*) Oh!

POLICHINELLE (*se relevant*). — Tu l'as fait exprès! On ne doit pas se faire de farces entre amis. Moi, j'ai marché très loyalement.

GRIBICHE (*se frottant*). — Oh! là, quelle torgnole; je te jure que j'ai glissé.

POLICHINELLE (*prenant un bâton*). — Cela m'est égal. Je vais te faire une bonne farce, moi aussi! (*Il le bat.*)

GRIBICHE. — Oh! oh! je te jure que...

POLICHINELLE. — Oui, oui, c'est une bonne farce.

GRIBICHE. — Eh! eh! assez, tu m'assommes, je suis mort!

(*Il tombe.* — *Polichinelle le roule en tous sens en lui glissant son bâton sur le cou.*)

POLICHINELLE. — Non! moi j'aime la franchise. On est ami ou non. Ah! ça, est-ce que je l'aurais tué? Hé! Gribiche! Ce serait dommage, car il me plaisait.

GRIBICHE (*se relevant*). — Oh! la tête, la tête!

POLICHINELLE. — Il ne faut pas nous brouiller pour cela. Ce n'est rien. Je tiens à ton estime. Je voulais te prouver que j'ai du cœur.

GRIBICHE. — Vous avez été vif, Polichinelle, mais je comprends bien votre sentiment. En effet, c'est très beau de votre part.

POLICHINELLE. — Oh! je suis Romain!

GRIBICHE. — Aïe! je suis en compote.

POLICHINELLE. — Est-ce que le plaisir de voir à quel ami sûr et ardent tu as à faire ne te remet pas un peu?

GRIBICHE. — Oh! si. Voilà que ça se passe.

POLICHINELLE. — Toi aussi, tu es un garçon de cœur, mais tu n'en as pas encore autant que moi. Enfin, il faut que nous passions le reste de la journée à nous occuper ou à nous divertir. Qu'en dis-tu?

GRIBICHE. — Je ne sais trop.

POLICHINELLE. — Voilà! tu n'as pas d'initiative, non plus. Ah! ah! là-bas!...

GRIBICHE. — Quoi donc?

POLICHINELLE. — Tu vois cette vieille?

GRIBICHE. — Oui.

POLICHINELLE. — C'est une coquine qui m'a fait bien du mal!

GRIBICHE. — Ah! je la hais déjà.

POLICHINELLE. — Celui qui me vengerait d'elle serait un véritable ami!

GRIBICHE. — Vraiment?... Mais je suis tout prêt.

POLICHINELLE. — Elle rentre chez elle. Il y aurait un bon moyen de la punir, mais je ne voudrais pas qu'on sache que c'est moi... Tu comprends?

GRIBICHE. — Si ce n'est que cela... Dites-moi le moyen.

POLICHINELLE. — Bon! la voilà rentrée. Attends! (*Il sort.*)

GRIBICHE. — Je n'ai jamais vu un homme si franc! Quelle chance j'ai eue de le rencontrer!

POLICHINELLE (*rentrant avec un cerceau au bout d'une perche et un balai*). — Prends le balai, et allons sous la fenêtre de la vieille. (*Ils s'approchent de la maison. — Polichinelle s'arrange de façon à ne pouvoir être vu par la Vieille.*) Appelle-la. Crie : Hé! la Vieille! la vieille bête!

GRIBICHE (*criant de toute sa force*). — Hé! la Vieille! Hé! la la vieille bête!

LA VIEILLE (*ouvrant sa fenêtre*). — Qui est-ce qui m'appelle?

GRIBICHE. — Eh! bonjour, la vieille bête!

LA VIEILLE. — Insolent! (*Polichinelle lui passe le cerceau autour de la tête pour l'empêcher de se retirer de la fenêtre.*) Eh bien! qu'est-ce que c'est? Voulez-vous me lâcher !...

POLICHINELLE. — Barbouille-lui la figure.

GRIBICHE (*frottant le visage de la Vieille avec son balai*). — C'est pour te faire la barbe.

LA VIEILLE. — Au secours! au meurtre! à l'assassin!

(*Elle se dégage.*)

POLICHINELLE. — C'est votre ami Gribiche qui vous a fait ces caresses.

GRIBICHE. — Eh! Polichinelle, vous n'auriez pas dû lui dire mon nom; c'est imprudent.

POLICHINELLE. — Mais c'est pour qu'elle soit bien sûre que ce n'est pas moi. Ne m'as-tu pas dit que tu te dévouais?

GRIBICHE. — C'est vrai.

LA VIEILLE (*sortant et tombant à grands coups de balai sur Gribiche*). — Tiens! tiens! scélérat de Gribiche, en attendant que tu sois pendu! (*Gribiche reste étendu sur la place. — Et au moment où la Vieille rentre chez elle, elle reçoit de Polichinelle qu'elle ne peut voir un grand coup de bâton.*) Aïe! il me court après, le lâche! (*Elle referme sa porte.*)

POLICHINELLE (*allant à Gribiche*). — Allons, mon ami, ceci n'était pas imprévu. Tu devais t'y attendre, puisque cette femme est mon ennemie.

GRIBICHE (*se relevant*). — Ah! quelle journée! Que d'aventures!

POLICHINELLE. — C'est la vie!

GRIBICHE. — Je dois être bleu des pieds à la tête.

POLICHINELLE. — Mais quelle profonde reconnaissance j'ai pour toi!

GRIBICHE. — Il n'y a que cela qui me réconforte.

POLICHINELLE. — Si tu savais comme c'était amusant de voir la Vieille barbouillée te courir après.

GRIBICHE. — Il me semble que vous vous amusez facilement.

POLICHINELLE. — Tu te plains toujours: quel homme aigre! Mais c'est une grande qualité que de savoir amuser les autres. Et quant à ceux qui s'amusent de tout, c'est qu'ils ont un bon caractère.

GRIBICHE. — C'est vrai, mon cher ami, vous avez plus réfléchi que moi. Mais je n'en puis plus!

POLICHINELLE. — C'est un peu de ta faute. Je ne voudrais pas t'humilier, mais tu n'es guère adroit. Tu ne me fais pas honneur. Je ne pourrai guère avouer que je te connais. On prendrait mon amitié envers toi pour de la bêtise.

GRIBICHE. — Oh!

POLICHINELLE. — Le monde est ainsi fait! Je n'ai rien à gagner avec toi!

GRIBICHE. — Aussi, dis-moi ce que tu veux que je fasse.

POLICHINELLE. — Bah! tu récrimines pour la moindre chose! Tu n'as pas de laisser-aller!

GRIBICHE. — Mais si, j'essayerai de mieux réussir.

POLICHINELLE. — Non, amusons-nous tranquillement, et chassons les choses sérieuses de notre liaison. Considérons-nous comme de simples connaissances!

GRIBICHE. — Non! non!

POLICHINELLE. — Tu vois ce Chien qui arrive là-bas! Nous allons lui attacher une casserole à la queue! et nous rirons bien.

GRIBICHE. — Mais où est la casserole?

POLICHINELLE. — Oh! j'en ai par là une vieille. (*Il sort et rapporte une casserole que Gribiche prend. — Le Chien entre.*)

LE CHIEN. — Ouah! ouah!

POLICHINELLE. — Petit, petit, du sucre! Viens ici!

(*Le Chien s'approche, Gribiche lui attache la casserole à la queue.*)

LE CHIEN (*furieux et sautant après Gribiche, qui se sauve tout autour de la place*). — Ouah! ouah!

POLICHINELLE. — Xi! xi! mords-le! mords-le!

GRIBICHE (*toujours poursuivi et courant*). — Eh! ne l'excitez donc pas!

POLICHINELLE. — C'est pour rire! xi! xi! mords-le!

(*Le Chien attrape Gribiche, le mord, le roule à terre.*)

GRIBICHE. — Polichinelle! à moi! à moi!

POLICHINELLE (*riant*). — Ah! ah! ah! ah!

(*Le Chien lâche Gribiche et sort en traînant sa casserole.*)

GRIBICHE. — S'il était enragé! Il m'a cruellement mordu!

(*Entre un Homme avec la casserole.*)

L'HOMME. — Qui est-ce qui a attaché une casserole à la queue de mon chien?

POLICHINELLE. — C'est Monsieur!

GRIBICHE. — Taisez-vous donc!

L'HOMME (*frappant Gribiche avec la casserole et l'en coiffant ensuite*). — Mauvais drôle, vous n'en serez pas quitte à si bon marché!

POLICHINELLE. — Ne vous trompez pas, il s'appelle Gribiche.

L'HOMME. — Gribiche, bien! (*Il sort.*)

POLICHINELLE. — Vois-tu, il faut toujours accepter la responsabilité de ses actions. Je ne connais que l'honnêteté.

GRIBICHE. — Puisque j'ai été mordu et battu! il me semble que je l'ai bien portée, ma responsabilité! Ce n'était pas une raison pour dire mon nom à cet homme.

POLICHINELLE. — Oh! si tu ne veux pas être un honnête homme, brisons là, je n'aime pas les coquins, moi!

GRIBICHE. — Non, non, Polichinelle, n'ayez pas mauvaise opinion de moi.

POLICHINELLE. — Moi qui voulais te demander un dernier service, mais un véritable service pour lequel il faut un homme courageux, solide et sûr... mais je ne puis pas t'en charger, tes principes ne sont pas bien assis... l'amitié ne vit que de dévouement... mais toi...

GRIBICHE. — Dites, Polichinelle, et ne me percez pas le cœur, dites ce que je dois faire...

POLICHINELLE. — Qui aperçois-tu là-bas?

GRIBICHE. — Un Gendarme.

POLICHINELLE. — Oui, le Gendarme! Celui-là est un ennemi bien plus terrible que la Vieille. Je ne cherche pas à m'en venger, mais à m'en délivrer une fois pour toutes. Seulement, tu comprends que je ne puis demander cela à personne. D'abord, c'est indiscret... et puis lancer un ami dans une si grave entreprise...

GRIBICHE. — Pas un mot de plus, je m'en charge!

POLICHINELLE. — Je m'en vais, je n'aime pas à me trouver avec lui. On dirait que j'ai tort de lui faire du mal, que je ne sais pas pardonner les offenses...

GRIBICHE. — Allez, allez!... (*Entre le Gendarme.*)

POLICHINELLE (*très haut*). — Adieu, Gribiche. (*Il sort.*)

LE GENDARME. — Vous êtes Gribebiche, vous?

GRIBICHE. — Oui!

LE GENDARME. — C'est un nommé Polichinelle qui s'en va là-bas?

GRIBICHE. — Qu'est-ce que ça vous fait? qu'est-ce que vous lui voulez?

LE GENDARME. — C'est un fieffé maroufle!...

GRIBICHE. — Oui, oui!

LE GENDARME. — Un voleur!

GRIBICHE. — Allez, dites-en du mal!

LE GENDARME. — Un trompeur!

GRIBICHE. — On voit que vous ne l'aimez pas.

LE GENDARME. — Un de ces matins, nous le stranglerons!

GRIBICHE. — Ce n'est pas sûr, scélérat; vous osez attaquer mon meilleur ami! (*Il le bat.*)

LE GENDARME. — Hé! là, drôle, vous êtes de la bande!

(*Il tire son sabre.*)

GRIBICHE. — Je lui rapporterai ta tête! (*Il continue à le battre.*)

LE GENDARME (*le renversant d'un coup de sabre*). — Tiens, pic, repic et capot. Tu m'as bien bâtonné!

GRIBICHE (*tombant*). — Je suis fendu en deux!

LE GENDARME. — Et adieu donc, Grebibiche, tu retiendras mon logement au paradis, si tu y portes cela!

(*Il sort. — Polichinelle revient.*)

POLICHINELLE. — Eh bien! Gribiche, es-tu content? Cela s'est-il bien passé?

GRIBICHE (*se relevant*). — Ah! le maudit homme! il m'a transpercé.

POLICHINELLE. — Ce n'est rien! L'as-tu bien battu au moins?

GRIBICHE. — Tant que j'ai pu ; cela avait bien commencé.

POLICHINELLE. — Alors, je suis content! Tu ne peux rien désirer de plus! Tout est bien.

GRIBICHE. — Tu es content? Alors je suis heureux! Regarde ma blessure!

POLICHINELLE. — Eh! mais tu n'as rien! ce n'est que ton habit qui est transpercé!

GRIBICHE. — Bah! je me suis cru pourfendu.

POLICHINELLE. — Allons, allons, puisque tu ne l'as pas tué, tu feras bien de te cacher.

GRIBICHE. — Pourquoi?

POLICHINELLE. — Parce qu'on va vouloir te pendre. Cache-toi! J'arrangerai ton affaire avec mon ami le Commissaire.

GRIBICHE. — Bien, bien, merci! je te devrai la vie!

(*Il sort.*)

POLICHINELLE. — Il y a moyen d'arranger l'affaire de cet imbécile! (*Entre le Commissaire.*)

LE COMMISSAIRE. — Polichinelle, ne connais-tu pas un nommé Gribiche?

POLICHINELLE. — Oui, un coquin très dangereux.

LE COMMISSAIRE. — Je le cherche pour le pendre.

POLICHINELLE. — Si vous voulez me donner de l'argent, je vous le livrerai tout pendu.

LE COMMISSAIRE. — Tope là!

POLICHINELLE. — Allez chercher l'argent. Dès que je vous verrai arriver avec les écus, je pends mon homme.

LE COMMISSAIRE. — Bien, je me hâte. (*Il sort.*)

POLICHINELLE (*redressant et préparant la potence*). — Eh! j'aurai tiré un bon parti de mon stupide ami ! (*Appelant.*) Holà ! Gribiche, holà !

GRIBICHE. — Est-ce arrangé?

POLICHINELLE. — Parfaitement. Il est convenu avec le Commissaire que nous ferons le simulacre de te pendre, pour avoir l'air de satisfaire le Gendarme et les autres.

GRIBICHE. — Eh! mais...

POLICHINELLE. — Ne t'inquiète pas, puisque c'est avec moi que tu vas jouer cette comédie.

GRIBICHE. — N'ayez pas de distraction.

POLICHINELLE. — Nous ne serrerons même pas le nœud ! Passe ta tête (*Gribiche met sa tête dans le nœud coulant.*) Tu vois, nous n'en ferons pas plus que cela. Le Commissaire feindra de croire que tu es mort. Je lui ai graissé la patte, toutes mes épargnes y ont passé, mais pour un ami... je ne le regrette pas !

GRIBICHE. — Vous êtes le plus parfait des hommes (*Entre le Commissaire avec un sac d'argent. — Polichinelle tire la corde et vend son ami.*) Ah !... ah ! Poli...

LE COMMISSAIRE. — Ah ! fort bien, tu es très habile !

POLICHINELLE. — Donnez-moi l'argent.

LE COMMISSAIRE. — Non ! non ! tu vends tes amis...

POLICHINELLE (*le battant et prenant le sac*). — Je n'aime pas ces tromperies ! (*Le Commissaire se sauve.*) Bah ! après tout, ce que j'ai fait est très naturel, je suis un très honnête homme... (*Le Diable apparaît.*) Ah ! toujours toi?...

LE DIABLE (*enfourchant et emportant Polichinelle*). — Coquin ! tu n'avais pas encore été si infâme !

LES DROGUES
DE
CATACLYSTERIUM

MISE EN SCÈNE.

Cataclysterium entre dans la famille Niflanguille comme un cataclysme. A la faveur du titre de médecin dont il se pare effrontément, il la met tout entière sur le flanc ; mais bientôt l'imposteur est démasqué, puni et chassé.

Il subit, en un mot, toutes les peines qui peuvent frapper l'exercice illégal de la médecine.

Cela prouve que M. et Mme Niflanguille sont des gens d'un esprit très distingué quoique très naïf, et qui savent discerner le faux mérite du vrai. La maison de Mme Niflanguille doit donc être très agréable, fermée aux intrigants, ouverte aux gens de talent. Là, chacun est mis à sa place avec une parfaite bonhomie. On voudrait y passer ses soirées, sa vie! Si les Niflanguille avaient une fille, on voudrait l'épouser. Enfin, c'est une des rares et plus parfaites maisons de Paris!

Il est vrai que c'est peut-être là une simple supposition, une erreur même, car les renseignements manquent absolument à cet égard.

PERSONNAGES.

CATACLYSTERIUM.
NIFLANGUILLE.
Mme NIFLANGUILLE.
LE DOMESTIQUE.

LES DROGUES

DE

CATACLYSTERIUM

UNE CHAMBRE.

NIFLANGUILLE. — Jamais je ne me suis senti si bien portant.

LE DOMESTIQUE. — Seigneur Niflanguille, voici l'illustre docteur Cataclysterium.

NIFLANGUILLE. — Que nous veut-il? nous n'avons pas besoin de lui.

(*Cataclysterium entre.*)

CATACLYSTERIUM (*au Domestique*). — Tu es fort malade, toi, coquin!

LE DOMESTIQUE. — Moi? mais non!

CATACLYSTERIUM. — Je te dis que tu es très malade. Tu ne vas pas tarder à mourir.

LE DOMESTIQUE. — Moi? ah! mon Dieu! mais faut-il que je me soigne?

CATACLYSTERIUM. — Comment, s'il le faut! Sois tranquille, je te dirai ton cas tout à l'heure! Il est effrayant!

LE DOMESTIQUE. — Eh! mais, monsieur le médecin...

NIFLANGUILLE. — Hé! hé! illustre docteur, c'est donc pour mon Domestique que vous êtes venu! Sors, coquin...

(*Le Domestique sort.*)

CATACLYSTERIUM. — Ah! ah! à la bonne heure! Oh! mais vous êtes, vous aussi, très malade! Ah! ah! tout est bien alors.

NIFLANGUILLE. — Mais il n'y a pas de quoi se réjouir!

CATACLYSTERIUM. — Voyons les diagnostics! Tapez un peu votre tête sur ce mur.

NIFLANGUILLE. — Comment! mais cela me fera mal!

CATACLYSTERIUM. — Tapez, tapez, il faut voir votre cas.

NIFLANGUILLE (*cognant légèrement sa tête contre la muraille*). — C'est fait!

CATACLYSTERIUM (*lui heurtant rudement la tête au mur*). — Comme ceci!

NIFLANGUILLE. — Aïe!

CATACLYSTERIUM. — Oui, oui, pesanteur et roideur dans la tête : c'est évident!

NIFLANGUILLE (*lui donnant un grand coup de tête qui le renverse*). — Oh! un mouvement nerveux!

CATACLYSTERIUM (*se relevant*). — Hum! consultons à distance.

NIFLANGUILLE. — Qu'est-ce que j'ai?

CATACLYSTERIUM. — Hum! il faut réfléchir... Mettez d'abord un grand bonnet de cot...

LE DOMESTIQUE (*entrant*). — Monsieur le docteur, dites-moi mon cas... s'il vous pl...

NIFLANGUILLE. — Veux-tu sortir, drôle... (*Le Domestique sort.*) Vous disiez que...

CATACLYSTERIUM (*prenant un bâton*). — Attendez, il faut ausculter. Ne bougez pas!

(*Il lève le bâton, Niflanguille fait un mouvement et reçoit le coup sur la tête.*)

NIFLANGUILLE. — Aïe! docteur!

CATACLYSTERIUM. — Très bien! très bien! détestable symptôme!

NIFLANGUILLE. — Comment! comment!... mais enfin, qu'ai-je?

CATACLYSTERIUM. — Hum! vous avez...

LE DOMESTIQUE (*entrant*). — Monsieur le docteur, mon cas?

CATACLYSTERIUM. — Il a raison, un cas.

NIFLANGUILLE. — Mais, bandit! ce n'est pas pour toi que je consulte... je te chasse.

(*Le Domestique sort.*)

CATACLYSTERIUM. — Vous êtes malade!

NIFLANGUILLE. — Je le sais bien.

CATACLYSTERIUM. — Vous n'en savez rien du tout! Il n'y a que moi qui puis le savoir.

NIFLANGUILLE. — Comment! je ne le sais pas?

CATACLYSTERIUM. — Non!

NIFLANGUILLE. — Je ne sais pas si je suis malade?

CATACLYSTERIUM. — Non, ne connaissant point la médecine.

NIFLANGUILLE. — Oh!!! enfin, qu'ai-je?

CATACLYSTERIUM. — Hum! une horrible maladie : une... Il faut promptement vous coucher.

NIFLANGUILLE. — Me coucher?

CATACLYSTERIUM. — Sans perdre un moment! si vous tenez à la vie.

NIFLANGUILLE. — Hélas! je comptais me divertir aujourd'hui et me régaler.

CATACLYSTERIUM. — Ah! malheureux, réjouissez-vous au contraire que je vous empêche de le faire.

NIFLANGUILLE (*se couchant*). — Hélas! docteur, mais enfin qu'ai-je donc?

CATACLYSTERIUM. — Hum! hum! une... une...

LE DOMESTIQUE (*ouvrant la porte*). — Monsieur le docteur, il me faut savoir mon cas...

CATACLYSTERIUM. — Hyperpéripatholomorbipituipepsie.

LE DOMESTIQUE. — Oh! que je suis malheureux!

NIFLANGUILLE. — Mais non, coquin, c'est moi!

LE DOMESTIQUE. — Hélas! mais si, c'est moi!

NIFLANGUILLE. — Tu oses me disputer ma maladie?

LE DOMESTIQUE. — Je la tiens, je ne la lâcherai pas!

NIFLANGUILLE. — Est-ce qu'elle est faite pour des gens de ton espèce?

LE DOMESTIQUE. — Je la reconnais bien, je la sens dans toute sa longueur.

NIFLANGUILLE. — Je te chasse, si tu l'as!

LE DOMESTIQUE. — Demandez plutôt au docteur.

CATACLYSTERIUM. — Il peut bien l'avoir! Tel maître, tel valet!

NIFLANGUILLE. — Alors, ne pourra-t-il prendre les drogues pour moi et pour lui?

CATACLYSTERIUM. — Je t'ai dit, coquin, que je t'examinerais tout à l'heure. Va-t'en!

(*Le Domestique sort.*)

NIFLANGUILLE. — Que dois-je faire?

CATACLYSTERIUM. — Je vais vous envoyer quelques drogues. A propos, comment va votre femme?

NIFLANGUILLE. — Elle se porte fort bien.

CATACLYSTERIUM. — Hum! elle doit être malade. Je veux la voir!

NIFLANGUILLE (*appelant*). — Ma femme! ma femme!

(*Entre madame Niflanguille.*)

Mme NIFLANGUILLE. — Que voulez-vous?

CATACLYSTERIUM. — Oh! oh! elle est horriblement malade!

Mᵐᵉ NIFLANGUILLE. — Moi? pas du tout!

CATACLYSTERIUM. — Mais si, et vous n'allez pas tarder à mourir.

Mᵐᵉ NIFLANGUILLE. — A mourir! mais qu'ai-je donc?

CATACLYSTERIUM. — Une hépathicatapneumothérapeug ıstronévrose.

NIFLANGUILLE. — Grand Dieu! sa maladie a une syllabe de plus que la mienne.

Mᵐᵉ NIFLANGUILLE. — Et je vais mourir?

CATACLYSTERIUM. — Peut-être, si vous ne vous couchez sur-le-champ. Allons, vite! dressez un lit à côté de celui de votre mari.

Mᵐᵉ NIFLANGUILLE. — Mais je me sentais en bon appétit et je me préparais à déjeuner...

CATACLYSTERIUM. — Peuh!!! Du tout! ce serait la mort, malheureuse : couchez-vous, couchez-vous vite.

Mᵐᵉ NIFLANGUILLE. — Mais...

CATACLYSTERIUM. — Point de mais ou la mort!

Mᵐᵉ NIFLANGUILLE. — Je vais faire un lit.

NIFLANGUILLE. — Certainement, tu as une épouvantable maladie!

CATACLYSTERIUM. — Comme on n'en a jamais vu!

Mᵐᵉ NIFLANGUILLE. — Attendez, je vais arranger cela.

(*Elle sort.*)

CATACLYSTERIUM. — Si je n'étais venu, vous seriez tous perdus.

Mᵐᵉ NIFLANGUILLE (*rentrant avec un lit de sangle et des matelas que le docteur dispose*). — Ah! mon Dieu, on se croit en bonne santé et on est sous le coup de la mort.

(*Elle se met dans le lit.*)

CATACLYSTERIUM. — Bien! bien! vous êtes raisonnable! (*Entre le Domestique.*) Il faut que tu te couches, coquin, et tout de suite!

LE DOMESTIQUE. — Est-ce que mon holotolomonopolepsie a augmenté déjà? Aïe! aïe!

CATACLYSTERIUM. — Allons, allons! au lit, au lit!

LE DOMESTIQUE. — Je me dépêche.

CATACLYSTERIUM. — A propos! tu apporteras en même temps le déjeuner de tes maîtres.

LE DOMESTIQUE. — Tout de suite.

(*Il sort.*)

NIFLANGUILLE. — Mais rien ne me fait mal, docteur!

M*{me}* NIFLANGUILLE. — Mais ni moi non plus.

CATACLYSTERIUM. — Mes enfants, c'est l'effet d'une horrible fièvre! Symptôme effrayant!

LE DOMESTIQUE (*apportant la table et le déjeuner*). — Voilà.

CATACLYSTERIUM. — Maintenant, hâte-toi de te coucher.

LE DOMESTIQUE. — Oh! oh! vous me guérirez?

CATACLYSTERIUM. — N'aie pas peur!

(*Le Domestique sort.*)

NIFLANGUILLE. — Docteur, pourriez-vous me répéter le nom de ma maladie? je ne me le rappelle plus.

M*{me}* NIFLANGUILLE. — Ni moi, celui de la mienne.

CATACLYSTERIUM (*à part*). — Ni moi non plus! (*Haut.*) Hum! hum! Vous, Madame, c'est une entéripalpiticongestiopulmosciaticochlorée aiguë.

M*{me}* NIFLANGUILLE. — Mais je croyais avoir entendu un autre nom tout à l'heure?

CATACLYSTERIUM. — Eh bien! c'est que vous les avez toutes les deux.

M*{me}* NIFLANGUILLE. — Est-il possible que de pareilles choses si grosses à dire entrent chez vous et en vous...

CATACLYSTERIUM. — Sans se faire annoncer... et que des choses invisibles et insensibles puissent avoir un nom si net et si compliqué!

NIFLANGUILLE. — Et moi, illustre docteur?

CATACLYSTERIUM. — Vous, quoi?

NIFLANGUILLE. — Faites-moi épeler le nom de mon mal.

CATACLYSTERIUM. — Une.. ca-ta-plas-mo-se-rin-guo-diatheso-cachexi (*bredouillant*) meningitoperpueralicerebroscarlatine.

NIFLANGUILLE. — Ca-ta-plas-mo...

Mme NIFLANGUILLE. — Mingito-carabo...

NIFLANGUILLE. — Non, non! ce n'est pas ça! Clystero-purgati...

Mme NIFLANGUILLE. — Pas du tout!

NIFLANGUILLE. — Je te dis que si!

Mme NIFLANGUILLE. — Je te dis que non!

NIFLANGUILLE. — Ne m'exaspère pas!

Mme NIFLANGUILLE. — Je n'ai jamais vu pareille bête!

NIFLANGUILLE. — Tu me payeras cette contradiction!

(*Il veut lui jeter son bonnet de coton à la tête et attrape Cataclysterium.*)

CATACLYSTERIUM. — Eh! eh! mes amis : la fièvre.

Mme NIFLANGUILLE. — Le lâche!

(*En voulant lui lancer son traversin, elle atteint le médecin.*)

CATACLYSTERIUM. — Eh mais! c'est la fièvre chaude!

NIFLANGUILLE. — Clystero-purgati...

(*Il jette son matelas sur le médecin.*)

Mme NIFLANGUILLE. — Mingito-carabo...

(*Elle fait comme Niflanguille.*)

CATACLYSTERIUM (*leur lançant à son tour tout ce qui lui tombe sous la main*). — Eh! là! diables de fous. Ils vont devenir malades pour tout de bon! Vous allez mourir! gare à l'apoplexie, malheureux! (*Recouchant Niflanguille.*) Un peu de tranquillité, donc!

NIFLANGUILLE. — Elle m'irrite par son ignorance de la médecine.

Mme NIFLANGUILLE. — N'est-ce pas, docteur, que je la connais mieux que lui?

CATACLYSTERIUM. — Vous la savez tous deux aussi bien que moi. (*Il fait recoucher madame Niflanguille. — Le Domestique entre apportant son lit.*) C'est cela! je veux vous avoir tous sous la main.

LE DOMESTIQUE (*éternuant et toussant*). — Quelle poussière il y a ici!

CATACLYSTERIUM. — C'est bien! couche-toi et ne prononce plus un mot. Le silence est bon aux malades. (*Le Domestique se couche.*) Chut! Nous allons maintenant nous réconforter.

(*Il se dispose à manger.*)

NIFLANGUILLE. — Mais, docteur, je vous assure que je me sens un appétit...

CATACLYSTERIUM. — Inflammation au suprême degré! Ne parlez point, pour l'amour de Dieu!

Mme NIFLANGUILLE. — Vraiment, docteur, je mangerais...

CATACLYSTERIUM. — Pauvre femme! ne dites point cela, vous me fendez l'âme. C'est le délire...

LE DOMESTIQUE. — Mais je voudrais bien être soigné, moi! je veux de la tisane, quelque chose.

CATACLYSTERIUM. — Chut! infortuné, imprudent. Laissez le médecin prendre des forces! Là! c'est fait. Maintenant, je vais vous aller chercher quelques médicaments. Où trouverai-je un peu d'argent dans la maison? Eh bien! personne ne répond? Il faut parler, je ne puis vous soigner sans médicaments, et il nous faut de l'argent pour...

NIFLANGUILLE. — Vous nous avez recommandé de ne point parler.

CATACLYSTERIUM (*ouvrant une armoire*). — C'est ici qu'est l'argent, justement.

Mme NIFLANGUILLE. — Mais, mais, monsieur Cataclysterium.

CATACLYSTERIUM. — Chut! Madame, chut!

(*Il prend un sac d'argent.*)

NIFLANGUILLE. — Mais, mais, les drogues sont donc bien chères?

CATACLYSTERIUM. — Quand on a de telles maladies...

(*Il sort.*)

NIFLANGUILLE. — C'est que... il en a beaucoup pris. Où te sens-tu mal, ma femme?

Mme NIFLANGUILLE. — Mais... je ne sais... nulle part.

NIFLANGUILLE (*au Domestique*). — Et toi?

LE DOMESTIQUE. — Mais... moi... c'est comme Madame.

NIFLANGUILLE. — Et moi de même! Êtes-vous bien sûrs que nous soyons malades?

LE DOMESTIQUE. — Puisque c'est des maladies si terribles qu'on ne les sent pas.

NIFLANGUILLE. — C'est drôle... Je vais me lever.

(*Il se lève.*)

Mme NIFLANGUILLE. — Moi aussi... Cela ne nous fera pas de mal.

(*Elle se lève.*)

LE DOMESTIQUE. — Moi, je reste au lit. Cela ne m'arrive pas si souvent de faire la grasse matinée.

NIFLANGUILLE. — Tu vas te lever, drôle!

LE DOMESTIQUE. — Mais je ne veux point mourir! le médecin l'a défendu.

LA VOIX DE CATACLYSTERIUM. — Me voici! mes amis, ne vous impatientez point.

NIFLANGUILLE. — Oh! le docteur!

(*Il se fourre dans son lit.*)

Mme NIFLANGUILLE. — Que va-t-il dire?

(*Elle en fait autant.*)

CATACLYSTERIUM (*entrant avec un grand mortier et une seringue*). — Ah! ah! vous n'avez pas bougé, c'est bien! (*A part.*) Ils sont bien bons! (*Haut.*) J'apporte de bonnes petites drogues...

LE DOMESTIQUE. — Ah bien! je vais me régaler.

CATACLYSTERIUM (*pilant dans le mortier*). — Vous m'en direz des nouvelles.

NIFLANGUILLE. — Ma femme dit qu'elle n'a mal nulle part.

CATACLYSTERIUM. — C'est qu'elle a mal partout. Voyons! nous allons commencer par elle.

(*Il va avec le mortier près de Madame Niflanguille et lui présente à boire.*)

Mme NIFLANGUILLE. — Eh! eh! ne levez pas tant.

CATACLYSTERIUM (*la coiffant avec le mortier*). — Ah! mon Dieu! vous êtes trop avide, vous y mettez la tête tout entière.

Mme NIFLANGUILLE (*se débattant*). — Pouah! pouah!... j'étrangle... (*Elle se dégage.*) Ah! ouh!

LE DOMESTIQUE. — Il n'en restera point pour nous!

CATACLYSTERIUM. — Malheureusement non! Il faut que je retourne en chercher d'autres.

(*Il va à l'armoire.*)

NIFLANGUILLE. — Hé! hé! monsieur Cataclysterium!

CATACLYSTERIUM. — Il faut d'autre argent pour acheter d'autres drogues.

NIFLANGUILLE (*se levant et courant à lui*). — Mais vous ne marchandez peut-être pas assez.

CATACLYSTERIUM (*luttant avec lui*). — Vous allez contracter une troisième maladie, je vous préviens que vous n'en guérirez pas. (*Battant Niflanguille.*) Calmez-vous.

(*Il met un sac d'argent dans le mortier et emporte le tout.*)

LE DOMESTIQUE. — Croyez-vous que ce soit un bon médecin?

NIFLANGUILLE. — Jusqu'ici, il n'a saigné que mon secrétaire et ma bourse. Ma femme, que sentait la drogue qu'il vous a fait boire?

Mme NIFLANGUILLE. — Cela ressemblait beaucoup à de l'eau claire...

LE DOMESTIQUE. — Ce n'était point une certaine eau?...

NIFLANGUILLE. — Je commence à me méfier de ce Cataclysterium. Il a mangé notre déjeuner, il m'a emporté mon argent. Et, quant à moi, je me sens en effet plusieurs maladies depuis qu'il est ici : j'ai l'estomac creux de n'avoir point déjeuné et j'ai le cœur gros de voir dévaliser mon armoire...

CATACLYSTERIUM (*rentrant avec son mortier*). — Le malheur est réparé... Ah ça! vous êtes encore debout... vous?... voulez-vous m'obéir, oui ou non? (*Prenant la seringue et le battant.*) Au lit! au lit! et qu'on n'en bouge plus sans ma permission!

NIFLANGUILLE (*se remettant au lit*). — Mais si vous nous assommez, il faudra bien que nous nous portions mal.

CATACLYSTERIUM. — Si vous n'avez point de confiance, vous mourrez.

Mme NIFLANGUILLE. — Monsieur Cataclysterium, je vous assure que la drogue que vous m'avez donnée m'a délivrée immédiatement de tout mal.

CATACLYSTERIUM. — Vous m'étonnez beaucoup...

Mme NIFLANGUILLE. — Je vous l'affirme.

CATACLYSTERIUM. — C'est impossible!

Mme NIFLANGUILLE. — Je suis guérie.

CATACLYSTERIUM. — Non, non, pas si vite!

LE DOMESTIQUE. — Mais je voudrais bien être drogué, moi, à la fin.

CATACLYSTERIUM. — D'abord ton maître, mon garçon. (*Allant à Niflanguille avec le mortier.*) Buvez, mais avec quelque précaution.

NIFLANGUILLE. — Ouais! ne levez pas tant le bras. Les drogues sont si chères que, pour mieux les ménager, je n'en prendrais pas du tout.

CATACLYSTERIUM (*le coiffant avec le mortier*). — Allons, bon! voilà que vous avez fait un mouvement. Tout est perdu encore! Il faut recommencer. (*Allant à l'armoire.*) Quoi qu'il en coûte, il faut que je vous tire de ce mauvais pas.

NIFLANGUILLE. — Ah! c'est trop fort! Je suis sûr qu'il nous vole! Ma femme, mon domestique, aidez-moi! (*S'armant de la seringue et sautant sur Cataclysterium.*) Drôle, tu te moques de nous.

CATACLYSTERIUM (*s'emparant d'un autre sac d'argent*). — Tu me payeras ton ingratitude!

NIFLANGUILLE. — Je m'en aperçois bien!

(*Il le bat, en luttant ils culbutent sens dessus dessous le lit où est le Domestique.*)

LE DOMESTIQUE. — Qu'est-ce que c'est que ce traitement-là? Je n'en veux point!

(*Il se relève.*)

Mme NIFLANGUILLE (*se joignant à son mari*). — Ah! scélérat de Cataclysterium!

(*Cataclysterium court tout autour de la chambre, poursuivi par les trois autres, qui vont à la file.*)

NIFLANGUILLE (*renversant Cataclysterium d'un coup de seringue*).

— Ah! coquin! tu vas confesser tes péchés ou nous te clystérisons à mort!

CATACLYSTERIUM. — Hélas! mes bons amis, ne me faites pas de mal : je me suis trompé!

Mme NIFLANGUILLE. — Qu'avais-tu mis dans ton mortier?

CATACLYSTERIUM. — Hélas!

NIFLANGUILLE (*le frappant*). — Parle, ou tu recevras cinq cents drachmes de torgnoles.

CATACLYSTERIUM. — Hélas! c'était du poison!

LE DOMESTIQUE. — Aïe! que je suis content de n'en avoir pas bu!

NIFLANGUILLE. — Du poison!

CATACLYSTERIUM. — Et il n'y a que moi qui puisse vous sauver!

NIFLANGUILLE. — Tu nous as empoisonnés, brigand! eh bien! tu mourras avec nous!

(*Il le bat.*)

Mme NIFLANGUILLE. — Nous mourrons tous ensemble!

(*Elle le bat aussi.*)

CATACLYSTERIUM. — Aïe! aïe! non, ce n'était pas du poison, c'était de la bonne eau claire!

LE DOMESTIQUE. — Ah bien! je suis tout aussi content de n'en avoir pas bu!

NIFLANGUILLE. — Ainsi, tu nous as fait payer chaque pot d'eau claire mille écus, fourbe!

CATACLYSTERIUM. — Hélas! c'était pour faire ma réputation!

NIFLANGUILLE. — Où est mon argent?

CATACLYSTERIUM. — Il est dans ma chambre.

Mme NIFLANGUILLE. — Allons vite le reprendre!

NIFLANGUILLE. — Marche, coquin! conduis-nous! Non, le Domestique va aller chercher cet argent!

LE DOMESTIQUE. — Et je reviendrai à temps pour pouvoir le rosser tout mon content !

(*Il sort.*)

NIFLANGUILLE (*à Cataclysterium*). — Ainsi, tu nous a supposé de fausses maladies?

CATACLYSTERIUM. — Oui! oui!

NIFLANGUILLE. — Tu nous as tous fait coucher pour mieux boire, manger et piller ?

CATACLYSTERIUM. — Oui! oui!

NIFLANGUILLE. — C'était un plan arrêté?

CATACLYSTERIUM. — Oui! oui!

NIFLANGUILLE. — Tu nous as menti en te faisant passer pour un bon médecin?

CATACLYSTERIUM. — Oui! oui!

NIFLANGUILLE. — Je veux que tu renonces à la médecine!

CATACLYSTERIUM. — Oui! oui!

NIFLANGUILLE. — Pourquoi réponds-tu : Oui, oui, à tout coup, au lieu de te justifier ?

CATACLYSTERIUM. — C'est pour que vous me laissiez partir plus tôt.

LE DOMESTIQUE (*rentrant*). — Voilà l'argent!

NIFLANGUILLE. — Eh bien! faisons tous ensemble la conduite à ce drôle!

(*Tous trois l'accompagnent en le battant.*)

THÉATRE DES MARIONNETTES

LE REVENANT

LE REVENANT

MISE EN SCÈNE

Il y a un va-et-vient suffisant, dans cette pièce, pour qu'elle puisse s'appeler les Allants, Venants et Revenants.

On se demandera ensuite pourquoi la moralité finale semble consister dans une énorme catastrophe qui enveloppe tout, personnes et choses !

C'est apparemment pour démontrer les dangers de la poudre à canon et des pétards, pour expliquer les maux de la guerre.

D'autres y trouveront peut-être une influence carnassière, l'horreur des légumes.

Qui sait ? tout homme devant s'attendre à voir presque toujours ses intentions méconnues, il est préférable de ne point dire ses intentions.

PERSONNAGES :

LE JARDINIER.
POLICHINELLE.
PIERROT.
LA JARDINIÈRE.

LE REVENANT

UN JARDIN AVEC UNE MAISON.

LE JARDINIER. — On me pille toutes les nuits : poires, pommes, citrouilles, choux disparaissent. Mes souricières et mes piéges à loups ne servent à rien. Il faut prendre un grand parti. (*Une pomme lancée par-dessus le mur lui tombe sur la tête.*) Aïe! (*Regardant en l'air.*) Mes pommes tombent avant d'être mûres. (*Une citrouille lui est jetée sur le nez.*) Oh! oh là! oh! il y a donc des artilleurs par ici? (*Mettant la citrouille de côté.*) Cette citrouille m'ouvre l'esprit. Je commence à devin... (*Une pomme le frappe à la figure.*) Eh! que diable! (*Il se recule vers le mur. — Polichinelle apparaît au-dessus du mur et donne un coup de pelle au Jardinier. — Celui-ci se retourne, mais ne voit personne.*) Oh! je n'y vois plus clair; cela part de tous les côtés. (*Il se recule vers l'autre coin de la muraille.*) Je vais prendre une échelle et je... (*Pierrot apparaît derrière lui au-dessus du mur et lui donne un coup de pelle. — Quand le Jardinier se retourne, Pierrot a disparu.*) Ah! ah! cependant, cela ne se passera pas si tranquillement. Qui est là? qui est là? (*Posant une échelle et montant.*) S'il me tombe sous la pioche, celui-là! (*Un trou s'ouvre dans la muraille, Polichinelle y passe la moitié de son corps, saisit l'échelle, la fait tomber avec le Jardinier, et disparaît aussitôt en refermant le trou.*) Ah! il m'a tué! (*Se relevant.*) Il devient d'une audace inouïe. Il faut l'effrayer, en lui faisant croire que nous sommes plusieurs ici. (*Appelant.*) Thomas, Nicodème, Babolein, à moi! (*Allant à une caisse et en tirant un gros tas de loques.*) Toi, Babolein, tu vas monter dans l'arbre de droite et tu surveilleras le bois. (*Il attache à un arbre un épouvantail composé d'un grand chapeau, d'une vieille veste et d'une vieille culotte.*) Et surtout, fais bien attention! Toi, Nicodème, tu te tiendras dans l'arbre de gauche. (*Il attache à un autre arbre un second épouvantail formé avec des loques.*) Veillez bien et ne faites pas de quartier au coquin. Quant à moi, je vais faire ma tournée. (*Il attire une petite charrette de revendeur de légumes et part en criant :*) Pois verts, pois verts, au boisseau! citrouilles!

POLICHINELLE (*apparaissant de nouveau par le trou au milieu du mur*). — Eh! Pierrot, pousse-moi, je t'en prie, pousse, je suis trop gros pour le trou, pousse, ou je serai obligé de rester là toute ma vie, qui ne sera pas longue, par conséquent. (*Poussé violemment par Pierrot, il vient rouler en avant.*) Pouf! je suis sorti de là comme un boulet.

PIERROT (*entrant*). — Je suis plus fin que toi, je passerais par le trou d'une aiguille.

POLICHINELLE. — Bon! puisqu'il est parti, il faut faire nos provisions de fruits et de légumes pour toute la semaine, nous ne serons pas obligés de revenir si souvent. Dépêchons!

PIERROT (*apportant un chou*). — Voici le roi des choux.

POLICHINELLE (*mettant une citrouille à côté*). — Et voici la perle des citrouilles.

PIERROT. — Et voilà la sultane des salades.

POLICHINELLE. — Et la splendeur des asperges.

PIERROT. — Et la magnificence des carottes.

POLICHINELLE. — Et la merveille des navets.

PIERROT (*regardant en l'air*). — Et... oh!

POLICHINELLE. — Quoi donc?

PIERROT. — Là! chut!... un homme qui nous regarde... dans l'arbre.

POLICHINELLE. — N'ayons l'air de rien. Promenons-nous. Tra, la, la!

(*Ils s'en vont sous l'autre arbre.*)

PIERROT. — Ah!

POLICHINELLE. — Quoi? Maudit poltron, tu me causes toujours des terreurs.

PIERROT. — Un autre homme, dans l'autre arbre!

POLICHINELLE. — Diable! Tâchons de leur donner le change. Attends! je vais leur parler. Messieurs, ne vous étonnez point de nous voir ici, nous sommes les amis intimes du Jardinier. C'est pour l'obliger que nous travaillons.

PIERROT. — Il a remué la tête, il dit que non. Laisse-moi m'expliquer. Regardez-nous, Messieurs.

POLICHINELLE. — Ils balancent toujours la tête tous les deux. Ils n'ont pas l'air de nous croire. C'est qu'il n'est pas facile de s'en aller! Messieurs, je vous affirme que... (*Un arrosoir tombe sur lui.*) Eh! oh! Pierrot, les voilà qui se fâchent! Ils veulent nous casser la tête.

PIERROT. — Celui qui est de mon côté a l'air plus doux. Monsieur, ne vous fâchez pas. Si notre présence ici vous déplaît, nous allons partir bien tranquillement...

POLICHINELLE. — Indiquez-nous seulement par où l'on passe.

PIERROT (*recevant sur le dos un rateau qui tombe d'à côté de l'é-*

pouvantail). — Holà! holà! Polichinelle, il a cru que j'avais une perruque, il m'a jeté son peigne.

POLICHINELLE. — Viens ici au milieu, mettons-nous dos à dos. Je commence à être inquiet, ils ne bougent ni ne parlent. On ne sait pas ce qu'ils pensent ni ce qu'ils veulent.

PIERROT. — Messieurs, de grâce, un mot, un seul petit mot. Ils vous ont des chapeaux, des bras et une tournure! (*Tremblant de tout son corps*) é... é... é... pou... pou... van... van... ta... ta... ble!

POLICHINELLE (*le repoussant*). — Qu'est-ce que tu as donc à me donner un tas de petits coups dans le dos?

PIERROT (*revenant se coller contre lui*). — Je, je, je, je...

POLICHINELLE (*tremblant à son tour, de sorte qu'ils se cognent mutuellement*). — Tu, tu, tu, tu...

PIERROT. — Trem, trem, trembles!

POLICHINELLE. — Moi, moi, moi, moi, aus, aus, aus, aussi, si, si, si!

(*Le tremblement devient si fort et les chocs si rudes, que Polichinelle et Pierrot s'envoient réciproquement rouler chacun à un bout opposé du jardin.*)

PIERROT (*se relevant et courant partout*). — Est-ce qu'ils sont descendus? Non, non, laissez-moi! (*Il saute à l'un des arbres, grimpe et se cramponne à l'un des épouvantails.*) Ah! (*Il saute à terre.*) Polichinelle, Polichinelle, l'homme qui est là-haut a des culottes, mais il n'a pas de jambes! A qui avons-nous affaire?

POLICHINELLE (*se relevant*). — Quoi! des culottes, des jambes, là-haut! (*Levant la tête.*) Ils ne bougent pas et ils nous donnent des coups!

PIERROT. — Voyons, Messieurs, ne nous faites pas de mal, nous vous donnerons beaucoup d'argent.

POLICHINELLE. — Qu'est-ce que tu dis donc?

PIERROT. — Quand nous serons sortis... ils courront après leur argent, si le cœur leur en dit.

POLICHINELLE. — Ah! bah! ils ne répondent pas... ils ne veulent pas d'argent.

PIERROT. — Diable! c'est qu'ils nous connaissent... Messieurs, ne nous jugez pas sur notre réputation...

POLICHINELLE. — Il n'y a pas moyen de les prendre... Voyons, Messieurs, descendez, nous boirons ensemble; on peut bien s'expliquer, pourtant.

PIERROT. — Bon, voilà qu'ils ne veulent pas descendre non plus. Nos affaires se gâtent!

POLICHINELLE. — Enfin, dites-nous ce que vous voulez?

PIERROT. — Je n'ai jamais vu de gens comme eux!

POLICHINELLE. — Ah ça! mais, s'ils n'ont pas de jambes, dis donc!... j'y songe...

PIERROT. — Eh bien!

POLICHINELLE. — Ils ne peuvent pas descendre...

PIERROT. — Oh! alors nos affaires reprendraient bonne tournure et nous aurions tort de nous inquiéter.

POLICHINELLE. — Vas donc tirer un peu celui-là par le bas de sa culotte.

PIERROT — Non, non, non; vas-y, toi.

POLICHINELLE. — Nigaud! tout doucement.

PIERROT. — Non, non.

POLICHINELLE. — Lâche! tu n'oses donc pas?

PIERROT. — Charge-toi de le faire.

POLICHINELLE. — Mais puisque tu as déjà commencé à lui tâter les mollets...

PIERROT. — Je ne savais plus ce que je faisais.

POLICHINELLE. — Si tu n'y vas pas, je te roue de coups.

(*Il saisit un râteau.*)

PIERROT. — Oh! oh! non.

POLICHINELLE (*le battant*). — Marche!

PIERROT. — Oui, j'y vais. (*S'approchant de l'épouvantail, puis reculant.*) — Jamais je..... (*Se rapprochant, puis reculant encore plus loin.*) Dieu sait ce qui m'arriverait... Non, vois-tu, Polichinelle, je ne peux pas, j'ai peur de recevoir un coup de pied...

POLICHINELLE. — Puisqu'il n'a pas de jambes, idiot!

PIERROT. — Mais il a une si drôle de tête!

POLICHINELLE. — Mais on ne la voit pas, leur tête. Ils n'en ont peut-être pas non plus.

PIERROT. — Mais c'est là ce que je trouve drôle! Que leur resterait-il donc?

POLICHINELLE (*s'approchant avec son râteau de l'autre épouvantail, puis reculant*). — Quand on ne connaît pas une chose... (*Se rapprochant et reculant.*) A-t-il une vilaine mine! Ah bah! je vais tâcher de le tuer pour qu'il ne me fasse plus peur. (*Il donne un énorme coup sur l'arbre. Les habits qui forment l'épouvantail lui tombent sur la tête. — Il jette un grand cri et n'ose plus bouger, tandis que Pierrot tombe à terre. — A la fin, Polichinelle regarde autour de lui avec de grandes précautions.*) Il n'est pas lourd, ce Monsieur! (*Se secouant.*) Tiens, tiens, des vieux habits! Ah, ah, ah, ah! Pierrot, ah, ah, ah, ah! Pierrot!

PIERROT (*se relevant à demi*). — Tu n'es donc pas mort?

POLICHINELLE (*riant aux éclats*). — Ah, ah, ah, ah! ce sont de vieux habits! C'est une méchante farce de ce coquin de Jardinier.

PIERROT (*se relevant tout à fait*). — Vraiment!

POLICHINELLE. — Nous sommes sauvés!

PIERROT (*prenant une bêche et faisant tomber l'autre épouvantail*).

— Ah! il ne faut pas qu'il la porte au marché sa plaisanterie, le drôle, habillons-nous !

(*Ils se couvrent des vieux habits, puis se prennent par la main et se mettent à danser.*)

LA VOIX DU JARDINIER. — Pois verts, au boisseau !

PIERROT. — Attention !

(*Ils prennent la bêche et le râteau, et vont, déguisés, se placer au pied des arbres où étaient les épouvantails. — Le Jardinier entre.*)

LE JARDINIER (*après avoir remisé sa charrette*). — Quel beau tas de légumes ! Je ne me rappelle point l'avoir fait ! Est-ce que mon maraudeur serait venu ? Cependant Babolein et Nicodème sont toujours en faction. Ah ! ah ! je riais tout seul en chemin de mon invention. (*Allant vers les arbres.*) Voilà l'ami Babolein, voilà l'ami Nicodème. Tiens, je croyais les avoir placés dans l'arbre. Il sont donc descendus ? (*Saluant*). Bonjour, Babolein. (*Pierrot lui rend son salut.*) Euh ! qu'est-ce que c'est que ça ? (*Saluant*). Bonjour, Nicodème !

POLICHINELLE (*saluant*). — Bonjour ! (*Lui donnant un coup de râteau*). Et rebonjour !

LE JARDINIER (*reculant du côté de Pierrot*). — Aïe ! quel est cet affreux mystère ?

PIERROT (*lui donnant un coup de bêche*). — Oui, rebonjour.

LE JARDINIER. — A moi ! à la garde !

(*Il se sauve dans la maison.*)

POLICHINELLE. — Cachons-nous.

(*Ils sortent. — Le Jardinier revient.*)

LE JARDINIER. — Ce sont eux ! je les ai reconnus ! Cette fois, je leur ferai une peur sérieuse.

(*Il rentre dans la maison*).

POLICHINELLE (*revenant*). — Pierrot, enlevons promptement nos provisions.

(*Pierrot revient aussi et ils font passer un à un, par le trou du mur, les légumes qu'ils ont entassés. — Entre le Jardinier déguisé en Revenant, avec un potiron sur la tête, éclairé à l'intérieur, et un drap autour du corps. — Il tient un bâton.*)

LE JARDINIER (*grossissant sa voix*). — Hou ! hou ! hou ! malfaiteurs, je vais vous dévorer.
PIERROT. — Tu ne nous fais pas peur, Jardinier !
LE JARDINIER. — Hou ! hou ! hou ! (*Pierrot et Polichinelle se postent chacun au pied d'un arbre.*) Hou ! hou ! hou !
POLICHINELLE (*jetant, d'un coup de bêche sur son potiron, le Jardinier du côté de Pierrot*). — Nous allons jouer à la balle.
PIERROT (*renvoyant d'un autre coup le Jardinier vers Polichinelle*). — Oh ! le beau potiron, comme il roule !
LE JARDINIER. — Holà ! mes amis !
POLICHINELLE (*continuant le jeu*). — Allez, le volant !
PIERROT (*de même*). — A toi !
LE JARDINIER. — Vous m'assommez !
POLICHINELLE (*continuant le jeu*). — Saute, potiron !

LE REVENANT.

PIERROT (*de même*). — Pan!
LE JARDINIER. — Misérable! assez!
POLICHINELLE (*continuant*). — Le terrible Revenant!
PIERROT (*de même*). — L'effroyable Revenant!
LE JARDINIER. — Non, non! je ne recommencerai plus!
POLICHINELLE (*continuant*). — Comme j'en ai peur!
PIERROT (*de même*). — J'en suis tout tremblant!
LE JARDINIER. — J'étouffe! Vous allez me tuer!

(*Il tombe.*)

POLICHINELLE (*lui ôtant le drap*). — Ah! Pierrot, quelle affreuse aventure!
PIERROT (*lui ôtant le potiron*). — Comment! c'est toi, Jardinier, qui nous a tant effrayés!

(*Ils le battent tous les deux*).

LE JARDINIER. — Hélas! non! vous vous trompez: je voulais seulement faire peur aux taupes. Ne m'assassinez pas!
PIERROT (*le frappant*). — Eh bien! adieu, monsieur le Jardinier, bien des choses de ma part à Babolein, s'il vous plaît!
LE JARDINIER. — Mais ce n'est pas de ma faute!
POLICHINELLE (*le frappant*). — Je vous salue, mes compliments à votre ami Nicodème, je vous prie!
LE JARDINIER. — Je vous demande pardon!

(*Pierrot sort à reculons par le trou; Polichinelle veut en faire autant, mais il est encore arrêté par le milieu du corps.*)

POLICHINELLE. — Hé! Pierrot, tire-moi ferme! ne me laisse pas exposé à la colère de cet imbécile!

LE JARDINIER. — Ah! ah! te voilà pris, mon gaillard? Je vais avoir ma revanche!

(*Il court vers lui avec un bâton.*)

POLICHINELLE. — Pierrot, tire, tire donc! le voilà, il va me mettre en morceaux!

LE JARDINIER (*battant Polichinelle à outrance*). — Sais-tu où il est, le vrai Nicodème, dans ce moment-ci?

POLICHINELLE. — Ah! oh! aïe! Pierrot, tire ou pousse-moi! Je suis pris au trébuchet! Aïe! aïe!

LE JARDINIER (*le battant*). — Là, sur ton dos, sur ta caboche, cela me fait plaisir à entendre résonner.

POLICHINELLE. — Aïe! le brigand! Pierrot, mais pousse, pousse donc! hardi!

(*Polichinelle est enfin lancé violemment hors du trou contre la poitrine du Jardinier. — Ils roulent tous deux à terre. — Pierrot rentre dans le jardin.*)

PIERROT. — Il faut que nous le mettions dans l'impossibilité de bouger. Sans cela, notre retraite ne sera jamais assurée.

(*Les deux autres se relèvent*).

POLICHINELLE. — Nous allons le planter dans son jardin.

LE JARDINIER. — Comment, me planter?

POLICHINELLE. — Oui, te planter, t'empoter! Pierrot, apporte ici ce grand pot de fleurs. (*Pierrot apporte le pot*). A présent, Jardinier, entre là-dedans!

LE JARDINIER. — Mais, c'est abominable!

(*Les deux autres le saisissent, le mettent dans le pot, puis y jettent de la terre.*)

POLICHINELLE. — Nous t'arroserons!

PIERROT. — Nous t'élaguerons!

POLICHINELLE. — Nous te taillerons!

PIERROT. — Nous te piocherons!

POLICHINELLE. — Nous t'échenillerons!

PIERROT. — Nous te grefferons!

POLICHINELLE. — Te voilà planté, nous te ferons pousser et croître!

PIERROT. — Nous te ferons porter des fruits!

POLICHINELLE (*lui donnant un coup de bêche sur la tête*). — Le Jardinier est empoté!

PIERROT (*lui vidant un arrosoir dessus*). — Le Jardinier est arrosé!

POLICHINELLE. — Tu seras la plante la plus extraordinaire de ton jardin!

LE JARDINIER. — Gredins, je ne dis rien, mais je n'en pense pas moins.

PIERROT. — Sens-tu que tu prends racine?

POLICHINELLE. — Tu sauras par toi-même tous les secrets de la germination!

PIERROT. — Est-il laid comme cela!

POLICHINELLE. — C'est une véritable citrouille.

PIERROT. — Il faut le mettre sous cloche.

POLICHINELLE (*couvrant d'un seau la tête du Jardinier*). — Tâche de mûrir!

PIERROT. — Nous allons dire à ta femme de venir t'embrasser.

POLICHINELLE. — Il ne pourra plus lui donner de soufflet!

PIERROT. — Hé! hé! madame la Jardinière, votre mari veut vous parler.

(*Ils s'en vont par le trou. — La Jardinière entre.*)

LA JARDINIÈRE. — Mon mari veut me parler? Eh bien! où est-il, où es-tu?

LE JARDINIER. — Ici!

LA JARDINIÈRE. — Je l'entends, mais je ne le vois pas. Où es-tu donc?

LE JARDINIER. — Ici!

LA JARDINIÈRE. — Sa voix a l'air de sortir de dessous terre.

LE JARDINIER. — Je suis en terre.

LA JARDINIÈRE. — Jouons-nous à cache-cache, à la fin?

LE JARDINIER. — Je suis dans un pot de fleurs, sous cloche.

LA JARDINIÈRE. — Il radote ou se moque de moi.

LE JARDINIER. — Je suis dans le pot que tu touches.

LA JARDINIÈRE. — Mais il a l'air de dire la vérité. (*Enlevant le seau.*) Comment! quoi! c'est bien toi?... Pourquoi donc t'es-tu mis là-dedans?

LE JARDINIER. — On m'y a mis.

LA JARDINIÈRE. — Qui?

LE JARDINIER. — Pierrot et Polichinelle! Dépote-moi vite, je suis tout engourdi.

LA JARDINIÈRE. — Ah! mon pauvre homme! (*Elle le prend par la tête pour l'arracher du pot, mais le pot roule à terre et la renverse.*) Aïe! tu as pris racine.

LE JARDINIER. — Mais, malheureuse, tu m'as presque arraché les oreilles. Il faut ôter la terre.

LA JARDINIÈRE (*enlevant la terre et faisant sortir son mari*). — Enfin!

LE JARDINIER. — Oh! les gueux!

LA JARDINIÈRE. — Écoute, j'ai un moyen, je le crois, de les dégoûter à jamais de revenir.

LE JARDINIER. — Les misérables!

LA JARDINIÈRE. — As-tu encore de la poudre de chasse?

LE JARDINIER. — Oui.

LA JARDINIÈRE. — Eh bien! nous les ferons sauter.

LE JARDINIER. — Je comprends.

LA JARDINIÈRE (*posant un melon près du trou qui est dans le mur*). — Voici l'appât pour nos oiseaux.

LE JARDINIER (*revenant avec un pétard*). — Voilà la mèche.

LA JARDINIÈRE. — Bon, mets-le sous le melon et embusquons-nous dans la maison.

(*Ils sortent. — Pierrot revient par le trou et regarde partout*).

PIERROT. — Oh! oh! voici un beau melon! serait-ce notre homme qui se serait déjà transformé sous l'influence d'une bonne culture? Hé! Polichinelle, arrive, il y a là un melon qu'à nous deux nous aurons de la peine à emporter.

POLICHINELLE (*entrant par le trou*). — A force d'y passer, je l'ai élargi. (*Ils soulèvent le melon, qui est si lourd qu'il les fait incliner en avant et se cogner la tête.*) Aïe!

PIERROT. — Peste! peste! peste! (*Apercevant le pétard.*) Eh! qu'est ceci? Un ver?

POLICHINELLE. — On dirait une chenille.

PIERROT. — Eh! non, c'est un cigare!

POLICHINELLE. — Un cigare! Il faut le fumer.

PIERROT. — Mais nous n'avons pas de feu!

POLICHINELLE. — Une petite allumette! Cherche donc dans la maison!

PIERROT. — Nous le fumerons à nous deux!

POLICHINELLE. — Certainement!

PIERROT. — Chacun par un bout?

POLICHINELLE. — Oui.

PIERROT. — Mais par quel bout faudra-t-il l'allumer?

POLICHINELLE. — Par les deux bouts, parbleu, puisque nous le fumerons ensemble!

PIERROT. — Mais s'il est allumé par les deux bouts, par quel bout pourrons-nous le prendre?

POLICHINELLE. — Tiens! tiens! en effet, nous nous brûlerons; mais s'il n'est allumé que par un seul, nous ne pourrons pas fumer tous les deux!

PIERROT. — Allumons-le d'abord, nous examinerons ensuite le problème de plus près.

(*Il se dirige vers la maison, y prend une botte d'allumettes, revient et approche du pétard une allumette enflammée. Le pétard part, le melon saute en éclats, Pierrot et Polichinelle sont lancés par-dessus la muraille, la maison s'écroule en écrasant le Jardinier et la Jardinière, et tout le jardin s'effondre.*)

FIN

TABLE DES MATIÈRES

	Pages
INTRODUCTION.	
Polichinelle précepteur	1
Les Voisines	17
La Tragédie d'Arlequin	33
La Malle de Berlingue	49
Polichinelle et la Mère Gigogne	65
L'Homme au cabriolet	81
Pierrot et le Pâtissier	97
Le Mariage de raison	113
Le Tonneau	129
Cassandre et ses Domestiques	145
Les Boudins de Gripandouille	161
Le Sac de charbon	177
La Grand'Main	193
La Comète du roi Mirambole	209
Les Plaideurs malgré eux	225
La Fortune du Ramoneur	241
Polichinelle retiré du monde	257
La Poule noire	273
Le Marchand de coups de bâton	289
L'Exercice impossible	305
Le Miroir de Colombine	321
Les deux Amis	337
Les Drogues de Cataclysterium	353
Le Revenant	369
PETIT DISCOURS AU LECTEUR	385

représentent la vie familière dans toute sa simplicité, remplie d'accidents.

Le Revenant et *l'Exercice impossible* montrent ce que peut l'homme aux prises avec l'imprévu. *L'Exercice impossible* a surtout beaucoup de rapport avec le sentiment qui a créé *Robinson Crusoë*. Enfin, *le Tonneau*, *la Grand'Main* et *la Poule noire* abordent l'éternel fond fantastique, ou plutôt le fantastique sans fond. Il faut commencer la lecture de ce livre avec des yeux croyants, de grands yeux, de grandes oreilles et la bouche ouverte.

Il était d'ailleurs tout à fait nécessaire qu'un auteur, à cette époque, fit expliquer ses mérites, s'il voulait qu'on les aperçût.

Encore y a-t-il quelque simplicité de dire ceci à la fin et non au commencement. Mais, comme il est à supposer qu'on jugera le livre après l'avoir lu plutôt qu'avant de l'avoir lu, il est préférable de saisir le critique au moment où il doit avoir terminé, afin de guider son jugement, le bon, l'excellent, le parfait, le bien aimé critique. D'ailleurs !

Brrr !...

PETIT DISCOURS
DE
POLICHINELLE
AU LECTEUR

POUR TERMINER.

Brrr!..

Le grand point était de conserver dans cette série de pièces une homogénéité de ton, depuis les plus simples jusqu'à celles qui étalent la prétention de reposer sur une idée.

Le livre n'est nullement fait pour les enfants, je veux dire fait d'une manière spéciale. Il est destiné, comme il a été dit dans l'*Introduction*, aux esprits très naïfs et aux esprits très savants. Les enfants appartiennent à la première catégorie, voilà pourquoi le livre leur conviendra parfaitement, même dans les parties qu'ils ne comprendront pas, et il leur ouvrira l'esprit bien mieux que tous les volumes de Berquin.

Certaines choses échapperont aux enfants, de même que certaines autres échapperont aux esprits très savants. Cela n'empêche pas cette collection de *Comédies* d'être le monument comique le plus complet qui ait été élevé au dix-neuvième siècle, embrassant à la fois le mystère et la réalité.

Telle est l'importance qu'il faut attacher à cette œuvre.

Les fables de La Fontaine n'ont rien de comparable aux faits et gestes du Corbeau qui domine la pièce de *la Fortune du Ramoneur*, poignante comme un drame. — Molière égale à peine la profondeur philosophique de la pièce des *Deux Amis*, et même de *Polichinelle retiré du monde* ou du *Sac de charbon*. Aucun satyrique ne s'est élevé plus haut que *la Comète du roi Mirambole*, ou n'a frappé si juste que *le Marchand de coups de bâton*. Les observateurs retrouveront toute la société moderne dans *les Voisines*, *le Mariage de raison*, *Cassandre et ses Domestiques*, *les Plaideurs malgré eux*, *le Miroir de Colombine*, *l'Homme au cabriolet* et *les Drogues de Cataclysterium*.

Si l'on veut des études directes de caractères, *Polichinelle précepteur* et *Polichinelle et la Mère Gigogne* contiennent des modèles à proposer à tous les auteurs dramatiques.

La Malle de Berlingue est un type de la gaieté de situation. *La Tragédie d'Arlequin* rappelle l'antiquité. *Pierrot et le Pâtissier* avec les *Boudins de Gripandouille*

www.ingramcontent.com/pod-product-compliance
Lightning Source LLC
Chambersburg PA
CBHW060543230426
43670CB00011B/1673